Zu diesem Buch

Eßstörungen, die auffälligerweise hauptsächlich bei Frauen auftreten, haben in verschiedenen Ausprägungen – Magersucht, Eßsucht oder Bulimie, Fettsucht – in unserer Gesellschaft beängstigende Ausmaße angenommen.

Am fiktiven Beispiel der eßsüchtigen Anna K. schildert die Psychologin Renate Göckel begleitend eine zweijährige psychotherapeutische Behandlung, in deren Verlauf sich auf erschütternde Weise tiefe Probleme und Spannungen der Klientin offenbaren. Das zwanghafte Essen, so stellt sich heraus, hat eine lebenswichtige Signalfunktion insofern, als es als Ventil für zerstörerische psychische Energien wie Ängste, verdrängte Gefühle, Kindheitstraumata dient. Im Laufe der Therapie gelingt es Anna K., die Mechanismen ihrer Eßstörung zu durchschauen, die Ursachen ihrer spezifischen Reaktions- und Verhaltensmuster zu erkennen und sich Schritt für Schritt zu einer selbstbewußteren und selbständigeren Persönlichkeit zu entfalten.

Renate Göckel ist Diplom-Psychologin und arbeitet seit vielen Jahren als Therapeutin mit eßsüchtigen Frauen.

Renate Göckel

Eßsucht oder

Die Scheu vor dem Leben

Eine Exemplarische Therapie

Rowohlt

41.–43. Tausend Februar 1996

Originalausgabe
Veröffentlicht im Rowohlt Taschenbuch Verlag GmbH,
Reinbek bei Hamburg, Mai 1988
Copyright © 1988 by Rowohlt Taschenbuch Verlag GmbH,
Reinbek bei Hamburg
Redaktion Bärbel Buchholz und Heike Wilhelmi
Umschlaggestaltung T. Flexen
Satz Sabon (Linotron 202)
Gesamtherstellung Clausen & Bosse, Leck
Printed in Germany
1090-ISBN 3 499 18444 3

Inhalt

Zu diesem Buch

Die eßsüchtige Leserin sei gewarnt! Dieses Buch wird Ihnen die Illusion nehmen, nur das Essen sei ein Problem für Sie, ansonsten sei alles in Ordnung. Vielmehr ist anzunehmen, daß abgesehen von der Regelmäßigkeit der Eßanfälle sehr vieles bei Ihnen nicht in Ordnung ist. In Ihren immer wieder auftretenden Eßanfällen verschafft sich eine Energie Raum, die Sie sonst im täglichen Leben sorgfältig im Schächtelchen halten, mit fest geschlossenem Deckel. Wenn der Deckel aufzufliegen droht, weil der Druck zu groß wird, können Sie versuchen, ihn um so fester zuzudrücken. Sie können sich aber auch mit dieser Energie einmal näher befassen, mit ihr Freundschaft schließen und sie als Motor für Ihre persönliche Entwicklung und Ihr seelisches Wachstum nutzen.

Von der Eßsucht loszukommen heißt nicht, daß man seine Eßanfälle «in den Griff» bekommt, sondern daß man sich im Leben andere Ventile für die nach außen drängende Energie schafft und die Eßanfälle damit überflüssig macht. Mit viel Mut, Ehrlichkeit und Geduld kann man das aus eigener Kraft schaffen. Die Hilfe eines sachkundigen Therapeuten oder einer Therapeutin erleichtert diesen harten Weg allerdings beträchtlich.

Das vorliegende Buch kann kein Ersatz für eine therapeutische Behandlung sein. Es soll Ihnen lediglich an Hand einer Fallgeschichte und einiger Hinweise zur Selbstbeobachtung Erkenntnisse über Ihr eigenes Verhalten und damit erste Hilfen zu einer Verhaltensänderung vermitteln.

Besonders zu Dank verpflichtet bin ich meinen mehrjährigen Klientinnen und den Frauen aus meinen Volkshochschulgruppen. Ohne ihre Offenheit und ihren Mut wäre dieses Buch nicht zustande gekommen. In einer Zeit, in der es noch kaum Literatur zum Thema «Eßsucht» gab, haben sie wahre Pionierdienste geleistet.

Darüber hinaus gebührt mein Dank meinen Freundinnen Reinhilde

Bürk, Ulla Hofmann-Credner und meinem Freund Dr. Peter Kleesz, die das Manuskript kritisch lasen und mir wertvolle Hinweise und Unterstützung gaben.

Karlsruhe, im Januar 1988

Die Sache mit dem Essen

Viele Frauen haben in unserer schlankheitsbesessenen Zeit Probleme mit ihrer Figur. Von allen Seiten wird uns eingeredet, wir seien zu dick, wenn wir wie Frauen aussehen und nicht wie halbwüchsige Knaben. Also versuchen wir weniger zu essen. Vielleicht nehmen wir dann ab – oder aber der Körper schaltet auf Sparflamme und lernt mit weniger auszukommen. Irgendeine Instanz in uns hat nämlich genaue Vorstellungen von unserer «objektiven» Körperform und strebt langfristig das entsprechende Gewicht immer wieder an. Diese schmerzliche Erkenntnis muß fast jede Frau nach einer Diät machen.

Die meisten Frauen mit «Figurproblemen» bleiben unauffällig. Sie hungern sich das am Wochenende zugenommene Kilo im Verlauf der Woche wieder ab. Und damit ist die Sache erledigt. Daneben aber gibt es Frauen, die sich besonders intensiv mit ihrem Eßverhalten und mit ihrer Figur beschäftigen, deren Denken fast ununterbrochen um diese Themen kreist. Sie können nicht willentlich steuern, wieviel sie essen, sondern der Eßdrang kommt einfach über sie, sie sind ihm ausgeliefert.

Die Geschichte jeder eßgestörten Frau zeigt deutlich, daß die Figur nur das letzte Glied – das Endresultat sozusagen – einer langen Kette von Verhaltensweisen und Einstellungen darstellt, die sich untereinander wiederum beeinflussen. Oberflächlich betrachtet steht am Anfang dieser Kette ein erbarmungsloser Drang zu essen, der zum Eßanfall führt. Als Folge dieses «Versagens» kommen Scham und Schuldgefühle hoch und – je nachdem wie stark das Bedürfnis der Frau ist, die «Kontrolle über sich» wiederzugewinnen – wird sie das «Hinaus» der überschüssigen Kalorien beschleunigen oder auch nicht. Davon, wie gut ihr das «Hinaus» gelingt, hängt unter anderem ihre Figur ab. Aber wieweit ihre jeweilige Figur und ihre subjektive Zufriedenheit dem tatsächlich erreichten Gewicht entsprechen, ist noch eine ganz andere Frage.

Je nach Eßverhalten und Figur der Betroffenen unterteilt man die unterschiedlichen Eßstörungen in drei große Kategorien: Mager-Sucht, Eß-Sucht und Fett-Sucht. Tatsächlich haben diese Krankheitsbilder viele Kennzeichen einer Sucht: das gierige Verlangen nach dem «Stoff», die Heimlichkeit, den «Rausch» oder besser die Vernebelung des Denkens, auf die ein böses Erwachen folgt mit Schuld- und Schamgefühlen und der Beschluß, morgen ein ganz neues Leben anzufangen. Ein Beschluß, der ebensooft gebrochen wie gefaßt wird.

Magersucht ist gekennzeichnet durch eine psychisch bedingte Einschränkung der Nahrungsaufnahme, die u. U. bis zu einer lebensbedrohenden Abmagerung führen kann. Magersüchtige mit ihrer scheinbaren Zerbrechlichkeit, ihrer ausgemergelten, halbverhungerten Gestalt wecken teils Mitleid, teils Bewunderung und manchmal auch Abscheu. Immer aber lösen sie Staunen aus. Sich so unter Kontrolle zu haben, daß man es schafft, fast zu verhungern – das ist «Größe». Die Magersüchtige signalisiert: ‹Ich habe meinen Körper und seine Bedürfnisse unter Kontrolle, und ich verachte Euch, die Ihr so schwach seid und Euren Körperbedürfnissen nachgebt. Ich bin stärker als Ihr, und ich bin Euch überlegen›. Sie hat immer etwas Unnahbares an sich.

Von *Eßsucht* oder Bulimie spricht man bei psychisch bedingtem, krankhaften Heißhunger. In der Regel erbricht die Eßsüchtige im Anschluß an den Eßanfall den größten Teil der aufgenommenen Nahrung wieder und kann so ihr Gewicht halten. Eine Eßsüchtige wird als perfekt wahrgenommen, etwas streng, arrogant, kühl, über den Dingen stehend. Auch sie weckt Bewunderung, und auch an sie kommt man nicht so recht heran. Sie ist rational, vernünftig, «kopflastig», und man möchte nicht von ihr beurteilt werden. Niemand würde ihr – der Perfekten – zutrauen, daß sie sich vollißt und anschließend erbricht. Es ist ihr Geheimnis, und sie würde es um keinen Preis lüften. Dieses Geheimnis macht sie innerlich einsam, denn diesen Bereich kann sie mit niemandem teilen. Sie ist nach außen hin stark, doch wie es drinnen aussieht, geht niemand etwas an.

Zur *Fettsucht* führt psychisch bedingter Heißhunger in der Regel dann, wenn das viel zu hohe Nahrungsangebot im Körper verbleibt und nicht oder zu selten wieder erbrochen wird. Die Fettsüchtige ruft in einer Kultur mit schlankem Schönheitsideal Abscheu und Ablehnung hervor. Sie wird als Neutrum gesehen, und sie steht ständig unter dem Druck, abnehmen zu müssen. Sie hat ein dickes Fell, eine Isolierschicht, die sie zwischen sich und anderen aufgebaut hat.

Alle drei Eßstörungen erreichen dasselbe: sie schaffen Distanz: Die Magersüchtige erhebt sich geistig über die «schwachen Mitmenschen», die Eßsüchtige gibt sich anders als sie ist und zeigt nur eine unechte Fassade, und die Fettsüchtige baut einen undurchdringlichen körperlichen Schutzwall um sich auf.

Warum und wozu braucht eine eßgestörte Frau diese Distanz? Nach Thorwald Dethlefsen hängen körperliche Symptome und Psyche in der Form zusammen, daß man im Symptom etwas «hat», was einem im Bewußtsein «fehlt».

Auf die geschaffene Distanz bezogen heißt dies etwas vereinfacht:

Die magersüchtige Frau ist stolz darauf, daß sie ihren Körper so gut im «Griff» hat und ebenso seine Bedürfnisse. Auf der psychischen Ebene dagegen fehlt ihr diese Autonomie. Sie ist nicht selbständig, nicht selbstbestimmt, und sie hat Angst, die mühsam erworbene Kontrolle zu verlieren.

Die eßsüchtige Frau kann nur ihr perfektes Image akzeptieren, ihr eigentliches Wesen, das sie kaum kennt, lehnt sie ab und fürchtet seinen Durchbruch. In ihren Eßanfällen kommt mit Macht dieses Andere, Unbekannte durch, das ihren Perfektionsansprüchen nicht standhält und unschädlich gemacht werden muß. Sie räumt ihrem wahren Selbst psychisch zuwenig Platz ein, so daß es sich auf der körperlichen Ebene einen Durchbruch verschaffen muß. Ihr fehlt im Bewußtsein die Selbstakzeptierung und der Platz für ihr Wesen, so wie es ist.

Die dicke, fettsüchtige Frau grenzt sich körperlich durch ihren Schutzwall ab, weil sie sich psychisch nicht abgrenzen kann. Durch ihre «Häßlichkeit» hält sie sich die Leute buchstäblich vom Leib. Ich habe dicke Frauen erlebt, die – nachdem sie 40 Pfund abgenommen hatten – schleunigst wieder zunahmen, weil sie die Attraktivität ihres neuen Aussehens nicht verkraften konnten. Männer und Frauen verhielten sich plötzlich völlig anders ihnen gegenüber, und sie gerieten in Panik, weil ihr Schutz nicht mehr da war.

Die Kategorien Mager-, Eß- und Fettsucht weisen untereinander mehr Gemeinsamkeiten als Unterschiede auf, und die Arbeit mit Klientinnen aus allen drei Kategorien hat mir immer deutlicher gezeigt, daß alle Eßstörungen mit Suchtcharakter gemeinsame Wurzeln haben.

Diese Wurzeln, um bei der Analogie zur Pflanze zu bleiben, sind unter der Erde verborgen, unbewußt. Über der Erde und damit sichtbar sind die Äste und Zweige, die den verschiedenen Spielarten der Eßstörungen, einschließlich aller Zwischenformen entsprechen. Natürlich ist es kein Zufall, wenn die eine Frau eine Magersucht und die andere eine Fettsucht entwickelt. Diese Ausprägungsgrade sind Ergebnisse ihrer Lerngeschichten, die genauso unterschiedlich sind wie die Wachstumsbedingungen verschieden geformter Zweige einer Pflanze.

In diesem Buche möchte ich vor allem die allen Eßstörungen gemeinsamen Wurzeln beleuchten. Diese liegen – allgemein gesagt – im ganz frühen Genährtwerden, in der Bedürfnisbefriedigung des Säuglings. Was kann ein Säugling tun, dessen Bedürfnisse nach Nahrung, Schutz, Wärme und Geborgenheit nicht adäquat befriedigt werden? Er kann versuchen, die Mutter «herbeizulocken». Wenn ihm dies jedoch nicht gelingt, dann resigniert er und versucht, seine Bedürfnisse einzuschränken. Das Gefühl, das aus einer solchen Resignation erwächst und bis ins Erwachsenenalter erhalten bleibt, ist das Gefühl, nicht genug bekommen zu haben, zu kurz gekommen zu sein.

Eßgestörte haben aber nicht nur zuwenig bekommen. Häufig haben sie Nahrung, Schutz, Angenommenwerden auch nicht zu dem Zeitpunkt erhalten, zu dem sie Zuwendung gebraucht hätten, sondern dann, wenn die Pflegeperson es für richtig hielt, ihnen etwas zu geben. Was kann ein Säugling unter solchen Bedingungen lernen? Er lernt, zuzugreifen und unerbittlich festzuhalten, wenn er tatsächlich etwas bekommt. Da er noch keinen Zeitbegriff hat, handelt er nach der Devise jetzt oder nie. Dieses Verhaltensmuster läßt sich bei Eßgestörten auch im Erwachsenenalter gut beobachten: Geringe Frustrationstoleranz, Gier, Unersättlichkeit, Anklammern in Freundes- und Partnerbeziehungen sind typisch für Menschen mit Eßstörungen. Das Vertrauen, daß sie genug bekommen werden, und zwar auch in dem Augenblick, in dem sie es wollen, fehlt völlig. Durch ihre Gier und ihr Zugreifen/ Anklammern bewirken sie aber, daß sich Freunde und Partner vor ihnen «schützen» müssen, um nicht «ausgesaugt» zu werden. Dieses «Aussaugen» findet allerdings nur bei den engsten Freunden oder Familienangehörigen statt. Nach außen hin wirken Eßgestörte dagegen meist stark, souverän und kompetent.

Ganz allgemein kann man sagen, daß eßgestörte Frauen (und Männer wahrscheinlich auch) nicht so autonom und selbständig sind, wie ihre Umwelt glaubt. Sie lieben ihr «wahres Selbst» nicht und können weder Forderungen stellen noch Ablehnungen formulieren aus Angst, dann gar nicht mehr gemocht zu werden. Durch ihre Distanz schützen sie sich davor, daß andere ihnen zu nahe kommen. Sie haben Berührungsängste in jeder Hinsicht. Jemanden *berühren* heißt auch jemanden *anrühren*, jemanden *rühren*. Rührung hat mit Emotionen (exmovere = herausbewegen) zu tun, mit Schwäche, Kontrollverlust, mit Tränen, mit Demut. Man kann nicht mehr kühl, stolz und überlegen sein, wenn man gerührt ist. Diese Rührung enthält auch Bewegung, man sagt ‹jemand ist tief bewegt›. Wenn man gerührt ist, kommt etwas in Bewegung. Eine Lawine käme ins Rollen, und das spüren eßgestörte Frauen. Alle tief drinnen versteckten nicht befriedigten Bedürfnisse kämen in *Aufruhr*. Und dann?

Nein, da halten sie lieber Distanz zu anderen Menschen und auch zu ihren eigenen Gefühlen. Durch den Eßanfall oder durch Hungern werden Emotionen betäubt, was wesentlich sicherer ist, als sich gehen zu lassen oder fortgerissen zu werden.

Wer Angst hat vor dem Berührtwerden auf körperlicher und psychischer Ebene, der hat auch Angst vor dem «Hereinlassen». Und wer Angst hat vor dem Hereinlassen, der hat auch Angst vor der Sexualität. Tatsächlich haben auch alle eßgestörten Frauen Probleme mit der Sexualität, vor allem mit der Hingabe an einen Partner. Hingabe und Kontrolle lassen sich nicht miteinander vereinbaren. Mit Hingabe meine ich nicht nur sexuelle Hingabe, sondern die Hingabe an den Augenblick zum Beispiel, oder jede Form des Sicheinlassens. Sich einlassen bedeutet oft, sich auf neues, unbekanntes Terrain zu begeben, sich in einen Prozeß einzulassen, dessen Ausgang unklar ist.

Wenn ich jemanden ganz nahe an mich heranlasse, so sieht der andere zwangsäufig hinter die Fassade, er *erkennt* mich so, wie ich wirklich bin. Er nimmt Dinge an mir wahr, die ich selbst nicht sehe und auch oft nicht wahrhaben will. Dieses Erkanntwerden fürchten eßgestörte Frauen sehr. Sie brauchen ja die Distanz, um nicht als das erkannt zu werden, was sie im Grunde sind: bedürftige, halbverhungerte Wesen mit einer großen Angst, abgelehnt zu werden und auch diesmal nicht zu bekommen, was sie sich wünschen. Sie glauben, wenn sie «gut genug» wären, hätten sie noch eine Chance, ein bißchen Liebe und Zuneigung zu erhalten. Also versuchen sie so zu werden, wie sie ihrer Meinung nach sein müssen, um sich Liebe zu verdienen: nützlich, stark, zuverlässig, klug und vieles mehr. Wenn jemand ihre Schutzwälle überwindet und sieht, wie sie «in Wirklichkeit» sind, ergreift sie panische Angst, nun abgelehnt und verlassen zu werden.

Leider ist die Situation aber noch komplizierter: Eßgestörte haben nämlich auch Angst davor, daß ihre Bedürfnisse von jemandem befriedigt werden könnten und sie dadurch von diesem Menschen abhängig würden. Der eventuelle Verlust eines solchen Menschen wäre für sie viel schwerer zu ertragen als der vorher empfundene Mangel. Das Prinzip ‹was ich nicht weiß, macht mich nicht heiß› funktioniert dann nicht mehr, denn ein einmal gewecktes und befriedigtes Bedürfnis kann man nicht mehr so leicht vor sich selbst und anderen verleugnen.

Wenn jemand imstande ist, einem etwas Lebenswichtiges zu geben, das man nie zur Genüge gehabt hat, dann ist seine/ihre Stellung sehr mächtig. Wie soll eine eßgestörte Frau, deren Selbstwertgefühl sehr gering ist, an die dauerhafte Befriedigung ihrer Bedürfnisse glauben können? Sie kennt ihre Gier und Unersättlichkeit und die deswegen drohende Zurückweisung. Sie wird nicht glauben, daß sie genug bekommen kann; und das macht ihr angst. Um diese Angst zu besänftigen, kann sie versuchen, Leistungen zu erbringen oder zu fliehen. Symptome stellen auch Fluchtwege dar – Fluchtwege aus dem Leben.

Sehen wir uns am Beispiel der Anna K. an, wie Eßstörungen und Lebensscheu zusammenhängen und wo sie herkommen. Anna K. ist eßsüchtig, aber die Prinzipien, die ihrer Krankheit zugrunde liegen, gelten mit Einschränkungen auch für Mager- und Fettsüchtige. Da bei Eßsucht die Momente des Kontrollverlustes (Eßanfall), des Wiedererlangens der Kontrolle (Erbrechen) und der chronischen Unzufriedenheit mit der Figur stark ausgeprägt sind, habe ich dieses Krankheitsbild gewählt, um ein möglichst breites Spektrum der Symptome bei Eßstörungen abzudecken.

Anna K., Lehrerin, 30 Jahre, eßsüchtig

Eßprobleme hatten Anna K. veranlaßt, sich zu einer Therapie bei mir anzumelden. «Na, wo drückt denn der Schuh», eröffne ich das Erstgespräch mit der neuen Klientin.

«Eigentlich nirgends», sagt sie, «eigentlich habe ich alles was man sich wünschen kann: einen netten Mann, einen Job, der mir Spaß macht und viele Freunde und Bekannte. Ich könnte eigentlich zufrieden sein, wenn nicht die Probleme mit dem Essen wären!»

Und sie erzählt von ihren Eßanfällen, die sie alle zwei Tage bekomme, die meist nachmittags oder gegen Abend anfangen und anhalten bis nach dem Abendessen. «Dann», sagt sie, «wenn alle Arbeit getan ist und der Mann vor dem Fernseher sitzt oder anderweitig abgelenkt ist, gehe ich aufs Klo und erbreche alles wieder. Dann fühle ich mich zwar erleichtert, aber ich habe auch ein schlechtes Gewissen.»

Anna fühlt sich seit ihrer Pubertät unförmig und zu dick. Objektiv gesehen hat sie nur einige wenige Kilo Übergewicht, und ihre Figur ist gut proportioniert. Keineswegs wirkt sie zu dick. Um «absolut dünn» zu sein, würde sie am liebsten 10 kg abnehmen. Allerdings sind fünf Kilo weniger als ihr derzeitiges Gewicht das niedrigste, was sie je erreicht hat, damals fühlte sie sich ziemlich wohl – «fast dünn genug» –, konnte das Gewicht aber nur zwei Wochen halten. Dann sorgten zwanghafte Eßanfälle dafür, daß sie wieder drei Kilo zunahm. Immer wieder probierte sie Diätprogramme aus, die ihr in die Hände fielen, nahm unzählige Kilo ab und unzählige zu. Je strenger ihre Diäten waren, «desto unerbittlicher schlugen die Eßanfälle zu.» Annas Sprache offenbart, daß sie ihre Eßanfälle als etwas ansieht, das sie anfällt, über das sie keine Kontrolle hat. Vor ihrer Umwelt hält sie ihr Eßverhalten streng geheim, sie erwähnt allenfalls, daß sie sich zu dick fühle und abnehmen wolle. Dies nehme allerdings niemand ernst, da niemand sie als zu dick ansehe.

15

Irgendwann las sie ein Buch über Eßsucht, das «Anti-Diätbuch» von Susie Orbach. «Ich war unheimlich betroffen, manchmal konnte ich gar nicht weiterlesen, so sehr hat mich das Buch berührt. Überall habe ich mich wiedererkannt.»

Besonders bei den folgenden Punkten wurde Anna durch das Buch an ihr eigenes Verhalten erinnert:

- Die Unterteilung der Tage in «gute», an denen sie normal ißt, und «schlechte», an denen sie einen Freßanfall hat.
- Die Unterteilung der Nahrungsmittel in «erlaubte», die sie an guten Tagen ißt, und «unerlaubte», die sie an Freßtagen zu sich nimmt, und um die es auch nicht schade ist, wenn sie erbrochen werden. Die erlaubten Nahrungsmittel stehen auf einer «weißen Liste» und umfassen alle kalorienarmen, vitaminreichen, eiweißreichen und fettarmen Nahrungsmittel. Die unerlaubten Nahrungsmittel auf der «schwarzen Liste» umfassen alle Dickmacher, insbesondere ihre Lieblingssüßigkeiten.
- Ihre Furcht, Leute abzuwehren, Erwartungen nicht zu erfüllen, nein zu sagen einerseits und andererseits deutlich zu artikulieren, was sie möchte.
- Ihr Bedürfnis, bestimmte Körperpartien wie Po, Busen, Hüften, Oberschenkel zu verstecken, weil sie sie als zu dick empfindet.
- Die Tatsache, daß sie eigentlich ständig ans Essen denkt und immer hofft, es möge ihr doch gelingen, sich an die erlaubten Nahrungsmittel zu halten und keinen Freßanfall zu bekommen.
- Schwierigkeiten mit ihrer Mutter, die sich in alles einmischt und deren Einfluß sie sich nicht entziehen kann.

Nach der Lektüre des Anti Diätbuches war Anna theoretisch klar, daß ihr Eßproblem nicht nur mit dem Essen zu tun haben kann. Trotzdem schildert sie mir ihre Lebenssituation als «eigentlich o. k.» Auf diese Diskrepanz angesprochen, meint sie: «Na ja, ich will ja nicht undankbar sein, ich habe wirklich alles, was ich immer gewünscht habe. Große Sorgen habe ich nicht, und die kleinen Alltagsprobleme, die hat ja schließlich jeder.» Sie signalisiert mir damit: ‹Bitte rühre nicht die eigentlichen Ursachen meines Eßproblems an›. Zunächst akzeptiere ich ihre Signale und frage sie, ob das Anti Diätbuch oder andere Bücher über Eßsucht ihr geholfen haben, an ihrem Eßverhalten etwas zu verändern.

«Das ist es ja, ich weiß so vieles aus den Büchern, aber ich kann es nicht so recht für mich umsetzen. Meine Eßanfälle habe ich nach wie vor. Sie sind in den letzten Wochen so schlimm geworden, daß ich mich zu dieser Therapie entschlossen habe. Ich habe den Eindruck, daß ich durch diese Bücher vieles deutlicher wahrnehme als vorher, mich aber auch mehr aufrege. Und dann esse ich aus Ärger noch mehr. Ich habe das Gefühl, ich kann einfach nichts gegen die Eßanfälle tun.»

Ob Anna sich vorstellen kann, daß ihre Eßanfälle auch positive Seiten haben? Das habe sie sich auch schon gefragt; vielleicht könnten sie etwas mit «sich den Mund stopfen» zu tun haben. Auf meine Frage, warum «sich den Mund stopfen» etwas Positives sei, antwortet Anna: «Ich habe manchmal Angst, daß ich Dinge sage, die mir hinterher leid tun. Ich kann sehr unbeherrscht sein und ausfällig werden, besonders zu meinem Mann und zu meiner Mutter. Wenn ich aber wütend bin und etwas esse, bin ich milder gestimmt.» Besonders häufig sei sie wütend, wenn sie gestresst aus der Schule komme. Dann nerve es sie, wenn zu Hause auch noch jemand etwas von ihr wolle. Sie habe dann das Gefühl, ständig geben zu müssen.

Mir fällt auf, daß Anna all dies zwar mit einem Lächeln auf dem Gesicht erzählt, aber öfters schluckt. Welche Gefühle schluckt sie hinunter? Ich fordere sie auf, die Situation ausführlicher zu schildern. «Meine Mutter kommt dreimal die Woche vorbei, wenn ich mittags länger unterrichten muß, und kocht das Essen für mich und meinen Mann. Dann bleibt sie zum Essen da, und das ist für mich der Horror. Ich habe das Gefühl, sie hat meine Küche besetzt – ja, meine ganze Wohnung. Ich fühle mich wie ein unmündiges Kind. Sie glaubt, alles zu wissen, und versucht auch, alles zu entscheiden. Wenn ich widerspreche, solidarisiert sie sich mit meinem Mann. Sie schmeichelt sich richtiggehend bei ihm ein. Ich muß mich beherrschen, ruhig zu essen. Manchmal würde ich ihr Essen am liebsten in den Mülleimer kippen und sie hinauswerfen. Aber das kann ich ja nicht machen, ich muß doch froh sein, daß sie für uns kocht. Solange sie da ist, kann ich gar nicht richtig durchatmen. Das fällt mir in der letzten Zeit auf. Sie erdrückt mich richtig, manchmal fühle ich mich in ihrer Gegenwart im Kopfe wie benebelt.» Die Idee für dieses «Kocharrangement» hätte ihr Mann gehabt. Er esse nicht gerne in der Kantine, sondern komme lieber über Mittag nach Hause. Ist ihr das recht? «Eigentlich schon, aber manchmal ist es mir einfach zuviel. Ich muß abschalten, wenn ich aus der Schule komme.»

Was ist Anna zuviel? Was heißt für sie «abschalten»? Wir gehen diesen Fragen nach und finden heraus, daß ihr Mann, wenn er in der Mittagspause nach Hause kommt, allen Berufsärger im Detail erzählt. Da sie selbst voll ist von Erlebnissen aus der Schule, würde sie ebenfalls gerne erzählen. Aber sie hält sich zurück und hört zu. Es wird ihr klar, daß sie stillhält und ihr eigenes Bedürfnis nach Erzählen und Anteilnahme wegdrängt. Stillhalten und das eigene Bedürfnis verleugnen, das ist es, was Anna «zuviel» ist. Auch abends hält sie sich meist zurück und läßt den Mann reden. Sie ißt dann, stopft sich etwas in den Mund anstatt das, was heraus will, herauszulassen.

In der Schule hat Anna etliche Funktionen übernommen, die ziemlich arbeitsintensiv sind und von Kollegen eher gemieden werden. Anna wollte nicht unkollegial erscheinen, zumal sie noch relativ neu an ihrer Schule ist. Ihr Image als gute Kollegin ist ihr wichtig. Auf ihre Unterrichtsstunden bereitet sie sich sehr sorgfältig vor, ist von zwei Klassen Klassenlehrerin und hat auch noch einiges an Verwaltungsarbeit übernommen, so daß sie sich in der Schule verausgabt. Diese Verausgabung erschöpft sie. Zu Hause möchte sie sich erholen und abschalten. Abschalten heißt für Anna: «Die Beine hochlegen, Kaffee trinken, Kuchen essen und an gar nichts denken.» Kommt nun aber ihr Mann nach Hause mit seinem Bedürfnis nach Trost, Zuspruch und «Dampf ablassen» und signalisiert die Mutter ihr Bedürfnis nach Anerkennung und Gebrauchtwerden, stellt Anna augenblicklich ihre eigenen Bedürfnisse zurück und geht auf die Wünsche von Mann und Mutter ein. Später geht sie dann an den Kühlschrank und holt sich Eßbares in großen Mengen.

Dieser Mechanismus ist Anna nur sehr vage bewußt. Als sie sieht, daß sie die Bedürfnisse von Mann und Mutter vor ihre eigenen stellt, ist sie sehr betroffen, spürt sogar Wut, die sie aber sofort abwehrt: «Aber ich kann doch jetzt nicht einfach die Mutter hinauswerfen und den Mann in die Kantine schicken.» «Warum eigentlich nicht?» provoziere ich sie. «So egoistisch kann ich nicht sein», protestiert sie gereizt. «Egoistisch sein» will sie auf keinen Fall. Egoistisch sein, hieße für Anna, die eigenen Bedürfnisse an die erste Stelle zu setzen, und das bedeutete dann – so Annas Folgerung –, die Mutter hinauszuwerfen und den Mann in die Kantine zu schicken, also beide völlig von der Szene zu entfernen.

Darf sie ihre Bedürfnisse nur befriedigen, wenn niemand anders da ist, der eventuell auch Wünsche an sie haben könnte? Es sieht so aus, als ob es für Anna nur entweder «meine Bedürfnisse» oder «deine Bedürfnisse» gebe, nur ein entweder–oder, kein sowohl–als auch. Und, da Egoismus verpönt ist bei Anna, bleibt ihr nur das Zurückstecken der eigenen Bedürfnisse. Lohn für all diesen Verzicht ist ihr Ruf als «gute Tochter» und «verständnisvolle Ehefrau». So wird sie selbst immer zu kurz kommen – das wird Anna schlagartig klar. Klar wird ihr auch, daß sie ständig diese Lücke zwischen Bedürfnis und Befriedigung mit Essen auszufüllen versucht. Jede Art von Essen allerdings ist nicht als Lückenbüßer geeignet, am besten sind Schokolade, Kekse, Sahne, Kuchen und Eis. Diese Nahrungsmittel stehen aber auf der schwarzen Liste, und ihr Genuß versetzt Anna in Panik; sie fürchtet noch dicker zu werden. Um dieser Panik, diesem Druck auszuweichen, ißt Anna schnell alle Vorräte an Süßigkeiten auf und geht dann in eine Bäckerei, um nochmals «nachzufassen». Nun kommt es nicht mehr darauf an. Worauf kommt es nicht mehr an?

Anna möchte sich gesund und bewußt ernähren und ist dabei sehr streng mit sich. Sie informiert sich, welche Nahrungsmittel gesund, sprich vitamin- und eiweißreich, kalorien- und schadstoffarm sind und legt jeden Tag fest, was sie essen will. Dabei ist sie sehr vernünftig. Süßigkeiten gehören nie zu den geplanten Lebensmitteln, denn die stehen auf ihrer schwarzen Liste. Nur wenn sie der Eßdrang überkommt, holt sie sich Süßigkeiten. Hat sie dann aber erst einmal angefangen, Süßigkeiten zu essen, kann sie nicht zulassen, daß diese ungesunden Lebensmittel in ihrem Körper bleiben. Also muß ihre Aufnahme rückgängig gemacht werden; Anna erbricht sie. Und wenn sie schon erbrechen muß, geht dies leichter, wenn ihr wirklich übel ist, «und es lohnt sich auch mehr, wenn der Bauch richtig voll ist. Also schlage ich nochmals kräftig zu – ab morgen ist das alles wieder verboten.» Nach dem Erbrechen, das sie abscheulich findet, ist Anna erleichtert und froh, daß sie «trotzdem» nicht zunimmt. Aber sie ist auch voller Scham- und Schuldgefühle. Sie schämt sich ihrer Unbeherrschtheit und Gier – ihrer privaten Perversion, wie sie es nennt. Schuldig fühlt sie sich, weil sie Lebensmittel vernichtet, obwohl so viele Menschen auf der Welt hungern.

Sie weiß dennoch, daß am nächsten oder übernächsten Tag das Ganze erneut ablaufen wird. Zunächst aber hat sie die besten Vorsätze, sich in Zukunft zu beherrschen, und gar nicht erst anzufangen, Süßigkeiten zu essen.

Es gibt also für Anna K. nur entweder «geplant essen» oder «fressen».

Wir versuchen, die Sprungstelle von «entweder» zu «oder» herauszufinden: bei einem Stück Schokolade, einem Stück Kuchen oder auch schon bei einem Bonbon setzt der Eß-/Brechmechanismus ein. Je strenger eine Eßsüchtige mit sich umgeht, desto schärfer ist diese Sprungstelle definiert, desto enger sind die Toleranzgrenzen für das «entweder», oft gibt es gar keine. Hätte Anna Toleranzgrenzen, dann könnte sie sich Süßigkeiten in Maßen zugestehen und unter Umständen viele Freßanfälle verhindern. So aber muß sie bei der kleinsten Sünde den ganzen Weg gehen – essen, bis sie fast platzt und dann erbrechen. Kann sie nicht vielleicht einige Süßigkeiten offiziell zulassen, zumal sie doch ahnt, daß sie sie sowieso ißt? «Nein» antwortet sie, «wenn ich erst anfange, so lasch damit umzugehen, gibt es kein Halten mehr, und ich esse dann jeden Tag Süßigkeiten. Ich muß den Anfängen wehren.» Anna hat Angst, daß eine eventuelle Lockerung ihrer Toleranzgrenzen sofort dazu führen könnte, daß sie sich im Bereich des «oder» befindet.

Eine andere Klientin hat diese Polarität einmal folgendermaßen beschrieben: «Es ist immer eine Frage des Alles oder Nichts. Da ich mir bei Süßigkeiten nur das Nichts erlaube, brauche ich ab und zu einen Freßanfall als Ausgleich».

Der Eßanfall als Spannungsausgleich

Wie erlebt eine Eßsüchtige selbst den Übergang von geplantem Essen in unkontrolliertes Fressen? Nehmen wir an, die Eßsüchtige befindet sich in einer angespannten Situation, und es stehen gleichzeitig gute Dinge zum Essen herum. Sie nimmt sich hier ein bißchen, da ein bißchen und spürt genau, wann sie – für ihre Maßstäbe – eigentlich aufhören müßte. Und dann beginnt ein innerer Dialog der zwei Seelen in ihrer Brust – die weiße Seele ist für Anna die Vernunft, die schwarze Seele ein «blinder Drang zu essen»:

Weiße Seele: «Du mußt jetzt aufhören!»

Schwarze Seele: «Ja, gleich, nur noch ein bißchen.»

Anna nimmt sich noch ein paar Bissen.

Weiße Seele, panisch: «Höre jetzt endlich auf!!»

Schwarze Seele: «Noch schnell etwas nehmen, bevor ich endgültig aufhören muß.»

Anna ißt schneller, verstohlen. Schließlich hört sie auf zu essen, fühlt sich aber unbefriedigt.

Weiße Seele: «Na, Gott sei Dank, daß du endlich aufgehört hast. Du hast schon wieder zuviel gegessen. Das reicht für heute, dein Tageslimit ist bereits überschritten. Du solltest heute nichts mehr essen.»

Anna ist frustriert über dieses harte Urteil. Sie fühlt sich unzufrieden, unruhig, hat das Gefühl, daß sie noch etwas braucht. Irgendwie ist sie noch nicht ausgeglichen. Sie versucht, sich abzulenken. Nach kurzer Zeit denkt sie wieder an die guten Dinge, die sie im Hause hat.

Schwarze Seele: «Ein ganz kleines bißchen kannst du doch noch essen?»

Anna spürt leichte Angst, denn ihre Widerstandskraft gegenüber der schwarzen Seele erlahmt. Gleichzeitig hofft sie, daß ihre innere Unruhe und Frustration verschwinden, wenn sie noch etwas ißt. Sie nimmt sich noch einen Bissen, steckt ihn hastig in den Mund, kaut und schluckt sehr schnell. Die weiße Seele darf in diesem Augenblick auf keinen Fall zu Wort kommen, und durch schnelles Essen wird sie ausgetrickst.

Schwarze Seele: «Das tut gut, hole gleich noch mehr!»

Weiße Seele: «Du hast mal wieder versagt! Wenn du so weitermachst, wirst du nie dünn.»

Schwarze Seele: «Nur noch heute, wo ich doch so gute Sachen auf Vorrat habe. Und außerdem kann ich ja erbrechen.»

Weiße Seele: «Das Erbrechen ist nicht gut für dich. Du weißt doch, wie schlapp du dich hinterher immer fühlst. Vielleicht hast du auch bereits Organschäden davongetragen.»

Schwarze Seele: «Das ist jetzt egal, ich will essen, essen, essen. Alles her zum letztenmal. Jetzt ist es sowieso egal, der Tag ist gelaufen, es kommt nicht mehr darauf an.»

Weiße Seele: «Gestern war der Tag gelaufen, und vorgestern auch. Heute wolltest du endlich konsequent sein, aber du hast es wieder nicht geschafft! Du schaffst es nie, nie, nie!»

Schwarze Seele: «Ab morgen esse ich ganz normal, du wirst es schon sehen, ganz bestimmt.»

Annas Angst, «es» doch nie zu schaffen, wird größer. Sie weiß, daß sie «es» nicht unter Kontrolle hat. ‹Das Essen überkommt mich einfach, und ich kann nichts dagegen machen, weder heute noch morgen, noch übermorgen› – dies zu erkennen, würde Angst und Panik noch verstärken. Sie ißt schnell weiter, lenkt sich ab von der aufkeimenden Angst und konzentriert sich völlig auf das Essen: Verbotenes essen, richtig zugreifen, keine Kalorien zählen, keine abschätzigen Blicke für ihre Gier ernten, reinhauen, nie mehr aufhören zu essen, essen, essen… Keine Beschränkungen, keine Vernunft, nur Fülle, Überfluß, Gier.

An diesem erdachten Dialog läßt sich erkennen, wo die Sprungstelle, der Übergang vom Essen ins Fressen bei Anna liegt: Zunächst scheint sich Anna mit der weißen Seele zu identifizieren, dann jedoch werden die Eingebungen der schwarzen Seele immer verlockender, zumal sie versprechen, nicht nur die Lust auf Verbotenes zu befriedigen, sondern auch die Unruhe und Frustration zu beseitigen. Schließlich (Sprungstelle!) wird die weiße Seele kurzfristig weggedrängt und der schwarzen nachgegeben (Freßanfall). Je mehr aber der Freßanfall allmählich abklingt, desto mehr gewinnt die weiße Seele die Oberhand zurück. Sie zwingt Anna schließlich auch dazu, sich durch Erbrechen zu reinigen.

Wo ist aber der Ausgleich, den der Freßanfall bringen soll? Was wird ausgeglichen?

Etwas ausgleichen heißt, daß verschiedene ungleiche Zustände einander angeglichen werden. Anna erlaubt sich, was Süßigkeiten betrifft, das Nichts und braucht als Ausgleich einen Freßanfall. Setzen wir das Nichts gleich null und das Alles (Freßanfall) gleich hundert, so läge ein Ausgleich bei fünfzig. Hundert (Freßanfall) hingegen heißt: «zum Platzen gefüllt sein», bedeutet also kein Gleichgewicht, sondern ein Übergewicht. Somit wird das eine Ungleichgewicht (Nichts) durch ein anderes Ungleichgewicht (Alles) ersetzt. «Ausgleich» findet hier im Sinne von «Wiedergutmachung» statt.

Nach einem echten Ausgleich müßte sich die Eßsüchtige ausgeglichen fühlen. Ausgeglichen im Sinne von «harmonisch» aber fühlt sie sich nicht, lediglich ausgeglichen im Sinne von «körperlich nicht mehr hungrig sein».

Zwischen null (Nichts) und hundert (Alles) wäre fünfzig jene Mitte, bei der Anna ein Gefühl des Ausgleichs hat. Wie fühlt sie sich bei null? «Zu kurz gekommen, ich brauche noch etwas.» Und bei hundert? «Zum Platzen voll, übel.» Die Mitte zwischen «zu kurz gekommen» und «zum Platzen voll» wäre dann «satt, gesättigt, befriedigt». *Befriedigt* heißt, es herrscht Friede, es gibt keine Kämpfe mehr. Befriedigung und Sättigung beziehen sich natürlich nicht nur auf den Hunger nach Süßigkeiten, denn die braucht Anna nur, wenn sie emotional zu kurz gekommen ist, das heißt immer dann, wenn sie stillhält, sich verausgabt, in jeder Hinsicht «nicht satt geworden ist».

Ich frage Anna, wie sie sich fühlt, wenn sie sich ausgeglichen im Sinne von «harmonisch» fühlt (fünfzig). «Dann kann ich mir Luft verschaffen, durchatmen, mich frei bewegen, bin heiter, gut gelaunt, optimistisch, bin weder unruhig noch schlapp, einfach konzentriert aktiv, aber ohne Hektik.» Ihre Antwort deutet auf ein Energieproblem hin.

Abgesehen davon, daß Nahrung natürlich Energie ist, ist Eßsucht auch ein Symptom für Energieprobleme auf einer anderen Ebene. Zuviel Energie hat sich angestaut, wenn jemand stillgehalten hat, wenn zuwenig Energie abgeflossen ist. Dann fühlt man sich unruhig, ist abgespannt, «geladen». In unserer Sprache gibt es Ausdrücke wie ‹Vor Energie, Wut oder Neugierde platzen›. Neugierde und Wut produzieren viel Unruhe, Unruhe ist Spannung, ist Energie. Bei einem niedrigen Energieniveau hat man sich oft verausgabt, sich angestrengt, ist erschöpft, müde, leer, ausgepumpt. Wie wir noch sehen werden, sind «stillhalten» und «sich verausgaben» zwei zentrale Themen bei der Eßsucht.

Wie kommt nun Anna K. durch Essen in einen ausgeglichenen Zustand? Wie sie selber sagt, gelangt sie am ehesten durch Erbrechen aus einem unausgeglichenen in einen ausgeglichenen Zustand. Durch das Erbrechen wird vom «Alles» etwas weggenommen. «Fünfzig» kommt aber trotzdem, so Anna, «fast nie» dabei heraus. «Ich bin dann zwar froh und erleichtert, daß ich nun doch nicht zunehme, aber das Gefühl, versagt zu haben, ist stark da. Ich schäme mich dann oft so, daß ich an diesem Tag auch keine Verabredungen mehr einhalten kann. Ich kann dann einfach nicht mehr unter die Leute gehen. Außerdem sind da die Ängste, durch das Erbrechen körperlichen Schaden zu nehmen. Trotzdem ist der Zustand nach dem Erbrechen wesentlich angenehmer als nach einem Freßanfall. Ohne die gefühlsmäßigen Nebenwirkungen wäre er fast ausgeglichen.»

Der Zustand nach dem Erbrechen ist spannungsärmer und ausgeglichener als der Zustand des «Nichts» oder «Alles».

Ausgeglichen heißt, die Energie fließt herein und hinaus, ein jeweils optimaler «Füllungszustand» ist gegeben, nicht stagniert, und nichts fließt ab, ohne daß nicht neue Energie nachflösse. Da für Eßsüchtige das Essen eine Art Allheilmittel ist, schaffen sie es, sowohl den Energieüberschuß mit Essen abzubauen, als auch das Energiedefizit aufzufüllen. Essen kann bei Unruhe beruhigen und ablenken und bei innerer Leere ein Loch stopfen.

Stillhalten

Wie sich im Verlaufe der Therapie herauskristallisiert, können fast alle Eßanfälle von Anna K. in die Rubriken «stillhalten» und «sich verausgaben» eingeordnet werden.

Der Begriff «stillhalten» assoziiert «nichts sagen, obwohl man etwas sagen möchte oder zu sagen hätte», oder «etwas über sich ergehen lassen, obwohl man es nicht möchte». Manchmal, z. B. beim Zahnarzt – «muß» man stillhalten, weil der Verstand es fordert, oder weil man sich nicht blamieren will. Das Gefühl aber will in solchen Situationen nicht stillhalten. Es drängt vielmehr wegzulaufen oder sich zu wehren. Stillhalten erfordert also eine bestimmte Willensanstrengung, nicht wegzulaufen oder sich nicht zu wehren. Auf jeden Fall kostet es Mühe, nicht zu handeln. Man vergewaltigt seine Gefühle, damit man stillhalten kann. Von Natur aus ist der Körper darauf programmiert, auf Gefahr mit Angriff oder Flucht zu reagieren. In einer Gefahrensituation wird Adrenalin ausgeschüttet, das Blut wird zur glatten Muskulatur geschickt, der Blutdruck steigt an, Energie wird schnellstens mobilisiert, alle Denkprozesse werden auf ein Minimum herabgesetzt, denn sie kosten im Ernstfall zuviel Zeit. Nehmen wir an, die Stillhaltesituation ist keine extreme Gefahrensituation, sondern lediglich eine Alltagssituation, in der man sich anders verhält, als man es gefühlsmäßig und instinktiv möchte, so kann man sich leicht vorstellen, daß die Stillhaltende unruhig wird, nervös, gereizt. Sie befindet sich in einer typischen Stressreaktion mit einem erhöhten Aktivitätsniveau. Um die Körperfunktionen wieder zu normalisieren, wäre es optimal, eine längere Strecke zu laufen oder auf andere Weise Energie zu verbrauchen. In leichteren Fällen hilft es auch schon, verbal seinen Gefühlen ‹Luft zu machen›.

Anna hat die Erfahrung gemacht, daß Essen sie beruhigt, obwohl es Energie liefert. Sie kann zwar in Stressituationen keinen echten Hunger verspüren, da bei der Alarmreaktion Magensaftsekretion und Peristaltik des Magens stark reduziert werden; trotzdem hilft ihr das Essen in solchen Augenblicken. Warum?

Wir finden heraus, daß das Essen von unangenehmen Reizen ablenkt. Aber das alleine kann es nicht sein. Als wir weiterfahnden, stellt sich heraus, daß es Anna meist gar nicht bewußt ist, wann und wo sie stillhält. Das Essen ist jedoch ein sehr sicherer Indikator, daß Anna wieder einmal stillgehalten hat, bzw. gerade stillhält. Sie spürt in solchen Situationen oft nur den Drang, dringend etwas essen zu müssen.

«Gestern kam ich mit zwei Einkaufstüten die Treppe herauf. Im Flur begegnete ich einer Nachbarin, Frau B., die mich freundlich begrüßte und mir von dem kleinen Fest erzählte, das die Mieter im Hinterhof veranstaltet hatten und bei dem ich nicht dabeisein konnte. Ich fand es nett von ihr, daß sie so von der Leber weg erzählte. Sonst ist sie eher zurückhaltend und scheu. Nach fünf Minuten taten mir die Arme weh, denn meine Tüten waren ziemlich schwer. Ich stellte sie ab, und wir unterhielten uns weiter. Irgendwann verabredeten wir uns für den nächsten Tag zum Kaffee. Als ich dann in meine Wohnung kam, hatte ich komischerweise einen unbändigen Drang, schnell etwas zu essen, obwohl es mir gut ging.»

Anna versteht nicht, warum sie nach dieser «erfreulichen» Situation essen mußte. Als wir uns die Episode genauer ansehen, stellt sich heraus, daß das Hinterhausfest Anna eigentlich gar nicht interessierte. Sie war ganz froh darüber gewesen, daß sie gerade an diesem Abend etwas anderes vorgehabt hatte. Außerdem ist ihr die Nachbarin auch nicht sehr sympathisch. Es fällt Anna schwer, sich das einzugestehen. Sie fühlte sich nämlich zunächst geschmeichelt, daß die Nachbarin ihr gegenüber auf einmal so aufgeschlossen war. Eigentlich aber hätte Anna in diesem Moment lieber ihre schweren Tüten in die Küche getragen. Nur das Gefühl, ihre Nachbarin durch ihr Desinteresse vor den Kopf zu stoßen, veranlaßte sie zu bleiben. Irgend etwas in ihr – so Anna – drängte sie, die Nachbarin auch noch einzuladen.

Bevor die Nachbarin am nächsten Tag zum Kaffee kam, hatte Anna einen sehr starken Eßanfall, den sie wieder nicht verstand. Sie hatte extra einen Kuchen gebacken, was bei der knappen Zeit zwischen Schulschluß und Einladung nur in großer Eile möglich war. Anna hatte sich verausgabt. Sie aß den halben Kuchen auf und fühlte sich hinterher fürchterlich. Sie konnte auch nicht erbrechen, da die Nachbarin jeden Moment zu kommen drohte.

«Der Besuch verlief ziemlich langweilig. Ich wußte nicht so recht, was ich mit Frau B. reden sollte. Mir war schlecht, und gleichzeitig war ich unruhig, fast getrieben. Ich konnte kaum zuhören. Irgendwann tat ich so, als fiele mir in letzter Minute ein, daß ich noch zur Apotheke müsse. Endlich hatte ich einen Grund, die Sitzung zu beenden. Frau B. meinte noch, ich solle unbedingt nächste Woche bei ihr vorbeikommen. Ich habe zwar zugesagt, aber ich habe keine Lust hinzugehen.»

Bei genauerem Hinsehen finden wir heraus, daß Anna

- keine Lust hatte, so lange auf der Treppe aufgehalten zu werden,
- keine Lust hatte, Frau B. zuzuhören,
- keine Lust hatte, Frau B. einzuladen,
- keine Lust hatte, einen Kuchen zu backen,
- keine Lust hatte, sich mit Frau B. beim Besuch zu unterhalten,
- keine Lust hatte, die Einladung von Frau B. anzunehmen.

Es dauert ziemlich lange, bis Anna sich alle diese Unlustmomente eingesteht.

Warum will Anna nicht merken, daß sie keine Lust hat?

Anna möchte die Nachbarin mit ihrer Lustlosigkeit nicht vor den Kopf stoßen. «Sie könnte denken, daß ich sie nicht mag, wenn ich so kurz angebunden bin.» Anna mag Frau B. in der Tat nicht besonders, aber das soll Frau B. nicht merken. Sie soll nicht einmal merken, daß Anna in der Treppenhaussituation lieber ihre Dinge erledigt hätte, als sich zu unterhalten.

Aber es geht noch um mehr.

Anna fühlt sich geschmeichelt über die Aufgeschlossenheit der Nachbarin. Annas Logik: Wenn sie so offen mit mir redet, dann hält sie mich für eine vertrauenswürdige, also nette Nachbarin. Zu Annas Bild von einer «netten Nachbarin» gehört ein «offenes Ohr» und die Einladung, auf einen Sprung herüberzukommen. Und zu einer Einladung «gehört», daß man einen Kuchen backt. So will es das *Image* einer «guten Gastgeberin», dem Anna entsprechen will. Ihre Angst, diesen Klischees nicht gerecht zu werden, läßt Anna die eigenen Bedürfnisse nicht spüren. Sie redet sich ein, daß «eigentlich gar nichts dabei sei, mal jemandem zuzuhören», aber ihr nachfolgender Eßanfall belehrt sie eines Besseren. Würde Anna sich ihre Lustlosigkeit eingestehen, so könnte sie sich bewußt entscheiden, entweder noch im Treppenhaus stehenzubleiben und weiterzureden, oder aber sich höflich zu verabschieden. Anna fürchtet, sich ihrer Lustlosigkeit bewußt zu werden, weil sie glaubt, dieser dann auch nachgeben zu müssen. Anna hat einiges an psychologischer Selbsthilfeliteratur «verschlungen», und in ihrem Kopf ist hängengeblieben, daß man, «um sich selbst zu verwirklichen, auf die eigenen Bedürfnisse hören müsse». Das möchte Anna eigentlich auch, aber gleichzeitig möchte sie auch eine «nette Nachbarin» sein. Da sie aber, wenn sie auf ihre Bedürfnisse hörte, den damit verbundenen Imageverfall nicht verkraften könnte, muß sie, um nicht in Konflikte zu geraten, ihre Lustlosigkeit verdrängen.

«Aber wenn ich alle diese ‹wahren Gefühle› wahrnehmen könnte, wäre ich möglicherweise ganz asozial. Ich würde vielleicht morgens nicht mehr in die Schule gehen, vielleicht nicht einmal mehr aufstehen, alle Leute vor den Kopf stoßen und was weiß ich nicht noch alles.»

Anna ist in Panik. Ihre ehrlichen Gefühle machen ihr – berechtigte – Angst. Sie spürt, daß das Bild, das sie von sich hat, brüchig wird.

Da Anna in Entweder-Oder-Kategorien denkt, gibt es für sie folglich nur entweder die Bedürfnisse der anderen oder die eigenen Bedürfnisse. Da Egoismus bei ihr verpönt ist, richtet sich Anna im Zweifelsfall nach den Bedürfnissen anderer aus, und die Bedürfnisse anderer wahrzunehmen, heißt auch, sie erfüllen zu müssen. Wenn Anna also bemerkt, wie gerne Frau B. sich mit ihr unterhält, muß sie auch erfreut zuhören, um Frau B. das Gefühl zu geben, Interessantes zu berichten.

Welches Gefühl hätte Anna selbst, wenn sie einer Nachbarin etwas erzählen wollte und diese ihr signalisierte, daß ihr momentan anderes wichtiger sei? «Dann wäre ich gekränkt und würde ihr so schnell nichts mehr erzählen», sagt sie nachdenklich. Offensichtlich fühlt sich Anna gekränkt, wenn sie ein Bedürfnis äußert und dieses dann nicht erfüllt wird.

Im Umkehrschluß glaubt sie also, jemanden zu verletzen, zu demütigen oder zu kränken, wenn sie sein Bedürfnis nicht erfüllt, obwohl sie es könnte. Ausgehend von ihren eigenen Gefühlen glaubt Anna, alle anderen reagierten ebenfalls auf ihre Weise, nämlich mit beleidigtem Rückzug. Sie riskiert also lieber nichts, hält still und erfüllt eher die vermeintlichen Erwartungen ihres Gegenüber, als die eigenen Bedürfnisse wahrzunehmen, geschweige denn ihnen nachzugeben.

Registriert Anna unbewußt aber dennoch einen Impuls, der vom angestrebten Image abweicht, so löst dies bei ihr das Signal «Gefahr» und damit die Alarmreaktion aus. Diese muß nicht immer so stark und eindeutig wahrnehmbar sein, wie in unserer Beschreibung, sondern kann bei subtilen Gefahrensignalen auch unterschwellig ablaufen. Die Angst, die ausgelöst wird, muß nicht bewußt werden, sondern kann sich als Bedürfnis nach Beruhigung oder Ablenkung zeigen. Und beruhigen und ablenken kann man sich sehr gut mit Essen. Ein Eßanfall ist immer eine ehrliche Reaktion.

Natürlich bedeutet es für Anna «Beruhigung», wenn sie sieht, daß sie den Klischees der «guten Gastgeberin» oder der «netten Nachbarin» entspricht. Sie glaubt unbewußt, wenn sie nur «gut genug» sei, so müßten die anderen sie auch anerkennen oder, besser noch, mögen. Anna erwirbt sich also durch ihr Stillhalten und dadurch, daß sie die Erwartungen anderer erfüllt, das «Anrecht», daß diese sie anerkennen oder mögen. Sie baut einen «Gefühlskredit» auf: «Wenn ich heute bei dir stillhalte, so habe ich ein Recht darauf, daß du morgen bei mir stillhältst. Tust du das nicht, so fühle ich mich betrogen und ausgenutzt und bin mit Recht beleidigt. Wenn du aber gestern bei mir stillgehalten hast, dann muß ich heute bei dir stillhalten. Das mache ich zwar nicht gerne, aber ich habe es dir versprochen, indem ich dein Stillhalten gestern geduldet habe. Also hast du ein Recht auf mein Stillhalten.» Diese Zusammenhänge sind ihr natürlich nicht von Anfang an bewußt, sondern werden ihr erst klar, nachdem wir viele Beispiele von «sich verpflichtet fühlen», «zu kurz kommen» und «ausgenutzt werden» durchgehen. Dabei zeigt sich immer wieder, daß Gerechtigkeit und Loyalität einen sehr hohen Stellenwert bei Anna haben. Dazu später mehr. Bleiben wir noch beim Stillhalten. Anna hat ein ausgeklügeltes System, wieviel Stillhalten die jeweiligen «Kontoinhaber» beanspruchen können.

«Neulich besuchte ich eine kranke Kollegin, um ihr von der letzten Lehrerkonferenz zu berichten und ihr ein paar Unterlagen vorbeizubringen. Die Kollegin war putzmunter, im wahrsten Sinne des Wortes. Sie hatte ihre Vorhänge gewaschen und war gerade dabei, sie wieder aufzuhängen. Ich habe mich geärgert, daß ich ihren Unterricht zum Teil übernehmen mußte und ihr nun auch noch die Unterlagen hinterhertragen mußte, wo sie eigentlich hätte arbeiten können. Dann fragte sie mich auch noch, ob sie mir schnell helfen könnte, die Vorhänge aufzuhängen, sie habe sich da ein bißchen übernommen. So fit sei sie nun auch wieder nicht. Ich kochte innerlich, ließ mir aber nichts anmerken. Ich glaube nicht, daß sie es nicht geschafft hätte, die Vorhänge alleine aufzuhängen. Außerdem hat sie ja noch einen Mann und große Kinder, die ihr abends hätten helfen können.»

Auf meine Frage, warum gerade sie bei der Kollegin vorbeigegangen sei, antwortet Anna: «Na ja, diese Kollegin hat mich auch mal vertreten und mir Unterlagen nach Hause gebracht. Wir wechseln uns da ab.»

Die Unterrichtsvertretung und das Vorbeibringen von Unterlagen im Krankheitsfalle fand Anna in Ordnung, weil hier das Prinzip ‹wie du mir, so ich dir› galt. Das Aufhängen der Vorhänge war durch dieses Prinzip nicht «abgedeckt». Trotzdem hielt Anna still, sie wollte nicht jemanden «hängenlassen», der krank war. Aber sie fühlte sich ausgenutzt.

Wenn Anna mehr geben soll, als sie bekommen hat, fühlt sie sich ausgenutzt. Bekommt sie aber mehr, als sie gegeben hat, so fühlt sie sich verpflichtet, noch etwas zu geben.

Anna möchte sich nicht ausnutzen lassen und erwartete von der Kollegin einen «Ausgleich». Das war ihr in der Situation allerdings nicht bewußt. Sie spürte nur Wut, die sie dann beim Kaffeetrinken mit drei Stück Kuchen zu ersticken versuchte. Anschließend stieß sie aus Versehen die Kaffeetasse um, was ihr «echt leid tat». Der Kaffee lief über die Tischplatte und tropfte auf den hellen Teppich. Die Kollegin begann aufzuwischen, Anna saß schuldbewußt daneben. Als die Kollegin leicht verärgert reagierte, wuchsen Annas Schuldgefühle. Sie hatte das Gefühl, etwas wiedergutmachen zu müssen. Aber wie?

Sie half beim Aufwischen, was ihre Schuldgefühle etwas verringerte. Außerdem versprach sie, in einigen Tagen wiederzukommen und weitere Unterlagen mitzubringen. Auf dem Nachhauseweg wurde ihr klar, unter welchen Zeitdruck sie durch dieses Versprechen geraten würde. Sie ärgerte sich, weil sie sich so ungeschickt verhalten hatte. Was mußte sie aber auch die Kaffeetasse umstoßen! Immer unzufriedener mit sich, fing sie zu Hause gleich an zu essen. Es kam nun nicht mehr darauf an, «wo sie sowieso schon drei Stück Kuchen intus hatte». Anschließend war Anna damit beschäftigt, zu essen, zu erbrechen und sich selbst die Schuld zu geben.

Schauen wir uns das «Guthaben» der Kollegin bei Anna einmal an. Es war dadurch entstanden, daß sie für Anna Unterricht übernommen und ihr Unterlagen vorbeigebracht hatte. Dieses Guthaben empfand Anna als ausgeglichen, nachdem sie ihrerseits der Kollegin Unterlagen gebracht und sie informiert hatte. Dadurch, daß die Kollegin nicht mehr richtig krank war, wurde das Konto in Annas Augen überzogen. Sie versuchte, die «Schulden» der Kollegin möglichst klein zu halten, indem sie sich mit drei Stück Kuchen «entschädigte». Aber das Konto war immer noch überzogen. Also warf Anna – natürlich nicht mit Absicht – die Kaffeetasse um. Das war aber wiederum zuviel. Nun fühlte sich Anna schuldig, d. h. das Konto der Kollegin stand wieder im Haben, und Annas ihrerseits im Soll. Um diese Schulden zu begleichen, bot sie der Kollegin an, nochmals Unterlagen mitzubringen. Damit allerdings hat Anna ihre eigene «Währung» abgewertet: «Nochmals mit Unterlagen bei der Kollegin vorbeizugehen, das kostete mich einen ganzen Nachmittag. Sie dagegen mußte nur zehn Minuten aufwischen, wegen des Kaffees. Irgendwie ist da ein Mißverhältnis», fiel Anna auf.

Was hätte es für sie bedeutet, die Schuld einfach stehenzulassen und nichts zu begleichen?

«Das kann ich nicht, da wäre die Kollegin sicherlich sehr böse auf mich gewesen. Wenn jemand mit Recht böse auf mich ist, kann ich das nicht aushalten. Dann muß ich unbedingt zusehen, daß ich die Sache schnell wieder bereinige», fügt sie noch hinzu.

Wiedergutmachen allein reicht Anna aber offensichtlich nicht, das zeigt ihr großzügiges Angebot. Muß sie «Zinsen» bezahlen, oder will sie ein kleines «Guthaben» bei der Kollegin ansammeln? Diese Frage wird uns später noch einmal beschäftigen.

Ich frage Anna, ob sie einen Lebensbereich nennen könne, in dem sie besonders häufig stillhält. Sie wird etwas verlegen, schaut auf den Boden und sagt leise: «Ja, den gibt es. Ich wollte eigentlich erst später davon reden, aber ich glaube, es ist jetzt schon wichtig. Es fällt mir schwer, darüber zu reden, es geht um Sexualität. Ich bin sehr gehemmt, außer, wenn ich Alkohol getrunken habe. Es ist mir unangenehm, wenn mein Mann mich anfaßt, weil ich dann nur daran denke, daß er es bestimmt merkt, wenn ich wieder zugenommen habe. Ich verkrampfe mich dann innerlich und hoffe, daß es bald vorbei ist.»

«Und wenn Sie etwas getrunken haben, ist es dann anders?» frage ich nach.

«Ja, dann ist es mir egal, ob ich dicker geworden bin, dann ist mir alles egal. Dann kann ich die Sexualität genießen. Manchmal kann ich sogar einen Höhepunkt erleben, aber das ist selten. Auf jeden Fall gehe ich dann aus mir heraus. Hinterher schäme ich mich oft, weil ich mich so habe gehenlassen. Aber dann finde ich es wieder blöd von mir, daß ich mich schäme, denn es ist ja eigentlich nichts dabei, Lust zu zeigen. Trotzdem habe ich irgendwie Angst davor.» Es fällt Anna nicht leicht, über dieses Thema zu sprechen. Offensichtlich ist es ihr peinlich. Da dieses Thema im Laufe der Therapie noch ausgiebig zur Sprache kommen wird, beschließe ich, an dieser Stelle nur das Stillhalten genauer zu analysieren.

«Fällt Ihrem Mann dieser Unterschied auch auf?» frage ich weiter.

«Natürlich fällt er ihm auf. Er sagt, ich sei wie ausgewechselt, wenn ich ein paar Gläser Wein getrunken habe. Aber ich kann doch nicht jedesmal etwas trinken. Er versteht meine Hemmungen nicht, und ihm ist es in diesem Augenblick auch egal, ob ich zugenommen habe oder nicht. Wenn ich zugenommen habe, würde ich am liebsten überhaupt nicht mehr mit ihm schlafen, dann würde ich mich am liebsten verkriechen...» Anna stockt abrupt. Ich habe das Gefühl, daß sie weitere Aussagen im letzten Augenblick abbremst. «Und trotzdem schlafen Sie dann mit ihm?» versuche ich, den Faden weiterzuspinnen.

«Ja, nein... also, ich versuche, mich dann davor zu drücken. Ich bekomme dann öfters Kopfweh oder werde müde. Manchmal sage ich das auch nur, aber dann bekomme ich wieder ein schlechtes Gewissen. Ich denke dann, das kannst du doch nicht machen, Sexualität ist etwas ganz Normales und gehört dazu, also stell dich nicht so an. Und dann mache ich halt halbherzig mit. Ich halte wirklich still, spiele ihm auch manchmal Lust vor. Dann kann ich mich aber manchmal in die gespielte Lust so hineinsteigern, daß ich irgendwann doch ganz dabei bin. Aber meistens ist es so, daß ich Minimallust vorspiele, er sein Programm abzieht, und ich hinterher froh bin, wenn es vorbei ist. Mein Mann merkt dann schon, daß ich nicht so viel Lust habe, und er hat auch manchmal ein schlechtes Gewissen, daß er mich so ‹egoistisch benutzt›.»

«Und wie ist es für Sie, wenn Sie so ‹egoistisch benutzt› werden», frage ich.

«Ach, na ja, ich weiß ja dann, daß er befriedigt ist. Wenn ich nicht mit ihm schliefe, wäre ich schuld an seiner Frustration, und das wäre noch viel schlimmer» meint Anna. «Was wäre so schlimm, wenn er frustriert wäre?» bohre ich weiter. «Na ja, dann könnte es womöglich sein, daß er woanders seine Nachfrage befriedigt», sagt Anna lachend, «so aber hat er keinen Grund».

Es stellt sich heraus, daß Annas Stillhalten mal wieder ein kleines «Geschäft» ist: ‹Ich halte still, damit du nicht fremdgehst›; und: ‹wenn ich stillhalte, dann hast du keinen Grund fremdzugehen, also kann ich beruhigt sein›. Anna hat Angst, ihren Mann zu verlieren, also tut sie etwas dafür, ihn zu halten. Wenn er – aus ihrer Sicht – keinen Grund hat, sie zu verlassen, so muß er bei ihr bleiben. Diese Logik beruhigt.

Anna versucht, sich durch ihr Stillhalten sein Wohlverhalten zu erkaufen. Es ist ihr wichtiger, den Status quo in ihrer Beziehung zu wahren, als durch gemeinsame Entwicklung «Unruhe» zu riskieren. Aber sie spürt, daß damit etwas nicht stimmt.

«Wenn ich Lust vorspiele, dann biete ich ihm sozusagen ‹kontrollierte Erscheinungen›. Ich habe viel darüber nachgedacht, was ich da so mache. Auf jeden Fall zeige ich nicht mein wahres Gesicht. Auch in früheren Beziehungen habe ich mein wahres Gesicht in der Sexualität nicht gezeigt. Ich glaube, ich kenne dieses wahre Gesicht selbst nicht. Und wenn es mal andeutungsweise zum Vorschein kommt, also wenn ich was getrunken habe, dann ist es mir eher peinlich. Ich will da nicht dran, das merke ich.» Wieder kommt die Angst vor den ehrlichen Gefühlen durch. Auch hier hat Anna ein Image zu verlieren, das Image der guten Ehefrau, die gerne mit ihrem Mann schläft. Dafür reicht reines Stillhalten allerdings nicht mehr aus, Anna muß sich anstrengen. Aber Anna hat Angst – Angst zu zeigen, wenn sie keine Lust hat, und Angst zu zeigen, wenn sie echte Lust hat.

Also verbietet sich Anna, keine Lust zu haben, aber sie verbietet sich auch, unkontrollierbare Lust zu haben. Was sie sich erlaubt, sind «kontrollierbare Lustphänomene», hinter denen sie sich verstecken kann.

In der Sexualität zeigt sich besonders deutlich das Prinzip, dem Eßsüchtige unterworfen sind: Stillhalten, indem sie die eigene Lust oder Unlust verdrängen und gleichzeitig sich verausgaben, indem sie die vermeintlich erwartete Lust vorspielen.

Damit glauben sie «alles im Griff» zu haben.

Sich verausgaben

«Also, am Wochenende geht das nicht, da habe ich keine Zeit. Ich muß unbedingt bei meiner Mutter vorbeigehen und für sie putzen und einkaufen. Sie ist momentan schwer erkältet. Dann muß ich die Hausordnung machen, müßte eigentlich mal wieder waschen und bügeln, aber das schaffe ich wahrscheinlich gar nicht. Mein Mann meinte, wir müßten mal wieder seinen Bruder besuchen. Wenn wir das machen, muß ich vorher noch ein paar Sachen zusammenpacken, denn dort müssen wir auch noch übernachten. Leider habe ich noch versprochen, für den Basar meiner Schüler einige Kuchen zu backen, das muß auch noch erledigt werden. Schade, dieses Wochenende ist nichts drin.»

Das war Annas Antwort, als ich sie bat, sich ein bißchen Zeit für ihre «Therapiehausaufgaben» zu nehmen. Sie sollte ihre Unfähigkeit, nein zu sagen, einmal beobachten und entsprechende Situationen aufschreiben. An diesem Wochenende hatte sie aber schon so oft nicht nein sagen können oder wollen, daß ihr keine Zeit mehr blieb, sich dieses Phänomen genauer anzusehen. Ironie des Schicksals!

Anna hat selten Zeit für sich. Sie beklagt diesen Zustand ständig, und doch habe ich den Verdacht, daß sie gar nicht mehr Zeit haben will. Ich sage ihr das.

«Da könnte etwas Wahres dran sein», sagt sie nachdenklich, «wenn ich zuviel Zeit für mich habe, überlege ich, welche Dinge ich noch erledigen muß, und wenn ich gar nichts mehr finde, fange ich an zu putzen oder zu essen». Meist tut Anna «vernünftige Dinge», wenn sie Zeit hat: Sie wäscht, putzt, kauft ein, strickt, bereitet Unterricht vor, telefoniert gelegentlich mit einer Freundin.

Was aber heißt «zuviel» Zeit für sich? Wenn Anna zuviel Zeit hat, ist es ihr oft langweilig. Langeweile ist ein Zeichen dafür, daß die Zeit subjektiv zu langsam vergeht. Unser Zeitempfinden hängt davon ab, ob das, was wir gerade tun, uns die Zeit vergessen läßt, oder ob wir die Sekunden zählen. Wenn wir die Zeit vergessen, sind wir voll auf eine

Sache konzentriert. Das, was wir tun, empfinden wir als angenehm, oder zumindest füllt es uns aus. Zählen wir die Sekunden, bis etwas vorbei ist, handelt es sich in der Regel um sehr unangenehme Dinge. In einem Fall kommt uns die Zeit kurz vor, im anderen sehr lang. Die Extreme dieser unterschiedlichen Zeitwahrnehmungen sind Hetze und Langeweile. Beide Empfindungen lösen bei Eßsüchtigen oft Eßanfälle aus.

Bei Langeweile fühlt Anna eine innere Leere, die sie nicht erträgt, und die das Essen – im wahrsten Sinne des Wortes – auffüllen soll. Andererseits stürzt sie sich in Aktivitäten und füllt die Zeit so stark aus, daß alles gedrängt und hektisch wird. Bei Langeweile ist die Zeit zu stark ausgedehnt und muß mit Essen verkürzt werden. Bei Hetze dagegen kann die Zeit durch Essen gedehnt werden. Wieder gleicht das Essen etwas aus: Die Zeitwahrnehmung wird von den unangenehmen Extremen auf ein angenehmeres Mittelmaß gebracht.

Leistung läßt sich als Arbeit pro Zeit definieren. Je mehr Arbeit pro Zeit erbracht wird, desto höher die Leistung.

Leistung ist ein wichtiger Begriff für Anna. «Eigentlich war ich immer fleißig, habe in der Schule gelernt und bin für meine guten Noten gelobt worden. Am besten war ich immer in den «Lernfächern» Geschichte, Erdkunde und Sprachen. Zu Hause mußte ich auch immer helfen. Ich habe noch zwei jüngere Geschwister, und meine Mutter war viel krank. Ich glaube, ich habe gar keine richtige Kindheit gehabt, wo viel gespielt wurde und so. Ich war immer beschäftigt», sagt sie.

«Für andere», ergänze ich. «Ja, immer nur für andere. Wo bin ich eigentlich mit meinen Bedürfnissen geblieben? Eigentlich hätte man sich ja mal als Kind mehr um mich kümmern können!» Wir versuchen herauszufinden, wie sie sich heute selbst behandelt.

In ihrem Elternhaus galt der Satz ‹Erst die Arbeit, dann das Vergnügen›. Da in einem Haushalt mit drei Kindern und einer kränklichen Mutter die Arbeit natürlich nie ausging, wurde das Vergnügen meist ersatzlos gestrichen. Unter den Begriff «Arbeit» fällt für Anna alles, was sie tun muß. Meist muß sie (immer noch!) Dinge für andere tun, für ihren Mann, ihre Mutter, ihre Freundinnen, ihre Schüler, ihre Kollegen, ihre Nachbarn. Anna wagt es nur selten, offen und direkt nein zu sagen und den eigenen Wünschen Priorität einzuräumen.

Die eigenen Wünsche, so finden wir heraus, fallen nämlich für Anna unter den Begriff «Vergnügen». Vergnügen aber ist für sie etwas Ungehöriges, Unvernünftiges, etwas, das kostet, aber nichts einbringt. Alles, was Lebenslust ausdrückt, ist Vergnügen, und dazu gehören auch Essen und Sex.

Die Bedürfnisse anderer zu erfüllen, bedeutet für Anna dagegen Arbeit und muß daher vor dem Vergnügen der eigenen Bedürfnisbefriedigung rangieren. Anna hat ein schlechtes Gewissen, wenn sie sich ein Vergnügen gönnt, ohne vorher alle Arbeit getan zu haben.

Ich provoziere Anna ein wenig, so, daß sie ihr Verhaltensmuster wie in einer Karikatur überdeutlich erkennen kann: «Wenn Sie so weitermachen, können Sie irgendwann sagen: Mein Leben hat jedem gefallen – außer mir.»

Anna weint und lacht zugleich: «Ich bin ganz schön doof. Warum tue ich das alles mit mir und merke es noch nicht einmal. Ab heute will ich nur noch gut zu mir sein», beschließt sie etwas trotzig. Wieder einmal gibt es für sie nur entweder—oder, alles oder nichts. Es ist nicht so einfach, Annas Probleme zu lösen, ihr steht noch ein langer Entwicklungsprozeß bevor. Eben darauf will sie sich nicht einlassen. Sie will eine Sofortlösung. Auch hier läßt sie sich keine Zeit. Sie wäre bereit zu jeder Anstrengung, aber sie kann es nicht aushalten, die Dinge auf sich zukommen zu lassen, eine Entwicklung einfach reifen zu lassen. Anna will die Dinge steuern, sie im Griff haben.

Wenn man etwas steuern und kontrollieren will, hat man ein bestimmtes Ziel im Auge. «Ja, eigentlich stimmt das schon, ich bin sehr zielstrebig, habe immer etwas vor oder lebe auf etwas hin. Es gibt immer etwas zu erledigen, ich will immer etwas erreichen», sieht Anna zum erstenmal einen Zusammenhang. Sie lebt mit dem Kopf immer in der Zukunft, und das, was jetzt ist, ist immer nicht ganz in Ordnung und muß verändert werden.

Zielstrebig etwas erreichen wollen, heißt gradlinig auf dem schnellsten Wege auf das Ziel zugehen. Es impliziert, daß man weder nach rechts noch nach links schaut, nicht stehenbleibt oder gar umkehrt. So kommt man dann zwar zum ins Auge gefaßten Ziel, sieht aber nicht die Blumen am Wegesrand, nicht die Seitenwege, die vielleicht auch etwas zu bieten hätten, bleibt nicht stehen, um die Landschaft zu genießen, sondern geht blind, nur auf das Ziel fixiert, geradeaus.

Der Weg aber ist das eigentliche Leben, oder wie ein chinesisches Sprichwort sagt: ‹Der Weg ist das Ziel›. Für Eßsüchtige klingt das nach verkehrter Welt. Sie möchten das Ziel möglichst sofort und sicher erreichen und den Weg, das «Lebendige», am liebsten überspringen. Es ist für sie nur etwas, das sie vom Ziel trennt. Folglich muß auf diesem Wege alles gesteuert und kontrolliert werden. Nicht Unkontrollierbares soll das Anstreben des Ziels behindern. Natürlich verausgabt man sich mit dieser Zielstrebigkeit, denn der Weg soll schnell überwunden werden. Geschwindigkeit ist Weg pro Zeit – diese Definition enthält die ganze Verausgabung, Anstrengung und Hetze, die sich Eßsüchtige antun.

Würden sie sich mehr Zeit für den Weg nehmen und sich von den Unwägbarkeiten unterwegs überraschen lassen, so könnten sie noch einmal das Ziel überdenken. Dann aber kämen sie vielleicht nie an, weil es ihnen inzwischen gar nicht mehr so erstrebenswert erschiene. Wenn also Eßsüchtige ihre Ziele schnell und mit Scheuklappen erreichen wollen, um sie nicht aus den Augen zu verlieren, dann muß man sich fragen, ob mit diesen Zielen etwas nicht in Ordnung ist. Ziele, die es wert sind, verliert man nicht aus den Augen. Also, was stimmt nicht mit diesen Zielen?

Schauen wir uns ein Beispiel an, das Anna erzählt:

«Letzten Samstag hatte ich mir vorgenommen, unsere Wohnung zu putzen (Ziel). Wir haben eine Dreizimmerwohnung, die relativ pflegeleicht ist, aber dadurch, daß ich längere Zeit nicht gründlich geputzt hatte, war sie doch ziemlich verdreckt. Samstag vormittag hatte ich noch Unterricht. Als ich nach Hause kam, hatte mein Mann gekocht, und nach dem Essen wollte ich anfangen. Mein Mann bot an, mir zu helfen, aber ich putze lieber allein, er steht mir nur im Wege herum. Er ging dann auf meinen Vorschlag hin auf den Fußballplatz, und ich hatte Zeit. Ich ging erstmal in die Küche und las eine halbe Stunde in der Zeitung, bevor ich mich aufraffen konnte anzufangen. Dann begann ich in einer Ecke aufzuräumen, legte Kleider zusammen, Zeitungen weg, wischte Staub. Als die Sonne durch die Fenster schien, fiel mir auf, wie schmutzig sie waren. So konnte ich es nicht lassen, was sollte denn mein Besuch denken, der für Sonntag angesagt war. Also fing ich an, die Fenster zu putzen. Nach den sieben Fenstern war ich total geschafft. Aber ich mußte ja fertigputzen. Ich holte mir eine kleine Stärkung in Form von Schokolade. Meine Erschöpfung vergaß ich dann wieder. ‹Die Vorhänge könntest du auch gleich waschen›, sagte ich mir, ‹das gehört zum Fensterputzen mit dazu.› Also nahm ich die Vorhänge ab und steckte sie in die Waschmaschine. Dann wischte ich Staub, wusch die Türen ab und die Heizkörper. Ich aß ununterbrochen nebenbei und wurde immer gereizter. Die Arbeit wuchs mir über den Kopf. Ich war noch mitten im Chaos, als mein Mann wieder nach Hause kam. Er war gut gelaunt, da seine Mannschaft gewonnen hatte. Er wollte Kaffee trinken und anschließend mit mir spazierengehen. Da brannte bei mir die Sicherung durch, und ich flippte total aus. Ich schrie ihm meine ganze Wut ins Gesicht, ob er denn nicht sehen könne, daß ich zu arbeiten habe, und wie unverschämt es sei, nun auch noch zusätzliche Anforderungen zu stellen. Er meinte leichthin, ich sei halt mal wieder ‹hysterisch›. Da fing ich an zu weinen; ich war wütend und erschöpft. Er kochte dann Kaffee und brachte mir auch eine Tasse. Was denn los sei, fragte er und ob er mir die Vorhänge aufhängen solle. Ich weiß nicht mehr, was ich gesagt habe, weiß nur, daß ich stark weinte. Eigentlich weiß ich gar nicht, warum. Wir hängten dann die Vorhänge wieder auf und machten den Rest gemeinsam. Aber als er meinte, wir seien nun fertig mit Putzen, konnte ich noch nicht damit aufhören. Ich wollte unbedingt noch die Flecken aus dem Teppich entfernen, die Mülleimer leeren und die Möbel mit Politur einreiben. Ich stand wie unter einem Zwang, alles gründlich zu putzen, wenn ich schon mal dabei war.

Da wurde mein Mann aber sauer. Er fand den Tag zu schade zum Putzen. Nun kam ich in einen Zwiespalt. Einerseits wollte ich die Arbeit fertigmachen, bevor ich mich ins Vergnügen stürzte, und auf der anderen Seite wollte ich meinen Mann nicht verärgern. Ich gab dann nach, hörte auf zu putzen, aber es hat mir gestunken, spazierenzugehen. Ich habe die ganze Zeit gejammert und gemeckert, so daß mein Mann meinte, ich wäre besser zu Hause geblieben. Ich fühlte mich leer und gereizt.»

Soweit Annas «zielstrebiges Verhalten».

Das Ziel dieser Episode ist «Wohnung putzen», also «Arbeit» — etwas Vernünftiges. Anna hatte sich schon tagelang vorgenommen zu putzen, obewohl sie keine Lust dazu hatte. Die Hilfe ihres Mannes lehnte sie ab, weil sie angeblich allein putzen wollte. Sie behauptete, ihr Mann stehe ihr beim Putzen nur im Weg, aber im Gespräch stellte sich heraus, daß sie ihm diese Arbeit nicht zumuten will. Sich selbst aber mutet sie diese für sie unangenehme Arbeit sehr wohl zu. Während der Arbeit setzt sie sich selbst immer mehr unter Stress, indem sie das Ziel «Wohnung putzen» ständig neu definiert, d. h. in unserem Fall erweitert. Fenster und Vorhänge waren ursprünglich nicht zur

Reinigung vorgesehen, aber Anna meint, ihrem Besuch saubere Fenster präsentieren zu müssen (Image der guten Hausfrau), und das Waschen der Vorhänge gehörte nach alter Großmuttersitte «mit dazu». Es ist Anna wichtiger, beim Besuch einen guten Eindruck zu machen und das Bild der guten Hausfrau zu bestätigen, als auf ihre Körpersignale zu hören. Ihre Erschöpfung – eigentlich ein Signal aufzuhören – bekämpft sie mit Süßigkeiten. Aus dem Essen zieht sie Kraft weiterzumachen, und die unliebsamen Gefühle verdrängt sie.

So kann sie sich kasteien und trotz ihres Zustandes weiter putzen, bis ihr Mann heimkommt und mit Kaffeetrinken und Spazierengehen, also mit Vergnügen lockt. Annas Mann teilt nicht den Grundsatz ‹Erst die Arbeit, dann das Vergnügen›. Er ist der Meinung, Arbeit solle Spaß machen – also Vergnügen sein –, sonst lasse man sie lieber, weil dann sowieso nichts Gescheites dabei herauskomme. Eine solche Einstellung wirkt auf Anna wie ein rotes Tuch. Sie sieht sich als «die Dumme, an der die unangenehmen Arbeiten hängenbleiben, die eben auch einmal getan werden müssen».

Aber Anna sammelt, indem sie sich «opfert», Guthaben an. Sie putzt also am Samstagnachmittag bei schönem Wetter. Im Grunde nimmt sie ihrem Mann übel, daß er auf ihren Vorschlag hin zum Fußballplatz gegangen ist. Wäre er dageblieben, hätte er ihr ausuferndes Putzen nicht akzeptiert. Das weiß Anna. Sie hätte sich in diesem Fall mit ihren eigenen Normen auseinandersetzen «müssen». Nun aber, da sie ganz allein so gründlich hat putzen müssen, erwartet sie von ihm eigentlich Dankbarkeit – er schuldet ihr etwas, sie hat noch etwas gut. Aber Annas Mann ist eher konsterniert über das Chaos und will sie weg aus der ungemütlichen Wohnung ins «Vergnügen» locken. Da eskaliert Annas Wut:

- Wut, daß sie putzen mußte, obwohl sie nicht wollte,
- Wut, daß sie sich alleine fürs Putzen verantwortlich fühlte,
- Wut, daß ihr Mann ihr nicht in ihrem Sinne (nach ihren Sauberkeitsvorstellungen) half,
- Wut, daß sie ihm diese Arbeit nicht «zumuten konnte»,
- Wut, daß sie sich zwanghaft «geopfert» hatte,
- Wut, daß sie keine Hilfe annehmen konnte,
- Wut, daß sie soviel gegessen hatte,
- Wut, daß ihr Mann nicht dankbar war,
- Wut, daß ihr Mann nicht seine «Schulden» anerkannte,
- Wut, daß sie sich trotz Erschöpfung so abrackerte.

Anna läßt sich dann zwar zum Spaziergang bewegen, aber sie hat nur nachgegeben, um ihren Mann nicht noch mehr zu verärgern, hat wieder mal stillgehalten. Innerlich ist sie voller Wut und Anspannung. Einen Teil der Wut reagiert sie durch Jammern und Meckern ab und stört so Harmonie und Frieden des Spazierganges. Sie hat so viel «investiert», aber ihr Mann zeigt keine Dankbarkeit, sondern Überdruß! Anna fühlt sich betrogen, ihre Rechnung ist nicht aufgegangen.

Was war nun «faul» an Annas Ziel, die Wohnung zu putzen?

Anna hatte eine feste, starre, enge Vorstellung, wie das Putzen zu verlaufen hatte, ohne Rücksicht auf ihre und ihres Partners Bedürfnisse oder die jeweiligen Gegebenheiten. Nachdem sie einmal angefangen hatte, mußte sie alles zwanghaft durchziehen. Sie konnte nicht dosiert putzen, sondern nur nach dem Motto ‹alles oder nichts›.

Damit machte sie es sich besonders schwer. Sie verausgabte sich und erwartete dafür Streicheleinheiten von ihrem Mann. Er sollte dafür bezahlen, daß sie sich verausgabte. Stehen also das Ziel und erhoffte Streicheleinheiten in einem besonders engen Zusammenhang?

Wie wir gesehen haben, gehören zu Annas Zielen unter anderem ihre Klischeevorstellungen von der guten Hausfrau, der netten Nachbarin, der guten Kollegin, der verständnisvollen Ehefrau, der freundlichen Lehrerin. Diese «Images» müssen ständig gepflegt werden, sonst zerfallen sie. Anna hält also still und verausgabt sich, damit ihre Umwelt ihr «beweist», daß sie diesen Klischees entspricht. Als «Beweise» dienen z. B. Lob, Anerkennung, Zuwendung oder die Bitte um Hilfe. Anna braucht ständig derartige Beweise. Das zeigt, daß sie im Grunde selbst nicht sicher ist, diesen Klischees zu entsprechen. Sie hat viele Selbstzweifel und denkt, daß sie «in Wirklichkeit» nicht gut genug ist, sondern sich nur durch ständige Leistung Anerkennung erkaufen kann. Obwohl Anna insgeheim grollt, wenn sie den Verdacht hat, nur wegen ihrer Leistung anerkannt zu werden, ist sie doch gleichzeitig auch froh, daß sie leisten darf. Sie weiß, daß ohne Leistung nur «Anna pur» übrigbliebe, und sie ist nicht sicher, ob irgend jemand «Anna pur» mag. Eine Ablehnung will sie nicht riskieren. Also wird «Anna pur» versteckt, so gut, daß auch Anna selbst sie nicht findet. Dennoch hat «Anna pur» eine Stimme. Sie macht sich bemerkbar, wenn sie sich selbst nicht mehr versteht. Um diese Gegensätze in Anna selbst zu verdeutlichen, werde ich im folgenden Text zwischen «Klein-Anna» («Anna pur») und «Groß-Anna» unterscheiden.

Klein-Anna wollte am Samstagnachmittag nicht alleine putzen, also fing sie an herumzutrödeln, bis Groß-Anna sie energisch an die Arbeit trieb. Klein-Anna signalisierte auch Gereiztheit und später Erschöpfung. Klein-Anna merkte, daß sie «zu kurz kam» und wollte daraufhin wenigstens Schokolade und andere Süßigkeiten haben. Damit ließ sie sich etwas beruhigen. Sie hätte auch gerne von ihrem Mann dankbare Streicheleinheiten bekommen, statt dessen ließ er sie seine Unzufriedenheit spüren und bezeichnete sie als ‹hysterisch›. Genau das aber – Ablehnung statt Anerkennung – kann Klein-Anna am wenigsten ertragen. Da hatte sie sich die ganze Zeit zurückgenommen und wurde nun noch dafür bestraft! Also weinte sie so sehr, daß ihr Mann Mitleid bekam und sie besser behandelte. Groß-Anna, vernünftig wie immer, wollte weiterputzen. Klein-Anna aber wollte das «Vergnügen» und siegte diesmal. Groß-Anna jedoch konnte das nicht zulassen und machte aus dem Vergnügen des Spazierengehens eine lästige Pflichtübung. Groß-Anna bestraft Klein-Anna gerne für ihre unvernünftigen, vom Lustprinzip gesteuerten Kapriolen.

Groß-Anna muß die Arbeit tun, Klein-Anna läßt sichs lieber gut gehen – totale Gegensätze, wie es auf den ersten Blick scheint.

Die
sogenannte Vernunft

In den letzten sieben Jahren habe ich mit zahlreichen eßsüchtigen Frauen zu tun gehabt. Wir haben viel Zeit darauf verwendet, die «Grundbotschaften» herauszufinden, die in ihren Herkunftsfamilien als besonders wichtig angesehen wurden.

Bei allen galt der Satz: ‹Erst die Arbeit, dann das Vergnügen›. Die Bedeutung dieses Prinzips kann bei Eßsüchtigen gar nicht überschätzt werden. Dasselbe gilt für das Grundprinzip: ‹Das kannst du doch nicht machen, was sollen denn die Nachbarn denken?› Weitaus die meisten von mir befragten Frauen schienen diese Grundsätze schon in frühester Kindheit verinnerlicht zu haben. Auch Sätze wie: ‹Müßiggang ist aller Laster Anfang› und ‹Ohne Fleiß kein Preis› hatten für sie eine besondere Bedeutung. Was drücken diese Botschaften aus?

Zunächst einmal wird unterschieden zwischen Fleiß und Arbeit auf der einen, sowie Vergnügen, Laster und Müßiggang auf der anderen Seite.

Arbeit klingt nach harter Arbeit, Mühe, sich zusammennehmen, auch nach stillhalten und sich verausgaben. Arbeit muß getan werden, sie sichert das Überleben. Es ist vernünftig zu arbeiten. ‹Wer nicht arbeitet, soll auch nicht essen›, sagt die Ameise zur Grille in einer bekannten Fabel.

Auf der anderen Seite steht das Vergnügen, der Müßiggang, der zum «Laster» führt. Nur durch Fleiß, also harte Arbeit, ist ein Preis zu gewinnen. Und offensichtlich ist es wichtig, einen Preis zu gewinnen, sei es in Form von Geld oder in Form von Anerkennung.

Ein Preis ist eine Auszeichnung, ein «Gütesiegel». Dieses Gütesiegel besagt, daß man ein guter Mensch ist, ein ordentlicher Bürger, einer, dem man trauen kann. Ein solcher Mensch ist gesellschaftlichen Normen gegenüber loyaler als seinen plötzlichen «asozialen» Impulsen; ein solcher Mensch gilt als zuverlässig.

In der Tat sind Eßsüchtige in der Regel zuverlässige Leute und können auch bei anderen Unzuverlässigkeit nicht ertragen.

Zuverlässige Menschen definieren ihre Ziele häufig auch über die Vernunft. Diese Ziele der Vernunft kommen nun nicht von ungefähr, sondern sind zum Teil gesellschaftliche Normen. Diese werden Kindern im Elternhaus vermittelt, von daher liegt es nahe, die Einstellungen der Eltern Eßsüchtiger zur Vernunft genauer zu untersuchen. Hören wir Anna K.:

«Ich mußte als Kind immer gehorsam, ordentlich und sparsam sein. Irgendwie war das Materielle für meine Eltern sehr wichtig, wichtiger als alles andere. Es gab viel Theater, wenn ich oder meine Geschwister etwas kaputt machten. Ich mußte immer auf die Kleinen aufpassen, oder besser gesagt, ich mußte auf die Möbel aufpassen und die Kleinen von diesen Heiligtümern weghalten. Als Große mußte ich sowieso vernünftig sein, da wurden an mich besondere Anforderungen gestellt. Ich war dafür verantwortlich, daß die Materie erhalten blieb. Es sollte auch immer alles sauber und ordentlich sein. Meine Mutter hat ständig geputzt – die Spuren des Lebens verwischt, so kommt es mir heute vor.»

Die Botschaft, die Anna schon früh vernommen hatte, war: ‹Sei kein Kind, sei eine Erwachsene mit unseren Zielen: Gehorsam, Ordnung, Sparsamkeit›.

Kein Wunder, daß es Anna für unvernünftig hält, auf Klein-Anna zu hören.

Klein-Anna will die Welt begreifen, d. h. sich die Dinge herholen und betasten, sie anstaunen, sie festhalten, in den Mund nehmen, wegwerfen, sie zerlegen. Sie will sich die Gegenstände greifen und sehen, was passiert, wenn... Sie will genau die Erfahrungen machen können, die ihrem jeweiligen Entwicklungsstand entsprechen. Ein kleines Kind entwickelt sich und seine Bedürfnisse verändern sich laufend. Irgendwann will Klein-Anna analysieren, zerlegen, hineinschauen. Die Erwachsenen nennen das «kaputt machen». Und ein Kind, das etwas kaputt macht, ist böse, weil es nicht den von der Vernunft bestimmten gesellschaftlichen Normen folgt. Vernünftige benutzen nämlich einen Gegenstand auf die «richtige Art und Weise». Unvernünftige dagegen benutzen einen Gegenstand auf vielerlei Weise, kreativ sozusagen. Unvernunft aber wird bestraft mit Schelte, Liebesentzug oder gar Schlägen. In jedem Fall wird die Botschaft vermittelt: Was du tust, ist nicht in Ordnung. Und Anna versteht: Du bist nicht in Ordnung. Sie kann als kleines Kind noch nicht differenzieren zwischen Verhalten und Person. Anna aber will in Ordnung sein, denn sie braucht die Zuwendung der Eltern, sie ist abhängig.

Also muß die unvernünftige kleine Anna allmählich Groß-Anna Platz machen. Die größer werdende Anna nimmt genau wahr, was von ihr erwartet wird und schreibt sich Gehorsam, Ordnung und Sparsamkeit aufs Panier. Da sie intelligent ist, begreift sie immer besser, was «vernünftig» und damit «richtig» ist. Sie handelt danach und wird als braves, folgsames Kind gelobt. Ein braves Kind ist ein nützliches Kind, das sich allmählich unentbehrlich machen kann. Es bekommt mit der Zeit eine Machtstellung in der Familie, übernimmt Funktionen, vermittelt, erfüllt Bedürfnisse. So eine Machtstellung ist etwas Beruhigendes – man wird gebraucht! Also ist die Wahrscheinlichkeit, von den anderen abgelehnt oder verstoßen zu werden, ziemlich gering. Man muß nur sehen, daß man nicht in Ungnade fällt und die Machtstellung verliert. Aber das läßt sich durch immer bessere Anpassung an die familiären Erwartungsstrukturen verhindern.

Was wurde von einem kleinen Mädchen in den fünfziger und sechziger Jahren erwartet?

In den Jahren des Wiederaufbaus und des Wirtschaftswunders wurde Arbeit in unserer Gesellschaft großgeschrieben. In vielen Familien gingen nun auch die Mütter außer Haus arbeiten, um den Lebensstandard zu erhöhen. Eine berufstätige Mutter ist natürlich daran interessiert, die Arbeit nach Feierabend in der Familie zu rationalisieren. Kinder nehmen dann die Botschaft wahr: Macht wenig Arbeit, d. h. habt wenig Bedürfnisse und helft mit, wo ihr könnt. Diese Botschaft richtete sich vor allem an die kleinen Mädchen. Viele Mütter der fünfziger und sechziger Jahren hatten die Ideale der Nationalsozialisten verinnerlicht: «Sei ein deutsches Mädel, tapfer, treu und schlicht...»

Sie waren in Hinblick auf ihre Rolle in der Familie dazu erzogen worden, zu dienen, loyal (treu), bedürfnislos (schlicht) und bescheiden zu sein. Und genauso erzogen sie ihre Töchter in den fünfziger und sechziger Jahren, eine Frauenrolle vermittelnd, mit der viele von ihnen selbst nicht mehr zufrieden waren. Ich habe keine eßsüchtige Frau getroffen, die nicht die zwiespältige Botschaft von ihrer Mutter erfahren hätte: «Sei so wie ich, und sei anders als ich».

Mit dem Bildungsboom Anfang der sechziger Jahre veränderte sich auch das Frauenbild in Familie und Gesellschaft. Die Arbeit der Frauen wurde volkswirtschaftlich gebraucht, und zwar zunehmend eine qualifizierte Arbeit, da einfache mechanische Arbeit auch von Maschinen übernommen werden konnte.

Frauen sollten nicht mehr nur heiraten und lebenslänglich versorgt sein, sondern sie sollten «zur Sicherheit» nun auch noch einen Beruf haben. Daß eine Ehe keine ausreichende Sicherheit mehr bot, hatten viele Frauen durch den Krieg bitter erfahren müssen.

Wenn eine heute eßsüchtige Frau als Kind erlebt hat, daß ihre Mutter in der traditionellen Frauenrolle unzufrieden war, oder sich durch stupide Fabrikarbeit am Tage und abendliche Haushaltsführung überfordert fühlte, dann nahm sie den zweiten Teil der Botschaft, nämlich «sei ganz anders als ich» als Chance wahr, «doch noch» glücklich zu werden.

‹Das Leben einer Hausfrau ist doof, also kann Berufstätigkeit und Geldverdienen nur besser sein›, sagte sie sich. Tatsächlich haben eßsüchtige Frauen oft eine qualifizierte Ausbildung absolviert, häufig haben sie studiert. Viele von ihnen geraten jedoch in Konflikte, wenn sie die Botschaft «sei selbstlos, hilfsbereit und nicht egoistisch» mit den männlichen Normen am Arbeitsplatz, also «Konkurrenz», «Durchsetzungsfähigkeit» und «Kampf» zu vereinbaren suchen.

«Helfen ist gut, für sich kämpfen ist schlecht», haben sie gelernt. Bezeichnenderweise finden sich in den sogenannten sozialen oder helfenden Berufen besonders viele Eßsüchtige. Der Psychoanalytiker Wolfgang Schmidbauer prägte den Begriff vom «Helfersyndrom». Der Helfer braucht nicht, er gibt. Er rettet, pflegt, trainiert, kümmert sich, hilft, verausgabt sich. Seine eigenen Bedürfnisse spürt er nicht mehr, er hält still. Als Gegenleistung bekommt er Beweise, daß er stark und mächtig ist. Das Gefühl: ‹Es kann mir nichts passieren, die anderen sind ja abhängig von mir, also müssen sie mich respektieren und mir dankbar sein›, verschafft ihm Sicherheit. Und die Rechnung geht auf. Ärzte haben das höchste Sozialprestige in unserem Staate, Gesundheitsberufe sind allgemein anerkannt.

Der Helfer hat in seinem Beruf dieselbe Rolle wie in seiner Herkunftsfamilie. Helfen wird als traditionell weibliche Domäne gesehen. Und in den medizinischen Hilfsberufen, in denen man viele Eßsüchtige findet, wird oft viel gearbeitet und wenig verdient. Hier zeigt sich das Prinzip ‹möglichst nichts für sich fordern, möglichst nicht egoistisch sein› ganz deutlich.

Wie paßt nun diese helfende Rolle zu den sogenannten «vernünftigen Zielen»?

Einem Kind, das gehorsam sein soll, bringt man bei: ‹Sei mir gegenüber loyaler als dir selbst gegenüber›.

Zur Sparsamkeit wird es angehalten, indem man ihm vermittelt: ‹Schiebe deine momentanen Bedürfnisse auf, die späteren sind wichtiger›. Und der Erziehungsgrundsatz der Ordnung impliziert vor allem Ordnungsvorstellungen der Eltern wie Sauberkeit und Ordentlichkeit, planvolles Verhalten und Logik.

Arbeiten, sparen, Ordnung halten, Besitz vermehren und Ansehen erwerben sind also vernünftig.

Alle diese Werte erscheinen mir als Werte aus einer Zeit, in der vor allem der Familienverband und nicht das Individuum im Vordergrund stand, und in der es um das physische Überleben ging. Ohne Zweifel sind diese Werte sinnvoll. Während in jener Zeit Eßsucht aber kaum bekannt war, wird sie heute in unserer sogenannten Überflußgesellschaft zunehmend zum Problem. Angeblich gibt es in der BRD 1,2 Millionen Eßsüchtige, und gerade sie haben in besonderem Maße diese «vernünftigen» Normen verinnerlicht.

Eßsüchtige können, wie wir gesehen haben, nur das Alles oder Nichts leben. Also können sie Loyalität, Sparsamkeit oder Hilfsbereitschaft nicht dosiert und flexibel leben, sondern nur total und starr. Sie stehen unter einem inneren Zwang, alle diese Eigenschaften verkörpern zu müssen. Wenn sie das nicht schaffen, kommt Angst auf. Das ganze Vernunftsystem dient also nur zur Abwehr von Angst.

Ein helfender Beruf paßt da genau hinein: ‹Wenn ich dir helfe, darfst du mir nichts tun, denn ich bin ja die Gute›. In einem Beruf dagegen, in dem ein harter Konkurrenzkampf herrscht, kann man kein Wohlwollen von seinen Konkurrenten erwarten, man ist der Böse, der Egoistische.

Eine akut eßsüchtige Frau hätte nicht genug Selbstbewußtsein, um aushalten zu können, die Böse zu sein.

Vernünftiges Verhalten, auch wenn es zwanghaft und nicht freiwillig ist, sichert allemal das Wohlwollen der Umwelt, gibt einem Macht und läßt keine Angst aufkommen.

Erinnern wir uns an das Beispiel aus dem Kapitel «Stillhalten», in dem Anna ihre Kollegin besucht und ihre «Schulden» nicht nur begleicht, sondern sogar überbezahlt. Hier reichte Wiedergutmachung alleine nicht aus. Anna sagte: «Wenn jemand mit Recht böse auf mich ist, kann ich das nicht aushalten.»

Ich fordere Anna auf, sich ganz entspannt hinzusetzen, die Augen zu schließen, sich auf den Satz ‹Jemand ist mit Recht böse auf mich› zu konzentrieren und auftauchende Gefühle zu beachten.

«Ich spüre, daß sich etwas in mir zusammenzieht, in der Brust und im Kehlkopf – ich bekomme nur schwer Luft. Ich spüre Unruhe. Das ist unangenehm», sagt sie.

«Versuchen Sie, das Gefühl noch ein bißchen stärker zu spüren, und lassen Sie alle Gedanken und Bilder zu, die Ihnen jetzt in den Kopf kommen», sage ich zu ihr. Anna schluckt:

«Das Gefühl ist sehr unangenehm, mein Herz klopft, und ich möchte am liebsten weglaufen. Irgendwie kommt mir eine Situation in den Kopf von früher. Ich kann mich erinnern, daß ich – ich muß so zehn Jahre alt gewesen sein – nachmittags immer das Geschirr spülen mußte, sofort nach dem Essen. Einmal bin ich abgehauen und habe mit ein paar Freundinnen draußen gespielt. Meine Mutter hat mich gesucht, aber nicht gefunden. Als ich nach Hause kam, war sie sehr böse auf mich und schlug mich. Sie schlug mich selten, aber an dieses eine Mal erinnere ich mich noch ganz genau. Die Schläge waren nicht das Schlimmste, sondern meine Panik, weil ich dachte: ‹Jetzt hat sie mich nicht mehr lieb›. Und das sagte sie auch.» Anna ist sehr aufgewühlt.

«Und haben Sie das dann irgendwie wiedergutgemacht?» fragte ich. «Ich hätte alles getan, um es wiedergutzumachen, aber meine Mutter war so böse und gekränkt, daß sie einen ganzen Tag nicht mit mir sprach und mich ignorierte. Ich versuchte alles, um sie wieder gutzustimmen: Ich half, wo ich konnte, wollte lieb zu ihr sein, aber ich kam nicht an sie ran. Erst, als ich dann viel heulte und sehr deprimiert war und nichts mehr essen wollte, redete sie wieder mit mir.» Anna schluckt öfters.

«Hat sich das Gefühl in Ihrer Brust jetzt verändert oder ist es gleich geblieben?» will ich wissen.

«Es ist jetzt nicht mehr so eng in der Brust, aber mir sitzt ein Kloß im Hals», sagt sie etwas angestrengt.

«Fragen Sie den Kloß in Ihrem Hals, wobei er Ihnen hilft», bitte ich Anna. Sie konzentriert sich sehr und sagt nach einer Weile: «Er hilft mir, nicht loszuheulen und mich zu beherrschen.»

Und dann heult Anna los. Sie kann die alte Wut über die viel zu harte Bestrafung durch ihre Mutter wieder spüren. Gleichzeitig kann sie auch die Panik zulassen, die mit dem drohenden Liebesverlust verbunden war. Wir sehen, daß es für Annas Mutter nicht ausreichte, daß Anna ihre «Verfehlung» einfach wiedergutmachte – also in unserem Beispiel das Geschirr später spülte. Annas Mutter verfügte so selbstverständlich über ihre Tochter, daß es ihr wie ein Verrat erscheinen mußte, wenn die Tochter einen eigenen Willen zeigte. Es ging in jener Situation nicht mehr um das Geschirrspülen, sondern um einen Machtkampf, den die Mutter gewann. Anna als abhängiges Kind mußte sich fügen.

Erst als Anna heftig weinte, völlig niedergeschlagen war und nicht mehr essen wollte, ließ sich die Mutter erweichen. Also lernte Anna:

- Die Mutter bestimmt über meine (Frei)zeit;
- zuerst kommen die Forderungen der Mutter (Arbeit), erst dann kann ich spielen gehen;
- wie ich mich fühle ist unwichtig, die Forderungen müssen pünktlich und zuverlässig erfüllt werden;
- wenn ich die Forderungen der Mutter nicht erfülle, liebt sie mich nicht mehr;
- wenn ich deprimiert bin und nichts mehr esse, mag mich die Mutter wieder.

Eigenwillen zu zeigen, der vom Willen der Mutter abwich, hatte verhängnisvolle Konsequenzen: Liebesverlust.

Kein Kind kann aber den Verlust der Mutterliebe riskieren, also wird es alles tun, um geliebt zu werden.

Ich sage zu Anna, sie solle nun noch einmal die Gefühle zulassen, die mit der Aussage ‹Ich bin dir mit Recht böse› verbunden sind, aber sie solle sich diesmal vorstellen, daß ihre Kollegin böse sei.

Anna fängt an zu lachen.

Das Wort «böse» ist zwar, auf Mutter und Kollegin bezogen, dasselbe Wort, aber der Inhalt ist völlig anders. «Jetzt, wo ich nochmals erlebt habe, was ‹böse› in bezug auf meine Mutter hieß, kommt mir das ‹böse› der Kollegin viel schwächer vor. Ich hätte nicht so viel tun müssen, um sie wieder gutzustimmen», sagt Anna erleichtert. «Außerdem, was ist schon schlimm daran, wenn sie mir böse ist? Sie soll doch froh sein, wenn ich ihr den ganzen Krempel nachtrage.» Anna ärgert sich, daß sie sich so klein gemacht hat.

Anna fühlt deutlich, daß die Angst, jemand könnte ihr böse sein, mit alten Wunden aus ihrer Kindheit zusammenhängt. Sie nimmt stillschweigend an, andere Menschen reagierten genauso wie ihre Mutter. Deshalb zahlt sie ihre psychischen «Schulden» stets mit Zinsen und Zinseszinsen zurück.

«Zur Sicherheit» versucht sie, ein Guthaben anzusammeln. Je größer dieses Guthaben ist, umso mehr ist der andere «verpflichtet», sie zu mögen. Nach ihrer Logik kann sich Anna Liebe durch Leistung erkaufen. Und Leistungen sind ja vernünftig. Sie handelt nach dem Motto: ‹Wenn ich alles tue, was von mir erwartet wird, muß man mich lieben.›

Ihre Guthaben bieten ihr einen vermeintlichen Schutz vor Liebesverlust, ihr vernünftiges Handeln bietet ihr ein mächtiges Bollwerk gegen die Angst, Liebe zu verlieren. Anna hat gelernt, daß vernünftiges Handeln die Vorleistung fürs Geliebtwerden ist.

Da Anna nie sicher sein konnte, wie lange sie noch «geliebt» wurde, versuchte sie, ihre Guthaben möglichst hoch zu halten. Betrachtet man diesen ganzen Aufwand, den Anna und all die anderen Eßsüchtigen betreiben, um geliebt zu werden, so muß man fragen: Warum ist es für Eßsüchtige so wichtig, geliebt zu werden, und was verstehen sie überhaupt unter Liebe?

Diese Fragen werden uns noch ausgiebig beschäftigen.

Eine Denkpause:
Rund um den Eßanfall

Der Sinn eines Leitfaden ist es eigentlich, den Leser oder die Leserin zu «leiten», zum «richtigen Verhalten» oder «richtigen Denken» anzuleiten. Mein Leitfaden möchte jedoch kein «richtiges» Verhalten propagieren, obwohl Eßsüchtige im akuten Stadium nichts lieber hätten, als eine konkrete Anleitung «wieder brav zu sein». Ich möchte Sie lediglich zu sich selbst zurückführen und Ihnen zeigen, wie Sie Informationen über sich selbst gewinnen können, die Ihnen helfen sollen, sich weiterzuentwickeln.

Ich habe zu diesem Zweck Fragen und «Checkpunkte» zusammengestellt, die Sie sich durch den Kopf gehen lassen sollten.

Zunächst geht es noch nicht darum, etwas zu verändern, sondern nur darum, daß Sie sich überlegen, welche Punkte auf Sie zutreffen könnten. Dann versuchen Sie, sich im Alltag im Hinblick auf diese Punkte zu beobachten.

Dies ist für manche Menschen anfangs zu schwierig, da sie so stark mit Handeln beschäftigt sind, daß sie sich nicht gleichzeitig beobachten können. Mit zunehmender Sensibilität stellt sich jedoch die Fähigkeit, beim Handeln sozusagen neben sich zu stehen, von selbst ein.

Handeln Sie also zuerst ganz spontan. Anschließend sollten Sie sich jedoch Zeit nehmen, in sich hineinzuhorchen und festzustellen, welchen Nachgeschmack eine Situation hinterlassen hat. Überlegen Sie sich, wie Sie reagiert haben und ob Sie sich damit gut fühlen oder nicht. Vor allem, stellen Sie sich selbst die Frage, ob sie gefühlsmäßig lieber anders gehandelt hätten.

Es fällt Eßsüchtigen sehr schwer, Problemverhalten einfach nur zu beobachten, ohne sich sofort vorzunehmen, ab morgen alles anders zu machen. Sie glauben dann, daß sie, wenn sie ein Problemverhalten entdeckt haben, sich nie wieder so verhalten dürfen. Problemverhalten wird negativ bewertet, und Eßsüchtige wollen ganz schnell wieder «gut dastehen». Natürlich ist es unmöglich, das fragliche Verhalten von heute auf morgen abzustellen; dann könnte man ja auch die Eßanfälle sofort abstellen. Das sogenannte Problemverhalten hat aber, wie wir bei Anna schon gesehen haben, durchaus einen Sinn und kann gar nicht sofort verändert werden. Erst wenn es durch anderes Verhalten überflüssig gemacht worden ist, wird es verschwinden. Aber die Einstellung, daß es sofort nach seiner Entdeckung verschwinden muß, hat einen anderen Effekt: Man will nicht mehr und fängt an, sich selbst etwas vorzulügen.

Bei den Eßanfällen ist dieser Mechanismus offensichtlich: Obwohl jede Eßsüchtige weiß, daß sie die Eßanfälle in keiner Weise unter Kontrolle hat, nimmt sie sich immer wieder vor, ab morgen ganz anders zu essen. Wenn dieses Sich-selbst-belügen nicht mehr funktioniert, dann kommen Angst, Panik und Verzweiflung hoch. Lassen Sie also zu, daß Sie im Moment das Essen noch dringend brauchen. Das wird auch noch eine Weile so bleiben.

Als Sofortmaßnahmen versuchen Sie bitte, Ihren Freßanfall zu genießen. Essen Sie genußvoll, nicht so schnell wie sonst, so daß Sie auch merken, was Sie essen. Die meisten Eßsüchtigen stellen zu ihrer großen Überraschung fest, daß die Gier dann geringer wird und sie nicht soviel zu essen brauchen wie sonst. Wenn es bei Ihnen anders sein sollte, dann lassen Sie auch das zu.

Mit unserer Selbstbeobachtung fangen wir beim Eßanfall an, denn hier ist es am augenfälligsten, daß etwas nicht in Ordnung ist.

1. Beobachtungspunkt:
Wo habe ich meine Eßanfälle?

Es gibt Eßsüchtige, die ihre Eßanfälle zwischen zwei Bäckereien auf der Straße haben, und die dann «fertig» sind, wenn sie nach Hause kommen. Und es gibt andere, die sich mit einer Tasche voller Süßigkeiten an ein ruhiges Plätzchen ihrer Wohnung zurückziehen. Es kann aber auch mal so und mal anders sein, je nach Gelegenheit. Ist der Ort, an dem Sie die häufigsten Eßanfälle haben auch der, den Sie zu diesem Zweck bevorzugen? Auf was kommt es Ihnen beim bevorzugten Ort an? Muß er Ihnen ein Gefühl der Sicherheit und Geborgenheit vermitteln, ein Gefühl des Einsseins mit dem Essen, oder soll er Ihnen garantieren, daß Ihnen hier keiner etwas wegnimmt? Sind Sie vor verachtenden Blicken geschützt? Ist es beruhigend für Sie, eine Toilette in der Nähe zu haben, weil Sie dann gleich anschließend erbrechen möchten? Oder, wenn Sie bevorzugt auf der Straße unterwegs essen, fragen Sie sich, ob Sie dort das Gefühl haben, daß es «gar nicht richtig zählt», weil Sie ja nicht offiziell gegessen haben? Überlegen Sie auch, an welchen Orten Sie auf keinen Fall einen Eßanfall bekommen könnten oder bekommen würden. Warum nicht?

2. Beobachtungspunkt: Wann habe ich meine Eßanfälle?

Die meisten Eßsüchtigen haben ihre Eßanfälle zwischen spätnachmittags und spätabends. Beobachten Sie sich, wann Sie zu Eßanfällen neigen. Wenn Sie von der Arbeit nach Hause kommen und endlich «Zeit» haben? Wenn Sie von einer Tätigkeit zu einer anderen übergehen? Wenn Sie nach Hause kommen, gleichgültig wie lange Sie weg waren? Oder vormittags, wenn die Familie außer Haus ist?

Wenn Sie ständig Ihre Eßanfälle zu ungefähr derselben Zeit haben, ohne äußere zeitliche «Zwänge», dann könnte ein altes Muster dahinterstecken. Versuchen Sie dann einmal herauszubekommen, wann in Ihrer Herkunftsfamilie früher die Mahlzeiten eingenommen wurden. Fragen Sie Ihre Mutter, ob und wann Sie als Baby gestillt wurden. Hat die Mutter nach Plan gefüttert? Diese Methode galt besonders in den vierziger und fünfziger Jahren als «modern». Ein Baby lernte daraus, daß sein Hunger nicht gestillt wurde, wenn es vor Hunger schrie, sondern wenn es «Zeit war». Vertrauen, daß Bedürfnisse befriedigt werden, wenn sie da sind, konnte nicht erworben werden. Aber wenn es Zeit war, dann hieß es «jetzt oder nie». Überdenken Sie Ihr Eßverhalten einmal unter diesen Gesichtspunkten. Schaffen Sie es, nichts zu essen, bis Ihr Magen knurrt, unabhängig davon, ob die Essenszeit überschritten ist. Probieren Sie es aus.

War Ihre Mutter berufstätig, und kam sie womöglich zu jener Zeit nach Hause, zu der Sie heute einen unaufschiebbaren Eßdrang haben? Spielen Sie ein wenig Detektiv in eigener Sache. Hören Sie auch genau hin, wenn Ihre Mutter Ihnen von früheren Eß- oder Stillsituationen erzählt. Haben Sie das Gefühl, das Füttern war ihr angenehm oder eher nicht? Diese Gefühle haben Ihr Eßverhalten mitgeprägt! Waren Sie als Kind ein guter oder ein schlechter Esser?

Daraus, wie ein Kind ißt, kann man auch auf seine Beziehung zur Mutter schließen. Wenn Sie einmal versuchsweise Essen und Mutter gleichsetzen, ergibt das in Ihrer Biographie einen Sinn?

3. Beobachtungspunkt:
Was esse ich bei Eßanfällen?

Esse ich alles in großen Mengen, oder bevorzuge ich ganz bestimmte Lebensmittel? Gibt es für mich ein Nahrungsmittel, das immer zum Eßanfall gehört? Viele Eßsüchtige haben Schokolade, Kuchen und Kekse als bevorzugte «Suchtmittel». Es gibt Theorien, wonach Zucker eine körperliche Abhängigkeit bewirken soll, und Amerikaner reden sogar von «chocoholics» (Schokoladensüchtige). Wie dem auch sei, bleibt für Sie die Frage, warum gerade Schokolade, Eis oder Kekse? Was sind die wesentlichen Merkmale Ihrer Suchtnahrung? Süß, schmelzend und fett? Nahrungsmittel, die man nicht kauen muß? Das klingt nach Babynahrung oder gar Muttermilch. Überlegen Sie, ob Sie mit einem Eßanfall manchmal Ihre Sehnsucht danach, bemuttert und umsorgt zu werden, stillen. Und stillen heißt beruhigen!

Je genauer Sie sich beim Eßanfall beobachten, um so mehr Informationen bekommen Sie darüber, was Sie eigentlich suchen.

4. Beobachtungspunkt:
Was bringt mir ein Eßanfall?

Sehen Sie Ihren Eßanfall als Symbolhandlung an. Mit einem Eßanfall kann man:

- sich den Mund stopfen,
- sich etwas einverleiben, das einem keiner mehr nehmen kann,
- Gefühle hinunterschlucken,
- etwas schlucken, im Sinne von hinnehmen,
- sich einen dicken Bauch machen (wie ist Ihre Einstellung zu
  Schwangerschaft und Kindern?),
- sich eine Ruhepause verschaffen, wenn man sich hinsetzt, um
  zu essen,
- einen wichtigen Grund schaffen, bestimmte Dinge nicht zu
  tun (die man sonst erledigen könnte),
- sich etwas Gutes tun, und sich alles erlauben, was sonst verboten ist,
- sich betäuben,
- die Aufmerksamkeit von den wahren Problemen auf das Essen lenken,
- bewirken, daß es einem endlich so schlecht geht, daß man es
  sich zugestehen kann, einen Termin abzusagen,
- zu allen Leuten Abstand halten,
- mit seinem Essen so eins werden, daß sonst nichts mehr zählt
  auf der Welt,
- dafür sorgen, daß man nie dünn wird, so daß man auch nicht
  alle jene schönen Dinge tun kann, die man glaubt nur dünn
  tun zu können,
- verhindern, daß man sich auf Menschen und Situationen einlassen muß,
- soviel Energie tanken, daß man um so besser stillhalten und
  sich verausgaben kann,
- brav sein,
- passiv und manipulierbar bleiben,
- sich bei Erschöpfung über Wasser halten,
- die richtigen Probleme vertagen und sich vorlügen, morgen
  endlich ganz anders zu essen,
- immer unverantwortliches Kind bleiben,

- die Aufregung vermeiden, die mit neuen Situationen verbunden ist, und alles beim alten belassen.

Sie können die Liste selbst fortsetzen, denn Sie haben sicherlich noch einige ganz private «Eßgründe». Es läuft immer auf dasselbe hinaus: Immer, wenn Sie essen, hindern Sie sich daran, etwas anderes zu tun. Dieses andere ist allerdings manchmal riskant. Sie fürchten, Ihr Image und die Anerkennung anderer zu verlieren. Allerdings ist, wenn man einmal nein sagt oder nicht «brav» ist, selten das ganze Image in Frage gestellt. Oft reagieren die Leute, mit denen wir Umgang haben, viel verständnisvoller, als wir es uns vorstellen. Eßsüchtige sind sehr streng mit sich selbst und glauben, alle anderen Leute seien genauso streng mit ihnen. Also müssen Sie erst die Erfahrung machen, daß das nicht unbedingt so sein muß. Um diese Erfahrung zu machen, muß man jedoch ein neues Verhalten riskieren.

Noch sind wir aber im Stadium des Beobachtens. Versuchen Sie beim nächsten Eßanfall zu erspüren, welches Verhalten eine «selbstsichere Frau» in dem Moment, in dem Sie zu Ihren Keksen greifen, zeigen würde.

Lassen Sie einfach Ihre Phantasie spielen. Mit zunehmender Übung geht das immer leichter. «Wenn ich nichts zu verlieren hätte, was würde ich tun?» Malen Sie sich die Szenen möglichst plastisch aus, und achten Sie darauf, welche Gefühle aufsteigen. Ist es Angst, ist es Erleichterung? Oder etwas ganz anderes? Versuchen Sie zu erkennen, wie stark Ihr Verhalten durch Ihre jeweiligen Images, die Sie von sich selbst haben, eingeengt wird. Müssen Sie immer zwanghaft nett, hilfsbereit, aufgeschlossen, freundlich sein? Achten Sie einmal darauf, wie Sie sich verhalten «dürfen» und wie nicht. Hilfreich ist es, sich zu fragen; Welche Rolle spiele ich gegenüber welchen Personen? Wie soll der / die andere mich sehen? Wie möchte ich auf keinen Fall wirken?

Diese Fragen muß man sich über lange Zeit immer wieder neu stellen, denn Erkenntnisse über die eigene Art der Selbstdarstellung gewinnt man nicht ein für allemal in einem einmaligen Akt, sondern Erkenntnisse wachsen allmählich, und immer genauere Beobachtungen helfen dabei.

Dazu ein Beispiel: Angenommen Sie haben herausgefunden,

daß Sie «zwanghaft nachgeben». Dazu gehört natürlich auch «zwanghaft hilfsbereit sein», denn Bitten abzuschlagen, muß Ihnen dann auch schwerfallen. Wenn Sie dieses zwanghafte Nachgeben im Prinzip erkannt haben, dann sehen Sie die Auswirkungen auf der Verhaltensebene zunächst bei «schwerwiegenden Angelegenheiten», zum Beispiel, wenn Sie sich gegen Ihren Willen an einem Umzug beteiligen, sich ein Zeitungsabonnement aufschwatzen lassen oder einen Hund in Pflege nehmen, den Sie nicht leiden können. Mit zunehmender Selbstbeobachtung aber fallen Ihnen immer subtilere Verhaltensweisen auf, die ebenfalls «zwanghaftes Nachgeben» ausdrücken. Es fällt Ihnen dann beispielsweise auf, daß Sie, wenn Sie gleichzeitig mit jemand anderem durch eine Tür gehen wollen, automatisch «Nach Ihnen» sagen; oder Sie machen im Straßenverkehr öfters zwanghaft höflich Platz; oder Sie melden sich nicht, wenn die Verkäuferin an der Wursttheke Sie notorisch übersieht. Sie werden schließlich erkennen, daß das Prinzip «zwanghaft nachgeben» sich durch alle Lebensbereiche zieht.

5. Beobachtungspunkt
Mein Eßverhalten bei Hetze

Wann haben Sie sich das letzte Mal abgehetzt? Heute schon? Was haben Sie dabei zu sich selbst gesagt? ‹O Gott, es ist schon so spät, ich muß noch ganz schnell… und dann aber los, sonst komme ich zu spät…› Wer hat die Macht, Sie derart zu hetzen? Wem wollen Sie es recht machen? Hetzen heißt, sich unter Druck setzen zu lassen durch «Regeln», die Ihrem augenblicklichen Wohlbefinden entgegenstehen. Oft kommt Hetze zustande, weil man zuviel in seinen Terminkalender gepackt hat, weil man sich selbst überfordert, sich verausgabt. In diesem Fall sollten Sie sich fragen: ‹Was hindert mich daran, einige Termine zu streichen?› Ihr Image als «zuverlässiger Arbeiter»? Dann drücken Sie damit aus, daß Ihnen Ihr Image wichtiger ist als Ihr Wohlbefinden. Oder tun Ihnen die Leute leid, deren Termin Sie absagen?

Hetze ist Verrat am eigenen Selbst. ‹Allah hat die Zeit gemacht, von Eile hat er nichts gesagt›, lautet ein Sprichwort der Ägypter, bei denen Hetze als würdelos gilt. Würdelos ist jemand, der keine Achtung vor sich selbst hat, in unserem Falle vor seinem eigenen Tempo. Wer hetzt, rennt den Dingen hinterher. Und wer hinterherrennt, hat Angst. Angst, etwas zu verpassen oder zu versäumen; Angst für unpünktlich, nicht zuverlässig, nicht belastbar und nicht leistungsfähig gehalten zu werden.

Manchmal muß man auch hetzen, weil man vorher getrödelt hat. In einem solchen Fall sollte die Einstellung zu der Arbeit, die man vor sich hergeschoben hat, überprüft werden. Wollten Sie sie vielleicht gar nicht erledigen, oder ganz anders machen, oder zu einem anderen Zeitpunkt beginnen. Überprüfen Sie, ob nicht ein kopflastiger Plan dahintersteckte, der auf Ihre Bedürfnisse wenig Rücksicht nahm. Haben Sie sich durch das Trödeln einen «illegalen Freiraum» geschaffen? Haben Sie sich diesen ertrödelten Freiraum durch Schuldgefühle und Selbstbeschimpfungen verdorben oder sich mit Essen betäubt?

Wer sich abhetzt, geht sehr streng mit sich um und sollte sich fragen, ob er sich nicht damit selbst bestrafen möchte. Warum lassen Sie sich keine Zeit? Haben Ihre Eltern Sie früher gehetzt? Möchten Sie sich fürs vorherige Trödeln bestrafen, oder für irgendeine andere «Laschheit»?

Hetze ist oft weniger Zeitmangel als eine geistige Einstellung. Hetze ist das Gegenteil von Entspannung. Wenn Sie ständig abgehetzt sind, sollten Sie sich einmal fragen, ob Sie generell Schwierigkeiten haben, sich zu entspannen.

Wenn ja, sollten Sie sich weiterfragen, warum Sie sich keine Entspannung erlauben. Ist Enspannung für Sie gleich «Müßiggang» und damit gleich «aller Laster Anfang»? Hetze zeigt der Umwelt Geschäftigkeit an, und wer sich geschäftig zeigt, tut so, als nehme er seine Arbeit wichtig und habe keine Zeit für anderes. Er schützt sich vor weiteren Ansprüchen aus der Umwelt. Wenn man zusätzliche Anforderungen nicht abwehren kann, ist es schon sinnvoll, sich mit Leidensmiene abzuhetzen und damit zu signalisieren: ‹Ich bin total überlastet. Wenn ich jetzt noch zusätzlich etwas machen soll, dann breche ich zusammen, und du bist schuld!› Wer sich nach einem solchen Muster hetzt, fürchtet durch entspanntes Verhalten seiner Umwelt zu signalisieren: ‹Ich habe noch Kapazitäten frei, ihr könnt mich noch belasten›.

Ein anderer Grund, sich abzuhetzen ist, daß man nie «fertig» wird. Immer ist noch etwas zu verbessern, ist noch eine Kleinigkeit zu erledigen. In diesem Zusammenhang sollten Sie einmal kritisch überlegen, ob Sie perfekt sein wollen. «Perfectus» heißt im Lateinischen «vollendet». Perfekt sein bedeutet auch unangreifbar sein. Wenn Sie also durch Perfektion Kritik zu vermeiden trachten, so wollen Sie gleichzeitig Lob um jeden Preis. Mögen Sie Leute, die perfekt sind? Nicht im Sinne von bewundern, sondern wirklich mögen. Jemand, der *unangreifbar* ist, ist auch nicht mehr *greifbar*, mit ihm kann man sich nicht mehr auseinandersetzen. Dinge, die perfekt sind, entwickeln sich nicht mehr weiter, sie sind fertig, vollendet. Etwas, das sich nicht weiterentwickelt, lebt jedoch auch nicht mehr, denn Leben impliziert Bewegung, Entwicklung. Ist Ihnen «perfekt», aber «tot» lieber als «angreifbar», aber «lebendig»? Angreifbar heißt auch verletzbar. Ist es das, was Sie fürchten? Denken Sie darüber nach, vor welchen Verletzungen Sie sich schützen möchten, wenn Sie sich wieder einmal selbst dem Druck aussetzen, perfekt sein zu müssen.

Wo Hetze ist, fehlen Vertrauen und Gelassenheit! Vertrauen, daß trotzdem alles in Ordnung ist, auch wenn Sie nicht hetzen. Vertrauen, daß Sie eigenverantwortlich mit Ihrer Zeit umgehen können und sich nicht von starren Plänen sagen lassen müssen, wann es Zeit ist, was zu tun.

Überlegen Sie sich, worauf Sie nicht vertrauen, wenn Sie hetzen. Im Wort Gelassenheit steckt «lassen». Lassen bedeutet auch loslassen, ist das Gegenteil von festhalten. Alles, was Sie festhalten, hält auch Sie fest. Wenn Sie einen Hund an der Leine halten, dann hat dieser Hund auch Sie an der Leine, nicht nur er, auch Sie sind angebunden. Der Spruch ‹Eigentum verpflichtet› drückt ebenfalls aus, daß man Dinge, die man besitzt und damit festhält, auch instandhalten und zusammenhalten muß. Alles, was Sie in Ihrem Leben so gerne im Griff haben, steuern, kontrollieren, all dies hat auch Sie im Griff. Sie müssen sich anstrengen und abhetzen, um weiterhin «an der Macht» zu bleiben oder um Ihren Imageverpflichtungen nachzukommen. Wenn Sie festhalten und aufrechterhalten wollen, wie können Sie dann gelassen sein?

Beginnen Sie immer dann, wenn Sie sich abhetzen, zu essen? In diesem Fall hindern Sie sich selbst daran, die mit der Hetze verbundenen Gefühle zu spüren. An diese Gefühle müssen Sie aber herankommen, um wiederum zu entdecken, welche Gefühle (Ängste) Sie im einzelnen mit der Hetze abwehren.

Versuchen Sie also zu beobachten, was Sie unter Hetze tun, was Sie zu sich selbst sagen. Für wen setzen Sie sich besonders ein, welche Nahrungsmittel bevorzugen Sie? Bleiben Sie einfach mitten in der Hetze mal zehn Sekunden ruhig stehen und horchen Sie nur in sich herein. Müssen Sie das Leben so verbissen ernst nehmen?

6. Beobachtungspunkt
Mein Eßverhalten bei Langeweile

Essen Sie besonders oft aus Langeweile? Dann fragen Sie sich, ob Sie Schwierigkeiten haben, alleine mit sich etwas anzufangen. Wie empfinden Sie Langeweile?

Lange-Weile drückt aus, daß der Augenblick lange verweilt, also die Zeit langsam vergeht. Da die Zeit natürlich immer gleich schnell vergeht, ist nur das Zeitempfinden unterschiedlich. Was ist der Unterschied zwischen Momenten, in denen die Zeit schnell, und solchen, in denen sie langsam vergeht?

Die Aktivitäten, die uns Spaß machen, bei denen wir «ganz bei der Sache», ganz «ausgefüllt», ja «erfüllt» sind, lassen die Zeit wie im Fluge vergehen. Bei starken Schmerzen oder in sehr unangenehmen Situationen fließt die Zeit träge dahin oder scheint gar stillzustehen. Wie wir bei Anna K. gesehen haben, kann man durch Essen die Zeitempfindung verändern. Bei Hetze die Zeit ausdehnen, oder erreichen, daß der Druck, den man auf sich ausübt, weniger stark spürbar ist. Bei Langeweile füllt Essen Lücken oder Zwischenräume aus, die wir als langweilig empfinden.

Ein anderes Wort für Langeweile ist Monotonie, gleichmäßige Spannung. Bei Einförmigkeit, Einerlei, Eintönigkeit ist man irgendwann nicht mehr ganz bei der Sache, denn der Geist ist nicht ausreichend beansprucht, nicht ausgelastet und hat Kapazitäten frei. Dann schweifen die Gedanken ab.

Langeweile heißt unter anderem nicht ausgelastet sein. Erinnern wir uns noch einmal an das «Energieproblem», das mit dem Eßanfall verbunden ist. Ausgeglichen sein heißt auch ausgelastet sein. Nicht ausgelastet sein, läßt auf zuviel Energie schließen. Fehlt Ihnen etwas, das Sie ganz auslastet, etwas, worin Sie aufgehen, für das Sie sich engagieren können?

Beobachten Sie sich einmal ganz genau, wenn Ihnen langweilig ist. Gibt es körperliche Begleiterscheinungen der Langeweile? In welchen Körperbereichen spüren Sie die Langeweile besonders? Welche Impulse sind mit der Langeweile verbunden? Können Sie diese ausleben, oder betäuben Sie sich lieber mit Essen? Wären diese Impulse gefährlich? Für wen oder was?

Besonders häufig wird Langeweile in folgenden Variationen erlebt.

Langeweile als Sehnsucht nach Kurzweil

Hier wird Langeweile als Vakuum empfunden, in dem man einen Mangel an Stimulation, an Reizen erlebt. Man strebt weg von diesem Zustand, der einen langweilt. Langeweile ist mit einem Suchverhalten gekoppelt, wenn klar ist, was fehlt. Diese Art von Langeweile läßt einen zum Telefonhörer greifen, ins Kino gehen, Leute besuchen, neue Projekte ankurbeln, in die Kneipe gehen. Man möchte «Zeit-Vertreib», Trubel, Kurzweil, meist in Verbindung mit Kommunikation. Diese Art von Langeweile kommt besonders leicht auf, wenn man alleine ist, also verbindet man «Kontakt zu anderen Leuten» oft mit Kurzweil. Aber nicht jeder Kontakt ist kurzweilig. Es gibt ja auch langweilige Leute, Leute, die brav, angepaßt, unflexibel und wenig kreativ sind.

Könnte die Sehnsucht nach Kurzweil auch Sehnsucht nach Nicht-mehr-brav-sein bedeuten, nach Neuem, Lebendigem, Unvorhersagbarem, auch Unkontrollierbarem? Die Sehnsucht nach dem Beweglichen, Flexiblen, dem «Leben an sich»? Die Sehnsucht, endlich die selbstauferlegten Grenzen zu überschreiten und spontan etwas ganz Unvernünftiges, Verrücktes zu tun?

Wie schade, wenn solche positiven Impulse durch einen Eßanfall im Keime erstickt wurden!

Langeweile als Lethargie

In Lethargie steckt Passivität, Lähmung, Resignation, Hoffnungslosigkeit. Im eben besprochenen Zustand der Langeweile als «Reizhunger» steckte noch ein Impuls, aktiv etwas zu suchen. In der Lethargie dagegen wird oft nichts mehr gesucht, weil man gar nicht mehr weiß, was man suchen soll oder will. Man glaubt sowieso nicht mehr, zu bekommen, was man möchte, also vergißt man besser, daß man etwas gewollt hat. Aus dieser Haltung resultieren destruktives Herumhängen und Neid und Aggression auf jeden, der es besser hat, der wenigstens ein Ziel hat. Dieser Zustand kann bis zu einer schweren Depression führen, in der das ganze Leben sinnlos erscheint. Dann ist man auch nicht mehr fähig, «das Leben hereinzulassen», man fühlt sich abgeschnitten von allem, ist apathisch, gefühllos, stumpf. Alles ist sinnlos, hohl, öde. In einem derartigen Zustand fehlt selbst der Antrieb zum Essen. Essen ist immerhin noch aktives Suchen nach Nahrung und deren Aufnahme. Da wird noch zugegriffen, gekaut, verdaut. In der Lethargie ist eher Totenstarre als Leben. Ohne Leben gibt es auch keine Bewegung mehr, die Zeit scheint stillzustehen.

Wenn Sie solche Zustände öfters haben sollten, dann ist es sehr wichtig, daß Sie mit einem anderen Menschen über Ihre Probleme reden können. Reden ist Aktivität und somit der erste Schritt aus der Lethargie. Überlegen Sie, ob Ihr Leben in eine Sackgasse geraten ist. Versuchen Sie, Ihren Impulsen zu folgen, Spontaneität zu entwickeln. Dies könnte am besten mit Hilfe einer verständnisvollen Therapeutin oder eines Therapeuten geschehen. Nehmen Sie Ihren Zustand ernst, es ist *Ihr* Leben, das Sie in der Lethargie vergeuden.

Langeweile als innere Leere

«Wenn ich mich innerlich leer fühle, dann ist das so, als ob keiner zu Hause ist, der mir antwortet», erklärte mir einmal eine Klientin diesen Zustand. Wenn «keiner zu Hause» ist in meinem Inneren, dann ist es dort sehr ungemütlich!

Bei innerer Leere scheint sich ein Eßanfall als Strategie des

Auffüllens und Ausfüllens im wahrsten Sinne des Wortes geradezu anzubieten.

Versuchen Sie einmal, die innere Leere zu spüren, noch bevor Sie einen Eßanfall haben. Wie fühlt sie sich an? Wie sieht sie aus? Ist sie ein dunkles kaltes Loch? Oder das Nichts, das Panik macht? Gibt es noch eine andere Möglichkeit, mit der inneren Leere umzugehen? Innere Leere kann man auch durch «äußere Fülle» kompensieren. Hektik, Termine, Jubel, Trubel, Heiterkeit können innere Leere vertreiben. Der Hunger nach neuen Reizen kann sehr wohl eine Flucht vor der inneren Leere sein, die sich wieder bemerkbar macht, sobald man nicht mehr ganz ausgelastet ist. Könnte man innere Leere ein für allemal ausschalten, so müßte man sich nie mehr mit ihr auseinandersetzen. Diese innere Leere abzubauen, mit sich selber gut Freund zu werden und etwas anzufangen wissen, ist ein unschätzbares Kapitel und macht einen Gutteil menschlicher Reife aus. Je schneller Sie sich mit diesen Leerezuständen anfreunden, sie als Freiraum sehen, desto schneller können Sie das Essen aus innerer Leere aufgeben. Das Essen stiehlt Ihren Freiraum und Ihre Chance zu reifen. Das ist das Fatale, nicht die Pfunde, die Sie zunehmen.

Langeweile als Warten auf etwas

Haben Sie manchmal das Gefühl, daß es sich nicht lohnt, dies oder jenes anzufangen? Sagen Sie: ‹Ach, für mich alleine lohnt es sich ja nicht›? Warum halten Sie sich für so wertlos, daß sich etwas für Sie alleine nicht lohnt?

Oder lohnen sich manche Dinge zeitlich nicht, weil ja sowieso gleich irgend etwas anderes stattfinden soll?

Ist es also besser, sich in der Zwischenzeit zu langweilen? Was machen Sie, wenn Sie sich langweilen, weil es sich nicht mehr lohnt, etwas anzufangen? Warten Sie intensiv, werden immer nervöser und grollen dem anderen, weil er Sie so lange warten läßt? Warten heißt, sich verfügbar zu halten. Wer wartet, hält still. Ich habe Leute erlebt, die, sich tödlich langweilend, vor dem Telefon saßen, in der verzweifelten Hoffnung, daß es endlich läute. Auf die Frage, warum sie nicht selber anriefen, meinten sie, daß sie dies nicht einsähen. Sie hätten in der Vergangenheit schon so oft angerufen, und nun könne der andere sich auch einmal melden. Sie verhalten sich nach dem Prinzip: Ich tue nichts für mich, da gleich jemand kommen muß, der die Dinge für mich erledigt. Passives Warten, statt aktiver Lebensbewältigung.

Wenn Sie eine Tendenz zum verwöhnten Kind in sich zu erkennen glauben, dann überlegen Sie einmal, ob Ihre Mutter überfürsorglich war. Hat sie alles für Sie getan, für Sie gesorgt, hinter Ihnen hergeräumt, sich um alles gekümmert? Möglicherweise wurde dann von Ihnen erwartet, daß Sie sich passiv bemuttern ließen. Oder aber haben Sie einen derartigen Mangel am Bemuttertwerden, daß Sie diesen ständig auszugleichen suchen? Beide Extreme können zu ähnlichen Verhaltensmustern führen.

Möglicherweise haben Sie aber auch einmal gelernt, daß Aktivität, die ja auch eigenmächtiges Handeln einschließt, von der Mutter oder einer anderen wichtigen Bezugsperson als illoyal ausgelegt wurde, als Verrat, als gegen sie gerichtet. Lassen Sie einmal die Aussage: ‹Rühre nichts an, laß alles liegen, ich komme gleich und mache es für dich!› auf sich wirken. Beruhigt Sie dieser Satz? Möglicherweise wurden Sie als Kind dafür gelobt, wenn Sie sich so verhielten. Die Machtposition derjenigen, die für Sie «machen» darf, ist sehr stark: Sie sind abhängig. Aber möglicherweise sehen Sie es als Liebesbeweis an, wenn jemand Ihnen viele Dinge abnimmt, die Sie auch selber tun könnten? Dann wäre es ein «Armutszeugnis», wenn Sie selbst für Ihr Wohlergehen zu sorgen hätten.

Eine Klientin hat es einmal so formuliert: «Wenn ich selber auf eigenen Füßen stehen muß, dann heißt das lediglich, daß niemand mich auf Händen tragen will. Und wenn niemand mich auf Händen tragen will, bin ich es anscheinend nicht wert». Ihr Ziel war folglich nicht, selbst das Stehen und Laufen zu lernen, sondern jemanden zu gewinnen, der sie trägt.

Auch das ist natürlich eine Lösung, wenn auch eine konfliktanfällige.

Wenn Sie sich wieder einmal beim müßigen Warten ertappen, dann überlegen Sie, ob sich die psychische Situation für Sie verändern würde, wenn Sie anstatt dazusitzen etwas täten, das Sie gerne tun, und wovon Sie eigentlich glauben, es lohne nicht, noch damit anzufangen. Haben Sie Bedenken, daß eine Unterbrechung bei dieser Tätigkeit Sie stören würde und Sie dem «Störer» dann signalisieren könnten: ‹Es gibt für mich Wichtigeres oder Schöneres, als mit dir zusammenzusein›? Jemandem, auf den Sie warten, vermitteln Sie dagegen: ‹Du hast Vorrang vor allem anderen›. Und dafür könnten Sie ‹Dankbarkeit› oder auch ein bißchen mehr erwarten. Vielleicht erwarten Sie alle Befriedigung, die Ihnen die Tätigkeit anstelle des Wartens gegeben hätte, nun von demjenigen, auf den Sie gewartet haben? Denken Sie daran: Je weniger Sie bereit sind, für Ihr eigenes Wohlergehen zu sorgen, um so mehr müssen Sie diesbezüglich von anderen erwarten.

Langeweile als Folge von Blockaden

Angenommen, Sie haben sich vorgenommen, Ihren Schreibtisch aufzuräumen, würden aber lieber spazierengehen. Wenn Sie nun den Grundsatz ‹Erst die Arbeit, dann das Vergnügen› verinnerlicht haben, dann sagen Sie sich: ‹Ohne Arbeit auch kein Vergnügen›. Da Sie zur Arbeit (Schreibtisch aufräumen) keine Lust haben, wird auch der Spaziergang gestrichen. Daraus kann ein Zustand entstehen, in dem Sie ziellos, gelangweilt herumtrödeln und alles mögliche machen, z. B. die Vögel füttern oder die Fingernägel schneiden, nur zwei Dinge auf keinen Fall: den Schreibtisch aufräumen und spazierengehen. Diese beiden Aktivitäten sind blockiert, da Sie ja, wie Sie es einmal gelernt haben, eine bestimmte Reihenfolge einhalten. Fragen Sie sich, ob diese Reihenfolge so immer sinnvoll ist!

Wenn Sie angesichts einer «dringenden Arbeit» wieder einmal ziellos herumtrödeln, dann versuchen Sie einfach einmal probeweise, sich ein Vergnügen vor der Arbeit zu gönnen.

Essen als Stärkung vor der Arbeit sollte es möglichst nicht sein, da dies im jetzigen Stadium eventuell noch nicht vom Vermeidungsverhalten (Essen statt Arbeit) unterschieden werden kann.

‹Erst das Vergnügen, dann die Arbeit›. Lassen Sie diesen Satz auf sich wirken. Haben Sie Bedenken, daß Sie dann überhaupt nicht mehr an die Arbeit gingen? Oder würden Sie sich hinterher aus schlechtem Gewissen regelrecht in die Arbeit stürzen? Experimentieren Sie einfach damit.

7. Beobachtungspunkt
Mein Eßverhalten bei Stillhalten und sich verausgaben

Stillhalten und sich verausgaben geschieht oft gleichzeitig, und zwar immer in dem Bestreben, die wirklichen oder vermeintlichen Erwartungen anderer zu erfüllen. Eigene Bedürfnisse und Impulse werden dabei meist vernachlässigt.

Versuchen Sie zunächst einmal zu erspüren, wie «stillhalten» sich anfühlt. Sie halten still, wenn Sie beispielsweise jemandem zuhören, obwohl Sie keine Lust dazu haben. Sie halten ganz sicher still in allen Situationen, in denen Sie etwas mit sich machen lassen, etwas über sich ergehen lassen, sich mißbrauchen lassen, sich zu etwas überreden lassen: das heißt immer dann, wenn Sie gegen Ihren Willen Dinge geschehen lassen, ohne Einspruch zu erheben.

Oft rechtfertigt man das Stillhalten vor sich selbst mit Beschwichtigungen, wie ‹Na ja, das ist doch nicht so schlimm›, ‹Ich mußt mich halt zusammenreißen›, ‹Nur dieses eine Mal noch›, ‹Einmal ist keinmal›, ‹Der arme Kerl hat mir so leid getan›, ‹Das mußte man doch einfach tun›, ‹Na ja, vielleicht hilft mir der andere auch mal›.

Schon eine Rechtfertigung, die mit ‹na ja› beginnt, deutet auf Stillhalten hin.

Wo im Körper spüren Sie, wenn Sie stillhalten? Ist es eng in der Brust oder in der Kehle? Oder driften Ihre Gedanken ab? Oder werden Sie unruhig in Armen und Beinen? Oder werden Sie immer gereizter im Gespräch? Oder aber spüren Sie lediglich Eßdrang? Stillhalten heißt, sich nicht abgrenzen zu können! Man ist unfähig zu signalisieren: ‹Ich stehe hier, du stehst dort, unsere Standpunkte sind verschieden›. Statt dessen tut man so, als stünde man dort, wo der andere steht. Man versucht, unterschiedliche Bedürfnisse zu nivellieren, zu ignorieren.

Die Person, die stillhält, gibt ihren Standpunkt auf. Sie signalisiert: ‹Ich habe das gleiche Bedürfnis wie du, fühle und denke wie du, habe den gleichen Geschmack wie du, bin dir sehr ähnlich›. Und zwischen den Zeilen sagt sie auch: ‹Und ich hoffe, daß du mich so haben willst›.

Achten Sie darauf, ob Sie denselben Sachverhalt verschiedenen Personen sehr unterschiedlich darstellen, und zwar gefühlsmäßig unterschiedlich. Geben Sie sich zum Beispiel einmal optimistisch und einmal pessimistisch, je nach Zuhörer? Achten Sie darauf, wie leicht Sie sich von der Sichtweise anderer anstecken lassen und die Dinge plötzlich mit deren Augen sehen. Wie verändern sich Ihre Gefühle dabei? Welchen Leuten möchten Sie besonders gern ähnlich sein? Deren Weltbild zu übernehmen, sind Sie dann auch besonders anfällig.

Neigen Sie dazu, zu schlichten, zu harmonisieren, die Gemeinsamkeiten in Beziehungen zu betonen, Dinge zu idealisieren? Diese Tendenzen sind an und für sich weder gut noch schlecht. Es geht hier lediglich darum, wieder zu sehen, wo Sie ein Stück Realität ausblenden um des lieben Friedens willen.

Friede ist Ein-tracht, Unfriede ist Zwie-tracht. Der höchste Friede ist dort, wo zwei Menschen ‹ein Herz und eine Seele› sind. Dann empfinden sie sich nicht mehr als zwei Personen, sondern ‹Ich ist Du und Du ist Ich›. Abgesehen von ekstatischen Zuständen, in denen sich die Ich-Grenzen auflösen und in denen es nicht mehr um Verhaltensmuster wie Stillhalten in unserem Sinne geht, ist dieses ‹Ich bin gleich Du› für mindestens einen Partner sehr anstrengend und mit Selbstverleugnung verbunden. Was aber wird in solchen Situationen verleugnet?

Verleugnet werden alle eigenen Impulse, Bedürfnisse und Wünsche, die dem Gegenüber klar zeigen würden: ‹Ich bin anders als du›. Auch wenn sich jemand verausgabt, verleugnet er eigene Bedürfnisse zugunsten von Erwartungen, die andere in ihn setzen. Alles, was unter dem Beobachtungspunkt Hetze gesagt wurde, gilt auch für den Fall des Sich-verausgabens.

Beobachten Sie sich, wenn Sie hetzen! Was würde passieren, wenn Sie das, wofür Sie sich momentan abhetzen, einfach von der Liste streichen würden? Könnte man Sie dann als unzuverlässig ansehen? Ist es sehr wichtig für Sie, als zuverlässig zu gelten? Überlegen Sie, welchen Gedanken Sie mit Unzuverlässigkeit verbinden. Dürfen Sie Ihrer Meinung nach nie unzuverlässig sein, um als zuverlässig zu gelten? Mit anderen Worten: Wie weit oder eng sind die Grenzen, innerhalb derer Sie noch glauben, als zuverlässig zu gelten? Mußten Sie als Kind aufs Wort gehorchen, ohne einen gewissen eigenen Spielraum für die Ausführung des Befehls zu haben? Wurden Sie streng bestraft, wenn Sie nicht gehorchten? Wenn ja, dann müßte es Ihnen eigentlich Angst machen, wenn Sie sich für unzuverlässig halten. Experimentieren Sie damit, gelegentlich weniger zuverlässig zu sein. Vielleicht stellen Sie dann auch fest, daß andere erleichtert sind, wenn Sie nicht mehr so zuverlässig sind? Dies ist nicht so paradox, wie es auf den ersten Blick erscheint.

Es könnte nämlich sein, daß Sie die gleichen strengen Maßstäbe an die Zuverlässigkeit anderer legen. Sind Sie leicht verletzt, wenn jemand Sie eine Viertelstunde warten läßt? Was Sie sich selbst nicht erlauben können, erlauben Sie auch anderen nicht. Manche Eßsüchtigen und natürlich auch Menschen mit normalem Eßverhalten glauben merkwürdigerweise, daß sie nur mit sich selbst streng seien, mit anderen aber großzügig. Im Laufe einer Therapie stellt sich aber auch heraus, daß dieser Selbstbetrug lediglich dazu dient, die eigenen Guthaben bei den Gefühlskonten aufzuwerten. Dieses Aufrechnen umfaßt auch die Zuverlässigkeit. Überprüfen Sie einmal Ihre Reaktionen auf die Unzuverlässigkeiten anderer Leute. Haben Sie eine ohnmächtige Wut, wenn jemand sein Versprechen nicht einhält? Ja, werden Sie sagen, aber mit Recht.

Sie meinen also, daß man ein einmal gegebenes Versprechen auf jeden Fall halten muß. Im juristischen Sinne ist das sicher berechtigt, aber was heißt es psychologisch? Ein Versprechen einhalten kann man auf die eine oder andere Art. Wenn Ihnen jemand verspricht, er komme um drei Uhr, und er ist um halb vier endlich da – hat er dann das Versprechen eingehalten oder nicht? Je nachdem, wie Sie diese Frage beantworten, fällt Ihre Reaktion aus. Entweder sind Sie erfreut, daß er es geschafft hat, überhaupt zu kommen, oder Sie sind ärgerlich über diese Verspätung.

Leider sind die Zusammenhänge in Wirklichkeit noch etwas komplizierter. Unpünktlichkeit kann auch heißen, daß man eigentlich gar nicht zu dem verabredeten Treffen gehen möchte. Oder man rebelliert unbewußt gegen die eigenen Pünktlichkeitsforderungen und ist aus Trotz chronisch unpünktlich. Oder man wäre selbst gerne gelegentlich unpünktlich, erlaubt es sich aber nicht und reagiert dann überscharf auf die Unpünktlichkeit anderer. Es gibt in diesem Bereich sicher noch viele andere Möglichkeiten zu reagieren.

Die meisten Eßsüchtigen, mit denen ich gearbeitet habe, wollten unbedingt als zuverlässig, pünktlich, kameradschaftlich, hilfsbereit und belastbar, also als stark gelten.

Die Tatsache, daß sie sich diese Eigenschaften ständig beweisen müssen, führt zur Verausgabung.

Ein Mensch, der alle diese Eigenschaften besitzt, ist jemand, auf den man sich verlassen kann. Seine Zuverlässigkeit besteht darin, daß er im «versprochenen» Sinne reagiert, daß er bestimmte Dinge erledigt, die man dadurch nicht mehr selbst zu tun braucht. Man stützt sich auf den anderen, und macht sich damit von ihm abhängig. Versuchen Sie ganz ehrlich die Frage zu beantworten, ob Sie mit Ihrer Zuverlässigkeit nicht auch andere in gewisser Weise von sich abhängig machen wollen? Dann wäre es auch verständlich, wenn es Ihnen schwerfiele, Ihre Zuverlässigkeit aufzugeben. Sie müßten dann aushalten können, daß Sie nicht unbedingt gebraucht werden, oder vielleicht austauschbar sind. Erfüllt Sie dieser Gedanke mit Unbehagen? Geben Sie ihm nach. Untersuchen Sie Ihr Leben, ob es darin Machtstrukturen gibt, d. h. vor allem Machtgefälle zwischen Ihnen und Ihnen nahestehenden Personen. Wenn Sie mit anderen zusammenarbeiten, haben Sie dann nur die Alternative, alles an sich zu reißen, oder aber sich total zurückzuhalten? Können Sie nicht auf gleicher Ebene mit anderen arbeiten? Schauen Sie sich Ihren Freundeskreis an. Besteht er vor allem aus Leuten, die sich bei Ihnen Rat und Hilfe holen? Haben Sie einen «helfenden» Beruf? Geraten Sie immer an Männer, denen Sie Halt geben müssen? Menschen, die von Ihnen in irgendeiner Weise abhängig sind, laufen nicht so leicht davon. Und es ist sehr beruhigend, die Starke zu sein. Andererseits empfinden Sie innerlich oft aber auch Groll, weil Sie nicht sicher sind, ob diese «Sauger» Ihre Person mögen oder nur Ihre Funktion zu schätzen wissen. Versuchen Sie allmählich, auch diesen Groll zuzulassen. Er wird oft durch Essen verdrängt, weil man diese Seite des Verausgabens nicht sehen will.

8. Beobachtungspunkt:
Das Erbrechen

Eßsüchtige wollen stark und verläßlich erscheinen, aber bei einem Eßanfall merken sie, daß «irgend etwas stärker ist als sie, und sie sich noch nicht einmal auf sich selbst verlassen können». Für eine Eßsüchtige kann durch einen derartigen Einbruch ihr mühsam idealisiertes Selbstbildnis zusammenbrechen und einem absoluten Negativbild Platz machen. Eßsüchtige sind sehr streng mit sich und verzeihen sich nicht den kleinsten Verstoß gegen ihre Ideale. Wir werden dies noch deutlich in dem Kapitel «Die dicke und die dünne Anna» sehen.

Zunächst geht es hier darum, wie eine Frau nach einem Eßanfall mit den andrängenden Gefühlen der Selbstentwertung, die sich fast bis zur Selbstzerfleischung steigern können, umgeht.

Hier scheint das Erbrechen eine Ideallösung zu sein. Damit wird nicht nur das Essen «rückgängig» gemacht und das Zunehmen verhindert, sondern auch das negative Selbstbild teilweise zurückgenommen.

Das schlechte Gewissen, das beim Erbrechen zurückbleibt, kann dafür vergleichsweise leicht in Kauf genommen werden. Durch das Erbrechen gewinnt man die Kontrolle wieder zurück, die man beim Eßanfall verloren hatte.

Jeglicher Kontrollverlust macht Ihnen angst, wenn Sie eßsüchtig sind. Also tun Sie alles, um die Kontrolle zu behalten, und kontrollieren heißt eben auch steuern, manipulieren. Sie versuchen, die Dinge und auch die Menschen, die Ihnen wichtig sind, «im Griff» zu haben. Den Dingen ihren Lauf zu lassen oder die Menschen zu nehmen, wie sie sind, fällt Ihnen dagegen schwer. Haben Sie aber erst einmal die Kontrolle verloren, so tun Sie alles, um sie wieder zurückzugewinnen. Das Erbrechen gibt Ihnen die Kontrolle zurück. Sie müssen nicht zunehmen, können weiterhin Ihre Nahrungsmittel streng in erlaubte und unerlaubte einteilen und sogar Eßanfälle einplanen in der Gewißheit, daß Ihnen «Genuß ohne Reue» bevorsteht. Sie können also weiterhin strenge Maßstäbe an Ihr Eßverhalten anlegen, da Sie ja ein Ventil für die Spannungsabfuhr haben. Erst wenn dieses Ventil, das Erbrechen, durch Nebenwirkungen zu «teuer» wird, müssen

Sie sich mit dem eigentlichen Problem auseinandersetzen, mit Ihrer Angst vor Kontrollverlust. Solange Sie mit der Lösung dieses Problems nicht weitergekommen sind, können Sie das Erbrechen nicht aufgeben. Kontrollverlust droht überall dort, wo man «ausrastet», «austickt», «ver-rückt wird», «außer sich gerät», «ganz aus dem Häuschen ist». Alle diese Zustände treten auf, wenn man von starken Gefühlen überwältigt wird und «den Kopf verliert», d. h. den Verstand verlieren, und damit sind wir wieder beim Thema Vernunft. Überprüfen Sie Ihr Verhalten bei starken Gefühlen, bei Gefühlen der Freude oder der Wut, des Schmerzes oder der Erregung. Beruhigen Sie sich mit Essen? Dann schützen Sie sich damit davor, von Gefühlen überwältigt zu werden. Sehen Sie es als Zeichen von Schwäche an, wenn man von Gefühlen überwältigt wird? Möchten Sie möglichst immer «cool» bleiben? Dann möchten Sie auch Ihre Gefühle im Griff haben.

Wenn man sich nicht gefühlsmäßig überwältigen lassen will, muß man distanziert bleiben. Man darf sich nicht berühren lassen, weder physisch noch psychisch. Viele Eßsüchtige haben Berührungsängste, die sie vordergründig als Angst empfinden, der andere könne von ihrem Fett abgestoßen werden. Tatsächlich aber bedeutet ihr Dicksein für sie die Möglichkeit, Distanz zu anderen zu halten.

Psychisch berührt werden heißt oft, zu Tränen gerührt werden. Welche Einstellung haben Sie zum Weinen? Versuchen Sie es zu vermeiden, besonders in der Öffentlichkeit? Konnten Sie als Kind weinen, oder haben Sie schon früh zu verbergen versucht, daß etwas Sie sehr stark berührt? Sich von jemandem stark berühren zu lassen, heißt auch, ihm Macht über die eigenen Gefühle zu geben. Wenn aber jemand meine Gefühle steuern kann, dann kann er mich steuern, dann bin ich in meinem Wohlergehen von ihm abhängig. Wer nicht nur über sich selbst, sondern allgemein über Situationen und Personen die Kontrolle behalten will, der kann es sich auf keinen Fall leisten, jemandem so nahe zu kommen, daß dieser Zugriff zu seinen Gefühlen hat.

Und genau da liegt das Problem. Eßsüchtige «funktionieren» äußerlich gesehen wunderbar, solange sie die Starke spielen können – die Mutter sozusagen. Sobald aber sie sich z. B. verlieben oder jemandem gefühlsmäßig sehr nahe kommen, verhalten sie sich plötzlich ganz anders. Sie fühlen sich ausgeliefert, abhängig, so, als ob sie eine Marionette seien, deren Fäden ein anderer zieht.

Solche Gefühle verursachen natürlich Angst, und Eßsüchtige versuchen deshalb mit allen Mitteln, diesen Zustand zu vermeiden. Kontrolle läßt sich auch mit «Disziplin» übersetzen. Disziplin klingt nach planvollem Verhalten, nach Vernunft, nach Ordnung, nach Funktionieren, aber auch nach kaltem, rücksichtslosem Vorgehen. Vielen Eßsüchtigen wird vorgeworfen, sie seien arrogant, überheblich. Worüber erheben sie sich?

Will man Dinge und Personen unter Kontrolle halten, so muß man über ihnen stehen, muß verhindern, daß man untergebuttert wird. Mit Disziplin steht man über den Dingen: über dem Chaos, der Unordnung, dem Unberechenbaren, Unkontrollierbaren. Eßsüchtige verachten Schwäche, Unkontrollierbarkeit, Unordnung, auch und gerade bei sich selbst. Die Überheblichkeit schafft Distanz zu der verachteten Ebene ihrer Disziplinlosigkeit. Sie fürchten nicht nur den Kopf, sondern damit gleichzeitig auch das Gesicht zu verlieren, das heißt, ihr mühsam aus vernünftigen Eigenschaften aufgebautes Image. Versuchen Sie herauszufinden, welcher Bedürfnisse oder auch Handlungen Sie sich schämen.

Scham versucht man zu verbergen. Sie ist schwer auszuhalten. Alle Eigenschaften, Impulse, Bedürfnisse, derer Sie sich schämen, bilden die «Rückseite» der glanzvollen Fassade der Stärke. Ganz sicher schämen Sie sich für Ihre Eßanfälle und das Erbrechen. Schämen Sie sich allgemein für alles, was Sie im Griff hat? Für alles, was Sie beherrscht, z. B. Gier, Leidenschaft, Zwänge? Für alles Unvernünftige, Verrückte?

Nehmen Sie sich viel Zeit, sich immer wieder zu beobachten und Ihr Verhalten auf von Ihnen erwünschte und unerwünschte Eigenschaften und Verhaltensweisen abzuklopfen.

9. Beobachtungspunkt:
«Außer sich sein» und «in sich ruhen»

Machen Sie einmal die Augen zu und stellen Sie sich vor, Sie sind ganz außer sich.

Wo ist Ihre Konzentration, wenn Sie außer sich sind? Gleichgültig, ob Sie vor Freude oder vor Wut außer sich sind – Sie spüren wahrscheinlich Unruhe und den Drang, etwas tun zu müssen, irgendwie «nach vorne» zu müssen. In der Regel können Sie kaum mit geschlossenen Augen dasitzen, wenn Sie «außer sich» sind. Wie der Ausdruck schon sagt, Ihr Schwerpunkt liegt «außerhalb» Ihrer Person.

Stellen Sie sich nun vor, Sie ruhen ganz in sich selbst. Wo ist nun Ihre Konzentration und damit Ihr Schwerpunkt? Wahrscheinlich liegen beide innerhalb Ihres Körpers, eher im Bauch-Beckenraum oder auch vielleicht im Kopf. Achten Sie auf Ihr Atemmuster, wenn Sie sich beide Zustände vorstellen.

Liegt die Betonung, wenn Sie außer sich sind, eher auf dem Einatmen, und wenn Sie in sich ruhen, eher auf dem Ausatmen? Beim Einatmen holt man etwas in sich herein, hält es vielleicht sogar fest, beim Ausatmen läßt man gehen, läßt man los. Wenn man außer sich ist, ist man oft von Gefühlen überwältigt, nicht Herr seiner selbst, unbeherrscht, nicht «man selbst», läßt sich gar zu Taten hinreißen, die man hinterher bereut.

Bei starker Wut, Angst, Freude oder Panik ist man eindeutig außer sich. Wie ist es bei Hetze, Hektik, Nervosität, Unruhe? Auch in diesen Zuständen ist man – wenn auch weniger bewußt – stark «außer sich». Erinnern Sie sich, daß alle diese Zustände Eßanfälle auslösen können.

Was hat also das Essen mit dem «Außer-sich-sein» zu tun? Mit Essen kann man sich innerlich ausfüllen, sich den Bauch vollschlagen. Auf psychischer Ebene wollen Eßsüchtige mit dem Essen aber eigentlich etwas anderes erreichen. Sie wollen erfüllt sein, das heißt mit anderen Worten: Sie wollen in sich ruhen. Sie möchten gerne den Schwerpunkt in sich haben, den Mittelpunkt der Welt in sich spüren, sich warm, geborgen, heiter fühlen, Vertrauen haben, Selbstvertrauen haben – sich selbst vertrauen.

Wenn Sie hinter jemandem herlaufen, ihm alles recht machen

wollen, dann liegt Ihr Zentrum immer außerhalb Ihrer Selbst. Sie spüren: Ich sollte schon da oder dort sein, dünner sein, klüger sein, besser sein, schon mehr gearbeitet haben. Ich sollte anders sein oder woanders sein als ich bin.

Dies impliziert: Mein jetziger Zustand ist nicht gut. Und genau das ist das Grundgefühl bei Eßsüchtigen. Solange man nach etwas strebt, ist man nicht zufrieden mit dem Status quo. Und bei Unzufriedenheit ist man immer «außer sich». Die Lösung, die den Eßsüchtigen aus dieser Unzufriedenheit herausführen kann, heißt: gut genug werden.

Für wen gut genug werden? Zunächst für die Mutter, dann für andere Familienangehörige, Lehrer, Partner, Arbeitgeber, Freunde, alle Menschen, mit denen man Umgang hat.

Gut genug werden für alle heißt, es allen recht zu machen. Nie nein sagen, keine eigenen Bedürfnisse anmelden, selbst gar nicht existieren. Selbst-los sein.

Die logische Folge aus dem «gut genug werden» sind dann die Images, denen man entsprechen will.

Angenommen, Sie würden es schaffen, alle Images, denen Sie entsprechen wollen, perfekt auszufüllen, glauben Sie, daß Sie dann glücklich wären?

Sie wären vielleicht beruhigt, denn nun könnte Ihnen ja keiner mehr etwas anhaben. Aber glücklich?

Gibt es Momente, in denen Sie glücklich sind? Versuchen Sie, möglichst genau herauszufinden, wie sich dieses Glücklichsein anfühlt. Es gibt verschiedene Glückszustände, aber es sind vor allem zwei, die von Eßsüchtigen miteinander verwechselt werden.

Glücklichsein als «gut genug sein»

Angenommen, Sie haben mit viel Arbeit und etwas Glück ein Ziel erreicht, das Sie schon lange angestrebt und wovon Sie immer geträumt haben. Sie freuen sich sehr, und Ihre Freunde freuen sich mit Ihnen. Wenn aber die erste Freude verrauscht ist und das Erreichte schon fast als Selbstverständlichkeit gilt, kommen leise Zweifel auf: Werde ich das Erreichte auch halten können? Kann ich eventuell noch mehr erreichen?

Das Festhalten fängt an und das Streben nach «weiterhin gut genug sein.» Diese Art von Glücklichsein kennen Eßsüchtige gut. Es ist die Hoffnung, «doch noch» gut genug zu sein und dafür nicht nur Anerkennung, sondern Liebe zu bekommen. Da sie aber die «Liebe für ihr Dasein oder ihr Sosein» nicht so recht kennen und einschätzen können, ist sie ihnen eher unheimlich. Liebe, für die man etwas leisten kann, hat man unter Kontrolle, im Griff. Man weiß, wofür man geliebt wird. Und man weiß dann, ob man diese Leistungen weiterhin erbringen kann und damit eine «Garantie» auf diese Liebe hat, oder nicht. Kann man die Leistung erbringen, so ist man beruhigt, hat Sicherheit. Kann man die Leistung nur schwer erbringen, so strengt man sich an. Auch wenn man sich anstrengen muß, hat man diese Zuwendung noch im Griff. Kann man die Leistung nicht erbringen, fühlt man sich in der Ansicht bestätigt, daß man eben nicht gut genug ist, und nimmt sich vor, besser zu werden. Die «Glückszustände» ähneln dann eher kurzen Ausruhphasen vor dem weiteren Streben nach Leistung.

Diese Art Glücklichsein unterscheidet sich grundsätzlich vom

Glücklichsein als «in sich ruhen»

Wer in sich ruht, ist in seiner Mitte, im Hara, wie die Japaner sagen. Das Hara befindet sich ungefähr eine Handbreit unterhalb der Nabels im Körperinneren. Wenn Sie einmal die Augen schließen und sich auf Ihren Beckenraum konzentrieren, dorthinein atmen, werden Sie merken, wie sich Ihre Atmung vertieft und Sie ruhiger werden.

Kennen Sie Zustände, in denen Sie ganz in sich ruhen? Es sind Momente, in denen Sie mit sich und der Welt zufrieden sind, das Gefühl haben, alles ist gut, so wie es gerade ist. Sie sind glücklich und zufrieden. Es ist kein hektisches, unruhiges Glücklichsein, bei dem man ganz «aus dem Häuschen» ist, sondern ein unerschütterliches Vertrauen, daß alles gut ist. In einem solchen Zustand ist man ausgefüllt, erfüllt, warm, geborgen, «aufgehoben», entspannt, ausgeglichen, harmonisch, zufrieden und dankbar. Und wer dankbar ist, kann auch liebevoll sein, kann Liebe geben und ist nicht bestrebt, Zuneigung durch Leistung zu erkaufen.

Vielleicht kennen Sie solche oder ähnliche Zustände, wenn Sie beispielsweise kreativ arbeiten. Wenn Sie ganz im Einklang mit sich selbst Zeit und Raum vergessen. Dann haben Sie das Gefühl, Sie sind von innen her ausgefüllt und erfüllt. Könnten Sie sich vorstellen, in einem solchen Augenblick einen Freßanfall zu bekommen? Wohl kaum. Es gibt nämlich keinen Grund dafür.

Um diesen Zustand zu erreichen, muß man die Dinge und sich selbst annehmen. Annehmen ist das Gegenteil von ablehnen. Da Eßsüchtige sich in ihrem augenblicklichen Zustand aber selbst eher ablehnen, können sie auch nicht in sich ruhen.

Schreiben Sie einmal alle Bedingungen auf einen Zettel, die Sie Ihrer Meinung nach erfüllen müssen, um mit sich zufrieden sein zu können. Anschließend streichen Sie diese Bedingungen einfach durch, verbrennen den Zettel und entschließen sich, sich so, wie Sie momentan sind, anzunehmen.!

Sie geraten bei dieser Vorstellung vielleicht in leichte Panik, weil Sie denken, wenn ich mich jetzt schon so annehme, wie ich bin, dann werde ich mich nie mehr ändern, und dann bekomme ich auch keine Anerkennung mehr von außen. So, wie ich jetzt bin, kann mich keiner mögen – am allerwenigsten ich selbst. Aber solange ich mich noch verändern kann, habe ich Hoffnung, doch noch geliebt zu werden.

Dies ist ein Trugschluß. Wenn Sie sich selbst nicht annehmen und mögen, wie können Sie dann glauben, daß jemand anders Sie annehmen kann? Sie möchten einen Grund dafür haben, daß Sie sich selbst lieben können und von anderen geliebt werden. Das Ganze ist ein Teufelskreis, denn solange Sie einen «Grund» für die Liebe haben, haben Sie kein Vertrauen, bedingungslos akzeptiert und geliebt zu werden. Überlegen Sie, ob es Menschen gibt, von denen Sie sich bedingungslos angenommen fühlen? Lieben Sie Ihrerseits irgendeinen Menschen bedingungslos? Sind Sie sehr tierlieb? Viele Eßsüchtige glauben sich von Tieren bedingungslos geliebt.

Ob Sie bedingungslos geliebt werden, können Sie erst wissen, wenn Sie keine Erwartungen und Bedingungen mehr erfüllen. In diesem Fall ist der andere nicht mehr von Ihnen abhängig, er braucht Sie nicht mehr, er kann Sie ablehnen und gehen. Das müssen Sie erst riskieren können, bevor Sie die Probe aufs Exempel machen. Vergessen Sie nicht, daß Sie als Kind schlechte Erfahrungen im Hinblick auf bedingslose Liebe gemacht haben.

Durch Ihre Leistungen wollen Sie verhindern, daß Sie den alten Schmerz – so wie Sie sind, abgelehnt zu werden – noch einmal spüren müssen. Aber wenn Sie sich selbst ablehnen, ist das nicht schon das Schlimmste, was Ihnen passieren kann?

10. Beobachtungspunkt:
Malen Sie ein Bild von sich

Zeichnen oder malen Sie spontan ein Bild von sich. Es soll nicht «schön» sein, sondern soll ganz nach dem Gefühl angefertigt werden. Es braucht auch nicht naturgetreu gezeichnet zu werden, es gibt keinerlei Kriterien für richtig oder falsch. Fertigen Sie Ihre Zeichnung bitte an, bevor Sie weiterlesen.

Anna
zeichnet sich selbst

In einer der ersten Therapiestunden brachte mir Anna ein Bild mit, das sie von sich zeichnen sollte. Es war eine einfache Bleistiftzeichnung mit teils groben Strichen und, wie mir schien, etwas lieblos hingeworfen.

Auf den ersten Blick fiel auf, daß die Frau auf dem Bild keine Hände und keine Füße hatte.

Besonders sorgfältig war der Kopf gezeichnet: Die Haare adrett, mit korrekter Frisur, die Augen sehr detailliert mit einzeln eingezeichneten Augenwimpern, ein lächelnder Mund. Sogar Ohrringe und Haarspange waren vorhanden.

Ein breiter Gürtel setzt eine deutliche Zäsur in der Taille. «Fällt Ihnen etwas auf an Ihrem Bild?» frage ich Anna im Gespräch. «Nein, warum?» fragt sie verwundert zurück. «Sie haben keine Hände und keine Füße», helfe ich ihr. Sie schaut genauer hin. «Ach ja, wirklich, das ist mir gar nicht aufgefallen.» Anna ist verdutzt.

Ich frage Anna, was für eine Beziehung sie zu ihren Händen hat. «Na ja, keine besondere», entgegnet sie. Sie weiß nicht so recht, worauf ich hinauswill. «Ich bin handwerklich nicht sehr geschickt», überlegt sie, «obwohl, wenn ich es mir recht überlege, Stricken, Nähen und Sticken kann ich sehr gut. Vielleicht traue ich mir nur nicht so recht was zu. Ich habe meist Befürchtungen, etwas kaputtzumachen.» Wir finden heraus, daß Anna lieber gar nicht erst an eine Sache herangeht, wenn die Gefahr besteht, daß etwas kaputtgehen könnte.

Aber was heißt «kaputt» eigentlich? Wenn jemand experimentiert, beschreitet er neue Wege, macht Dinge anders als gewohnt. Dabei kann Altes, Gewohntes «kaputt» gehen, Neues, Anderes wird ins Blickfeld gerückt. Etwas kaputtmachen heißt auch Veränderung schaffen.

«Früher war es bei uns zu Hause immer sehr schlimm, wenn irgendetwas kaputtging. Wenn ich etwas nicht konnte, mußte ich es eben bleibenlassen. Und wenn ich es dennoch ausprobierte und es ging schief, bin ich ausgeschimpft und oft geschlagen worden. Dadurch habe ich es mir allmählich abgewöhnt, experimentierfreudig zu sein. Ich habe mir dann auch nicht mehr so viel zugetraut », sagt Anna nachdenklich. Wer nichts kaputtmachen darf, darf sich nur in einem Bereich bewegen, den er schon klar beherrscht. Neuland ist tabu. Damit ist eine Entwicklung, die Erfahrung voraussetzt, auf eine Sicherheitszone beschränkt. Anna geht allgemein in ihren Handlungen auf Nummer sicher. Sie neigt auch dazu, vor allem Neuen erst einmal zurückzuschrekken. Mit den altvertrauten Situationen weiß sie umzugehen, ohne etwas «kaputtzumachen». In neuen Situationen wird sie unsicher und traut sich nichts mehr zu. Dann gibt sie die Dinge aus der Hand, meist in die Hände von Menschen, die sie für kompetenter hält als sich selbst, bei denen das Risiko, daß etwas kaputtgeht, kleiner ist oder die den Schaden eher wiedergutmachen können. Auf jeden Fall sind es immer Leute, die sich mehr zutrauen und etwas riskieren.

«Vielleicht ist das mit ein Grund dafür, daß ich Lehrerin geworden bin. In der Schule weiß man immer, was richtig und was falsch ist. Jemanden korrigieren, heißt doch auch, ihn berichtigen. Ich sorge dafür, daß die Kinder ‹richtige› Dinge lernen, korrekte Rechtschreibung, richtiges Rechnen», fällt Anna plötzlich ein. Etwas kaputtmachen heißt also für Anna, etwas falsch machen.

Kaputtmachen fordert aber auch zu der Überlegung auf, wie etwas wieder ganz oder sogar besser gemacht werden kann, im Gegensatz zur mutwilligen Zerstörung, bei der meist keine Wiedergutmachung beabsichtigt ist.

Wenn etwas kaputtgeht, muß man sich etwas einfallen lassen, muß findig und kreativ sein, sich mit Leuten austauschen – kurz gesagt, es wird ein ganzer Entwicklungsprozeß in Gang gesetzt. Aber kehren wir wieder zurück zu den fehlenden Händen auf Annas Bild. Wozu gebraucht sie sonst noch Ihre Hände? «Ich mache, knete, packe an und zu, manipuliere, streichle, wehre ab, greife an oder zu», fällt Anna ein.

«Alles Tätigkeiten, durch die Sie sich mit Ihrer Umwelt auseinandersetzen: zupacken, zugreifen, abwehren, manipulieren, streicheln», wiederhole ich. «Ihre Hände sind aber nicht vorhanden…», erinnere ich. «Ja, meinen Sie, daß ich dann diese Dinge auch nicht richtig kann? …Hm, das könnte schon stimmen…», gibt sich Anna nachdenklich selbst die Antwort.

Wir überlegen, was «zupacken und zugreifen» im übertragenen

Sinne bedeutet: sich etwas holen, etwas fordern, jemandem etwas entreißen, für sich selbst sorgen. Anna sieht sofort, daß dies wieder einmal die Punkte sind, mit denen sie Schwierigkeiten hat. Dann überdenken wir den Begriff «abwehren». ‹Nein sagen›, fällt Anna als erstes ein, und sie errötet, weil sie sich ertappt fühlt. Forderungen abwehren, jemanden von sich weghalten, Distanz einhalten sind weitere Assoziationen.

«Streicheln» bedeutet für Anna auch zu jemandem lieb sein, Nähe zulassen, jemanden herholen.

Und was fällt ihr zu manipulieren ein (manus = lat. Hand)? «Jemanden in meinem Sinne beeinflussen, jemanden ‹mit den Händen› verändern», überlegt sie und fügt lachend hinzu: «Eigentlich ist das ein sehr lebenstüchtiges Wesen, das das alles kann, aber auch ein egoistisches.»

«Angenommen, Sie könnten alle diese Dinge nicht tun, weil Sie ja keine Hände haben, wer tut das alles dann an Ihrer Stelle für Sie?» frage ich Anna.

«Das geht irgendwie alles indirekt», meint sie nach langer Denkpause. «Beim Essen kann ich zugreifen und zupacken, aber nur, wenn es niemand sieht. Abwehren kann ich fast überhaupt nicht direkt, streicheln tue ich auch nicht soviel, manipulieren lehne ich ab», ist ihre erste grobe Sondierung.

«Irgendwie ist das alles ein Teufelskreis», meint Anna etwas ratlos, «wo soll ich denn da überhaupt anfangen?»

Wir einigen uns, daß wir uns zunächst aufs genaue Hinsehen beschränken. Beim Zupacken und Abwehren und Manipulieren stehen ihr die Images der freundlichen, hilfsbereiten und verständnisvollen Anna entgegen. Durch Rücksichtnahme auf die Bedürfnisse anderer hofft sie aber auch, ihrerseits Rücksicht zu erfahren und infolgedessen nicht selbst zupacken und abwehren zu müssen. Ein geschlossenes System, wenn es funktioniert.

Dann wenden wir uns den Füßen zu. Auch zu ihren Füßen hat Anna «keine besondere Beziehung». Ich frage sie, was ihr zu «Füße» einfällt. «Stehen, gehen, laufen, springen, auf eigenen Füßen stehen, selbständig sein, Halt und Standfläche haben, standfest sein», kommt es zügig aus Annas Mund.

«O je, wenn ich das jetzt auch alles nicht kann…» Anna erscheint halb entsetzt, halb belustigt und etwas ängstlich. Gehen, laufen, springen haben mit Fortbewegung zu tun. Anna bewegt sich gerne, sie wandert gerne, betreibt Jogging. Von daher meint sie, mit diesem Bereich eigentlich keine Probleme zu haben. «Sich fortbewegen hat auch mit ‹sich zu einem anderen Ort bewegen› zu tun, sich auf den Weg machen, zu neuen Ufern aufbrechen», fahre ich fort.

«Ja, das macht mir schon eher Schwierigkeiten. Im übertragenen Sinne bewege ich mich nicht so gerne fort, sondern bleibe lieber daheim, beim Altvertrauten. Da haben wir es schon wieder», Anna lächelt.

Als nächstes betrachten wir den Begriff «Selbständig sein». Anna ist sehr selbständig, sagt sie, sie kann alles alleine. Aber sie hat noch ihre Putzszene in Erinnerung. Damals «mußte» sie auch «alleine» putzen. Heute weiß sie, daß ihre Motive dabei nicht ganz edel waren, wie sie sich ausdrückt. Keine Hilfe annehmen zu können und sich nicht mit anderen Sauberkeitskriterien auseinandersetzen zu wollen, bedeutet noch nicht selbständig zu sein. Wir versuchen zu klären, was «Selbständigkeit» wirklich ist.

Selbständigkeit hat mit eigenständigem Denken und mit Verantwortung für das eigene Handeln zu tun. Wenn aber jemand ständig Erwartungen anderer erfüllt, alles «richtig» machen muß und irgendwelchen festgefügten Klischees entsprechen will, dann kann er gar nicht selbständig sein.

Dieser Schluß trifft Anna wie ein Schlag. Sie, die immer so stolz auf ihre Selbständigkeit war, sieht ihre Felle davonschwimmen. Da die Sitzung zu Ende ist, bitte ich Anna, ihre Erkenntnisse auf sich wirken zu lassen und sich im Hinblick auf zupacken, abwehren und selbständig sein zu beobachten.

In die nächste Sitzung kommt sie mit verschmitztem Lächeln. «Ich habe mal Detektiv gespielt», sagt sie, «und es fiel mir auf, wie sehr ich meine Umwelt manipuliere. Gestern hatte ich etwas zu wenig Luft im rechten Vorderreifen meines Autos. Mein Mann wies mich darauf hin, als wir tanken fuhren. Ich tat so, als sei ich völlig mit dem Einfüllen des Benzins beschäftigt, und hoffte, mein Mann würde als ‹Gegenleistung› die Luft auffüllen. Das tat er dann auch. Eigentlich hätte ich das ja mal selbst lernen müssen, aber ich drückte mich ganz gemein davor. Ich hatte dann den ganzen Nachhauseweg über ein schlechtes Gewissen und schämte mich. Mein Mann hat das, glaube ich, gar nicht gemerkt. Er ‹funktioniert› schon ganz selbstverständlich.» Anna ist gleichzeitig stolz, daß sie sich auf die Schliche gekommen ist, aber auch entsetzt darüber, was sie so alles indirekt inszeniert.

Sie verspricht, bei nächster Gelegenheit zu lernen, wie man Reifen aufpumpt. Je mehr sie lernt zuzupacken, desto weniger braucht sie indirekte Inszenierungen und desto selbständiger kann sie werden. Wir gehen nochmals auf Annas Zeichnung ein.

Diesmal geht es um Kopf und Bauch. Zu «Kopf» fällt ihr ein: «Denken, fühlen, kopflastig, vernünftig, intelligent, mit dem Kopf durch die Wand.»

Warum hat Anna den Kopf so betont und differenziert gezeichnet? Sie habe ihn am liebsten gezeichnet, sagt sie. Eigentlich hätte sie gerne nur ein Brust- oder Kopfbild ohne den restlichen Körper angefertigt. Identifiziert sie sich am stärksten mit dem, was der Kopf für sie repräsentiert? Sie sagt: «Eindeutig ja. Das sind alles Eigenschaften, auf die ich eigentlich stolz bin, Vernunft, Denken, Intelligenz und so. Aber ich habe nun schon gemerkt, daß ich auch ganz schön kopflastig bin und daß mir das nicht nur gut tut.»

Das Gesicht, das Anna auf ihrem Bild gemalt hat, ist ein geschöntes, geschminktes Gesicht. «Manchmal schminke ich mich so, daß ich das Gefühl habe, ich male mir eine Fassade auf, hinter der ich mich verstecken kann», ist Anna schon bewußt. Dies ist besonders der Fall, wenn Anna sich deprimiert fühlt und sich am liebsten vor der Welt verstecken würde. Die Schminke schafft Distanz zur Umwelt. Und sie bedeutet Schutz, den Anna braucht, wenn sie nicht abwehren kann.

Was sagt der lächelnde Mund? Lächeln ist für Anna Freundlichkeit. Sie signalisiert damit: ‹Ich bin dir wohlgesonnen, also sei mir bitte auch wohlgesonnen›. Gehört dieses Lächeln auch zur «Fassade»? Wenn Anna im Gespräch unsicher ist, lächelt sie oft ununterbrochen. Unsicher sein, heißt für Anna, daß sie fürchtet, etwas falsch zu machen. Indem sie signalisiert: ‹Ich bin dir freundlich gesonnen, bitte tue mir nichts›, möchte sie sich vor Angriffen schützen.

«Besonders viel lächle ich, wenn ich im Lehrerkollegium etwas sage, in einer Versammlung oder so, besonders dann, wenn es um irgendein strittiges Thema geht. Da versuche ich wahrscheinlich, meine Aussagen abzuschwächen, indem ich freundlich lächle», führt Anna aus. In einer früheren Sitzung hatte sie sich beklagt, sie fühle sich nicht richtig für voll genommen. Hier könnte ein Schlüssel für ihr Verhalten liegen. Wie kann eine «nette, hilfsbereite und verständnisvolle» Kollegin in einer Versammlung auftreten wie eine Revolutionärin? Wenn Anna ständig lächelt, denkt jeder, ihre Äußerungen seien freundlich gemeint. Und damit hat Anna genau das erreicht, was sie wollte: Die anderen sehen nur das «Freundliche» an ihr, das «Unfreundliche» ihrer Botschaft wird ignoriert. Anna fühlt sich dadurch nicht ernstgenommen. Würde sie aber mit ihrer «unfreundlichen» Aussage ernstgenommen, so müßte sie damit zurechtkommen, die «Böse» zu sein. Das kann Anna aber noch nicht, also nimmt sie «nicht ernstgenommen werden» in Kauf.

Ich spreche Anna noch auf ihre Assoziation ‹mit dem Kopf durch die Wand wollen› an. «Das trifft, glaube ich, schon auf mich zu. Ich kann unheimlich hartnäckig sein, wenn ich etwas will. Mein Mann nennt mich oft stur, aber ich glaube, es ist auch irgendwie Angst mit dabei», sagt sie nachdenklich. Anna hat ein festes Weltbild, weiß (fast) immer, was richtig und was falsch ist. Wenn man von der Richtigkeit einer Sache überzeugt ist, fällt es leicht, hartnäckig zu sein. Darüber hinaus hilft die Angst, etwas kaputt oder falsch zu machen, dabei, «hart» zu bleiben. Dieses Richtig Falsch Muster gibt einen gewissen Halt. Aber «mit dem Kopf durch die Wand wollen» drückt auch einen Mangel an Flexibilität aus. Die Wand ist immer härter als der Kopf. Das kann zur Selbstverletzung führen.

Keine Grenze akzeptieren, keine Rücksicht nehmen auf die Signale des Körpers, das steckt ebenfalls in «mit dem Kopf durch die Wand wollen».

Noch deutlicher fällt das bei Annas Verhältnis zu ihrem Bauch auf. Der Gürtel, den sie sich um die Taille gezeichnet hat, schnürt den Unterleib so ab, als wären Kopf und Brust einerseits und Unterleib andererseits zwei Teile.

«Eigentlich stimmt das auch», erläuterte Anna das Bild, «denn ich habe schon länger festgestellt, daß ich meinen Körper besonders von der Taille an abwärts ablehne. Und zwar besonders Bauch, Po und Oberschenkel. Die sind mir auch immer zu dick.» Ihren Busen kann sie gerade noch akzeptieren.

Ich frage sie, was sie mit «Bauch» verbindet. Spontan fällt ihr ein: «Kinder kriegen, Hausfrau und Mutter sein, den Bauch einziehen, Brust raus, Bauch rein.» Und sie fährt fort: «Ich kann es überhaupt nicht leiden, am Bauch angefaßt zu werden. Irgendwie geniere ich mich da. Mein Bauch soll immer ganz flach sein, und wenn ich mal aufgebläht bin, ziehe ich den ganzen Tag den Bauch ein.»

Daß der Bauch mit der weiblichen Rolle, mit Mutterschaft und allem, was damit zusammenhängt, zu tun hat, ist Anna klar. Ich frage sie, welche Einstellung ihre Mutter zu diesem Bereich hatte. «Also, ich habe ja mitbekommen, wie meine beiden Geschwister geboren wurden. Meine Mutter hat immer versucht, ihren Zustand und damit ihren Bauch zu verbergen. Sie hat mich auch nie aufgeklärt. Ich glaube, Sexualität war für sie einfach schmutzig und tabu. Ich habe auch nie gesehen, daß sie meinen Vater geküßt und sonst Zärtlichkeiten mit ihm ausgetauscht hätte. Mit mir hat sie manchmal geschmust, mit meinen Geschwistern auch. Ich hatte eigentlich immer den Eindruck, daß sie überhaupt keine Kinder gewollt hätte. Sie hat uns dafür verantwortlich gemacht, daß sie vom Leben «nichts gehabt hat» und daß sie ständig herumkränkelte.»

Anna hat also von ihrer Mutter vermittelt bekommen:

● Wenn man Kinder bekommt, hat man nichts mehr vom Leben.
● Wenn man Kinder bekommt, ist man als Frau völlig fremdbestimmt.
● Und das Ganze fängt mit der Sexualität an.

Ich habe den Verdacht, daß Anna glaubt, hier den Anfängen wehren zu müssen. Welche Einstellung hat sie zur Mutterschaft? «Ja, also, eigentlich möchte ich vielleicht schon irgendwann ein Kind, aber momentan noch nicht.» Anna weicht aus, das Thema ist ihr nicht angenehm. Im weiteren Verlauf des Gesprächs stellt sich heraus, daß Anna vor allem Angst vor dem Kinderkriegen hat. «Versuchen Sie einmal in sich hineinzuhorchen, worauf diese Angst sich besonders richtet, auf Schwangerschaft, Geburt, Hausfrauenrolle oder worauf sonst», versuche ich sie zu einer differenzierten Auseinandersetzung zu motivieren.

«Vor der Schwangerschaft habe ich Angst, weil da in mir etwas wächst, was ich überhaupt nicht kontrollieren kann, und was ich vor allem ab einem gewissen Zeitpunkt nicht mehr rückgängig machen kann. Das alles bestimmt mich dann total. Vor der Geburt habe ich Angst, weil ich Angst vor Schmerzen habe. Und vor der Mutterrolle habe ich Angst, weil ich zu Kindern überhaupt keinen Bezug habe, jedenfalls nicht zu so kleinen Kindern. Ich habe keine Lust, den ganzen Tag Mutter zu spielen, ich hätte dann das Gefühl, als Person zu kurz zu kommen.» Ich mache Anna auf die Parallelen zwischen ihrer Haltung und den Klagen ihrer Mutter aufmerksam. Auch Anna glaubt, daß sie vom Leben «nichts mehr hat», wenn sie ein Kind hätte oder mehrere. Und das ist verständlich: Anna mußte in ihrer Herkunftsfamilie die

Rolle der vernünftigen, großen Tochter übernehmen, die selbst kein Kind sein durfte. Sie hatte ganz eindeutig «nichts von ihrer Kindheit». Anna drückt etwas aus, worüber sie noch nie nachgedacht hat: Wenn ich eine Mutter bin, muß ich mich so verhalten, wie meine Mutter es mußte, und werde genauso unglücklich sein. Ich werde jedes eigene Interesse aufgeben und mich nur noch um andere kümmern müssen. Anna möchte ganz anders sein als ihre Mutter. Aber wie?

Wie sieht sie im Augenblick ihr Leben? Sie meint: «Momentan habe ich mein eigenes Geld, bin unabhängig, kann Reisen machen, mir alles leisten, was ich so möchte und brauche, habe viel Zeit für mich». Diese Vorteile sieht sie in Frage gestellt, wenn sie Kinder hätte. Sicherlich zu Recht, aber darum geht es nicht. Es geht um Annas Einstellung zur Mutterschaft. Ihren Bauch, Symbol für Mutterschaft, versucht sie zu ignorieren, indem sie ihn abschnürt und einzieht. Für Anna ist es unvernünftig, Kinder zu haben und ihnen ihre finanzielle Freiheit und Freizeit zu «opfern»: «Es gibt für mich keinen einzigen vernünftigen Grund, ein Kind zu bekommen, aber viele Gründe, keines zu bekommen», sagt Anna ganz deutlich. Sie ist sichtlich nervös, das Thema macht ihr angst. Und wie steht ihr Mann dazu?

«Mein Mann hätte schon gerne Kinder, aber er überläßt es mir, ob oder ob nicht. Er meint, ich müsse sie schließlich bekommen.» Ich frage Anna, welche Empfängnisverhütung sie anwendet. «Ich nehme seit zehn Jahren die Pille, und ich vertrage sie gut. In diesen zehn Jahren habe ich nur ganz selten vergessen, sie zu nehmen», sagt sie. Das Risiko, ungewollt schwanger zu werden, ist ausgeschaltet. Sie hat ihren Bauch im Griff. Und da sie sich in der Sexualität zurückhält, kommt auch nichts an sie heran, übermannt sie keine «unvernünftige» Leidenschaft.

«Manchmal, wenn ich weiß, daß mein Mann mit mir schlafen will, überkommt mich ein starker Eßdrang. Ich habe meist Angst vor dem Zusammensein mit meinem Mann, und diese Angst versuche ich zu betäuben», meint Anna. Als wir näher darauf eingehen, finden wir heraus, daß ein voller Magen, der ja ungefähr dort lokalisiert ist, wo Anna ihren Schnürgürtel eingezeichnet hatte, auch dessen Funktion hat: Er soll eine Barriere darstellen zwischen dem akzeptierten Kopf-Brust-Bereich und dem Bauch. Aber diese Barriere kann auch ein Verbindungsstück sein. Ein voller Magen ist ebenso wie eine Schwangerschaft ein «voller Bauch». Lebt Anna über den vollen Magen indirekt aus, was sie sich aus Vernunftgründen untersagt, nämlich eine Schwangerschaft? Beim Eßanfall läßt sie zumindest einmal etwas in sich hinein, aber sie spuckt es aus, bevor es unkontrolliert zu wachsen und zu wuchern beginnen kann. Sie hat es unter Kontrolle und kann das «Eindringen» ungeschehen machen. Trotzdem kann sie das Füllen des Bauches genießen, denn ein Eßanfall hat ja durchaus seine lustvollen und befriedigenden Seiten.

Wir wenden uns noch den von Anna abgelehnten übrigen Körperpartien zu: Po und Oberschenkel. Hier hat Anna keine Assoziationen außer «dick und wabblig». Offensichtlich ist in diesem Bereich eher das Schönheitsideal der Gesellschaft von Bedeutung als ein stärkerer Konflikt. Trotzdem handelt es sich beide Male um Körperteile, die eine Frau als Frau ausweisen. Zu dick kann somit auch zu weiblich heißen. Anna glaubt, sie lehne diese Körperteile nur ab, weil sie zu dick seien. Kann sie auch die Symbole der Weiblichkeit nicht mögen? Anna sagt zwar, daß sie ihren Busen mag, aber dieser Busen ist knabenhaft flach. Und das mag Anna.

Eine Vermutung wäre, daß Anna mit ihrer weiblichen Rolle auch Bauch, Po, Hüften und Oberschenkel von vornherein ablehnt und sie versteckt unter dem Fett. Ihre Eßanfälle garantieren ihr, daß die schützende Fetthülle aufrechterhalten wird. Das heißt für Anna, sie kann erst dann ihre Fetthülle aufgeben, wenn sie das, was darunter ist, annehmen kann. Dazu aber müßte sie sich mit ihrer unvernünftigen Weiblichkeit besser anfreunden.

«Vielleicht ist das gar nicht so falsch, denn in der Zeit, in der ich fast mein Idealgewicht erreicht hatte, fand ich diese Körperteile zwar nicht mehr so abstoßend, aber ich konnte sie trotzdem nicht voll akzeptieren. Am Bauch angefaßt zu werden, war mir trotzdem unangenehm», meint sie nachdenklich.

Ich bitte sie, wenn ihr Mann sie wieder am Bauch berührt, auf ihre Gefühle zu achten und zu versuchen, sie zuzulassen.

Die dicke und die dünne Anna

Susie Orbach beschreibt in ihrem «Anti-Diätbuch», daß Eßsüchtige zwei Persönlichkeiten haben: eine dicke und eine dünne. Eigentlich haben Eßsüchtige aber sogar drei Selbstbilder: ein dickes, ein dünnes und ein reales. Da sie sich jedoch immer als zu dick ansehen und wir in Annas Therapie die Funktion des Fettes herausbekommen wollen, interessieren uns vor allem das dicke und das dünne Selbstbild. Die Selbsteinschätzung eßsüchtiger Frauen verändert sich sehr stark, je nachdem, wie sie ihre Figur einschätzen. Erfahrungsgemäß liegt bei Eßsüchtigen das reale Selbstbild nahe beim dicken, ist aber weniger extrem ausgeprägt. Mit dem dicken Selbstbild können wir die Hauptcharakteristika des realen Selbstbildes karikaturhaft überzeichnet sehen, was ein Erkennen des Wesentlichen erleichtert.

In der nächsten Sitzung mache ich mit Anna eine Entspannungsübung und schließe eine «Fettphantasie» aus dem «Anti Diätbuch» an. Anna soll sich vorstellen, daß sie auf einer Party ist. Sie soll sich vorstellen, daß sie immer dicker wird, bis sie ganz dick und rund ist.

«Beschreiben Sie mir, was sie auf der Party anhaben, ob Sie stehen oder sitzen und ob Sie sich mit jemandem unterhalten», fordere ich Anna auf.

«Ich fühle mich sehr schlecht, am liebsten möchte ich mich verstekken. Ich habe ein weites dunkelblaues Kleid an, das mich richtig verhüllt. Ich sitze in einer Ecke und fühle mich etwas isoliert. Die anderen tanzen alle, aber ich bin froh, wenn keiner zu mir hersieht.»

«Was würden Sie jetzt am liebsten tun?» frage ich weiter. «Am liebsten würde ich wieder gehen», sagt Anna. «Könnten Sie in der Situation irgend etwas tun, damit Sie sich wohler fühlen?» versuche ich Anna zu bewegen, sich mit der Situation auseinanderzusetzen und nicht zu fliehen.

«Ich könnte mal versuchen, mich zu unterhalten», schlägt sie vor.

«Ich gehe jetzt auf eine Frau zu, die am kalten Büffet steht. Sie scheint auch alleine dazusein.» «Sind Sie alleine da?» will ich von Anna noch wissen. «Ja, mein Mann wollte nicht, er geniert sich mit mir. Aber ich mußte zu dem Fest gehen, denn ein Kollege hat es veranstaltet. Also, nun gehe ich auf die Frau zu. Aber sie schaut mich nur verächtlich an. Sie hat wohl keine Lust, sich mit so einem Fettkloß wie mir zu unterhalten. Ich getraue mich nicht, sie anzusprechen. Ich hole mir etwas vom kalten Büffet und gehe dann auf den Gastgeber zu. Das Essen schmeckt mir nicht, eigentlich habe ich gar keinen Hunger. Ich esse nur, weil die anderen auch alle essen. Ich versuche, mit dem Gastgeber über die Schule zu reden, nur um überhaupt einen Anknüpfungspunkt zu haben. Ein schleppendes Gespräch kommt in Gang. Ich denke immer: ‹Wenn es doch schon vorbei wäre›. Dann wird getanzt. Ich fühle mich jetzt noch unwohler. Ich gehe einmal zur Toilette, damit mich niemand auffordert und damit ich Zeit überbrücken kann.»

Ich lenke ein:

«Gut, das reicht. Nun stellen Sie sich vor, daß Sie dünn und dünner werden, so lange, bis Sie Ihre Idealfigur erreicht haben. Sie sind auf derselben Party. Wie geht es Ihnen jetzt, was haben Sie an, was machen Sie?»

«Jetzt stehe ich mitten auf der Tanzfläche. Ich habe ein rotschillerndes Kleid an, tief ausgeschnitten, ich bin fröhlich und stehe im Mittelpunkt. Ich tanze ausgelassen mit einem Mann. Ich fühle mich sehr wohl», sagt Anna.

«Hätten Sie in diesem Zustand auch Schwierigkeiten, auf die Frau von vorhin zuzugehen?» will ich wissen.

«Nein, aber diese schaut mich jetzt auch nicht verächtlich an, sondern sie bewundert mich, weil ich so schön und selbstbewußt bin», erklärt Anna. «Ist es für Sie anstrengend, so selbstbewußt zu sein?» will ich noch wissen.

«Nein, gar nicht, es geht alles wie von selbst», meint Anna. Wir wechseln in Gedanken noch ein paarmal zwischen einer dicken und einer dünnen Anna hin und her, bis die Unterschiede ganz deutlich herauskommen.

Wenn Männer oder Frauen ohne Eßstörungen diese Übung machen, wechselt in den Phantasieübungen meist lediglich die Kleidergröße. Für weitere Unterschiede gibt es auch objektiv keinen Grund.

Sehen wir uns an, was Anna mit sich selbst macht, wenn sie dick ist.

Sie möchte sich verstecken, weil sie sich schämt. Sie versteckt ihren Körper unter einem weiten Kleid. Sie setzt sich in eine Ecke und isoliert sich. Wenn sie glaubt, jemand sehe sie verächtlich an, wird sie in ihrer Selbstverachtung bestätigt und zieht sich noch mehr zurück. Ihren Mann hat sie erst gar nicht mitgenommen, da sie sich abgelehnt glaubt. Sie hofft, daß das Fest bald vorbei ist.

Wenn Anna aber dünn ist, stellt sie sich in den Mittelpunkt, setzt sich allen Blicken aus. Durch figurbetonte und ausgefallene Kleidung lenkt sie die Aufmerksamkeit noch mehr auf sich. Sie wird bewundert, das heißt, sie selbst bewundert sich auch und hat positive, aufbauende Gedanken. Da sie positiv über sich denkt, kann sie nun auf Leute zugehen, das heißt, sie erwartet, daß diese wohlwollend auf sie reagieren.

Wenn Anna dünn ist, läßt sie sich auf Situationen ein, geht offen auf Menschen zu. Wenn sie dick ist, versucht sie dagegen, sich räumlich und psychisch zu isolieren. Anderen Menschen gegenüber ist sie mißtrauisch und löst dadurch bei diesen wiederum Mißtrauen aus.

Ich frage Anna hinterher, wie sie sich in Wirklichkeit am ehesten verhalten würde. «Also, im Mittelpunkt könnte ich nicht stehen, da würde ich mich genieren. Aber so ganz isoliere ich mich auch nicht. Wenn es mir gut geht, kann ich mich ganz gut unterhalten, kann auch mal tanzen. Aber meist geht es mir nicht so gut. Ich unterhalte mich dann mit Leuten, die ich kenne, und gehe auch schon bald nach Hause. Eigentlich gehe ich gar nicht gerne zu Parties.»

«Wieso glauben Sie dann, daß Sie, wenn Sie dünn wären, gerne im Mittelpunkt stehen würden? Sind Sie so sicher, daß Ihnen das Spaß machen würde?» zweifele ich. «Weil ich mich immer so gehemmt fühle. Im Mittelpunkt zu stehen sehe ich immer als Inbegriff des Ungehemmten an», sagt Anna.

Das klingt für mich wieder nach «alles oder nichts». Zwischen gehemmt, ungehemmt und hemmungslos gibt es unzählige Abstufungen, und Anna muß erkennen, daß der Abbau von Hemmungen ein allmählicher Prozeß ist.

Die Annahme, zu dick zu sein, löst in Anna eine massive Selbstabwertung aus, die dann zu Isolierungstendenzen führt. Umgekehrt drückt ihr Verhalten aus: Nur wenn ich dünn bin, kann ich mich richtig einlassen. Nur dann sind mir die Leute wohlgesonnen. Es heißt aber auch: Wenn man dick bleibt, braucht man sich nicht einzulassen.

Läßt man sich aber auf Menschen und Gefühle ein, gibt also die Distanz auf, dann kann man leicht den Kopf und damit die Kontrolle verlieren. Wie wir wissen, hat Anna davor Angst. Sie braucht also ihr Fett als Vorwand, sich nicht einlassen zu müssen, die Distanz halten zu können.

Anna möchte noch mehr über die Funktion ihres realen oder auch nur eingebildeten Fettes erfahren.

Ich frage sie, ob ihr eine Konfliktsituation in Erinnerung ist, in der sie stillgehalten oder sich verausgabt hat.

Anna muß nicht lange überlegen. «Ja, gestern morgen. Da sollte ich für einen Kollegen einen Nachmittagsunterricht übernehmen. Ich hatte aber einen wichtigen Termin beim Zahnarzt, und außerdem konnte ich auch nicht einsehen, daß ich schon wieder einspringen sollte. Ich wollte mich wehren, aber mehrere Kollegen redeten so auf mich ein, daß ich irgendwie meinen Standpunkt nicht halten konnte und mich zähneknirschend bereit erklärte, den Unterricht zu übernehmen und meinen Zahnarzttermin zu verschieben.»

Anna sollte sich dann in entspanntem Zustand vorstellen, daß sie nochmals in derselben Situation sei, aber sehr dick. «Der Schulleiter sagt, daß der Nachmittagsunterricht von Herrn S. zu vertreten sei. Ich blicke absichtlich auf den Boden, denke aber, alle sehen zu mir hin. Alle haben eine Ausrede. Als der Vorschlag kommt, Frau K. könne es doch machen, da sie ja an diesem Tag überhaupt keinen Unterricht habe, habe ich ein schlechtes Gewissen, denn es stimmt ja. Alle finden, ich könne es machen. Ich sage dann na ja, ich mache es. Ich denke, wenn ich schon so fett bin, mag mich ja sowieso keiner. Also kann ich mich durch Unterricht beliebt machen.» In dünnem Zustand sieht Anna die Situation völlig anders: «Ich blicke den Schulleiter ruhig an, als er fragt, wer den Unterricht übernehmen könne. Ich sage nichts, sehe aber auch nicht weg. Als nun wieder die Rede auf mich kommt, sage ich entschieden nein, da ich mittwochs acht Stunden Unterricht habe und den angeblich freien Dienstag zur Vorbereitung brauche. Und außerdem habe ich einen Termin beim Zahnarzt. Ich bleibe ganz standhaft. Und die Kollegen dringen auch nicht so auf mich ein, ich kann ihnen ruhig in die Augen sehen. Irgendwie bin ich stärker, obwohl ich weniger ‹Gewicht› habe», sagt Anna.

Anna sieht jetzt deutlich, daß mehr Gewicht nicht gleichzeitig mehr «Kraft» bedeutet.

Als dicke Anna hatte sie gegenüber ihren Kollegen ein schlechtes Gewissen, weil sie ja den Tag frei hatte, und um sich beliebt zu machen, ließ sie sich dazu überreden, einzuspringen. Als dünne Anna mochte sie sich besser leiden. Sie mußte sich nicht beliebt machen, sondern konnte es sich leisten, zu ihren eigenen Argumenten zu stehen. Sie konnte geltend machen: ‹Wenn ich an einem Tag acht Stunden Unterricht habe, habe ich das Recht, einen Tag zur Vorbereitung zu beanspruchen›. Da sie sich dies selbst zugestand, konnte sie Blickkontakt aufnehmen und sich wehren. Diese Kraft, von der Anna meinte, sie aus ihrem imaginären Dünnsein zu ziehen, zog sie in Wirklichkeit aus ihrem Glauben an sich selbst. Solange sie sich selbst ablehnt, fehlt ihr aber dieser Glaube an sich selbst. Sie hat vielmehr ein schlechtes Gewissen, wenn es ihr gut geht. Das spüren die anderen und nutzen es aus.

Anna ahnt, daß sie vielen Beeinflussungsversuchen gar nicht erst ausgeliefert wäre, wenn sie sich selbst besser akzeptieren könnte. Die Leute nutzen sie aus, weil sie es selbst zuläßt.

«Das heißt ja dann, daß ich eigentlich selbst schuld bin, wenn die anderen mich ausnutzen, denn ich möchte ja dann auch ausgenutzt werden, damit ich bei den anderen noch ‹Kredit› habe – wieder mal mein Sicherheitsdenken. Aber auch gleichzeitig meine Wut, daß ich es überhaupt nötig habe, Kredit anzuhäufen», sagt Anna nachdenklich. «Wie komme ich nun dazu, an mich selbst zu glauben?» Sie will wieder eine Patentlösung.

«Anna, ich glaube, wir sollten mal ein kleines Experiment machen. Sie verhalten sich einen ganzen Tag lang so, als ob sie absolut an sich selbst glaubten. Überlegen Sie vorher, was das heißen könnte. Sagen Sie sich öfters laut vor: Ich vertraue mir selbst. Sie spielen das, wie ein Schauspieler seine Rolle spielt. Und dann sehen wir, was passiert».

Anna ist angetan von dem Vorschlag, aber auch skeptisch, ob sie das Spiel durchhält.

Vielleicht ist es einfacher für Sie, wenn Sie sich vorstellen, daß Sie die Traumfrau sind, die Sie gerne wären?» frage ich. Anna ist nachdenklich und verspricht, es zu versuchen.

In der nächsten Sitzung strahlt Anna. «Ich habe es versucht, und es hat sich etwas getan, aber ich weiß noch nicht was.»

Ich fordere sie auf, genauer zu erzählen.

«Also, ich habe das Autogene Training gemacht und mir dabei immer wieder vorgestellt, ich sei mein ‹Traum-Ich› und vertraue mir selbst. Dadurch wurde ich schon mal sehr gut gelaunt. In der Schule habe ich einen ganz anderen Unterricht gemacht, weniger aufs Vorbereitungsblatt geschaut, sondern auch mal ganz spontan etwas erzählt. Die Kinder waren ganz Ohr, das ist sonst nicht so. Ich habe plötzlich gespürt, wie ich sie beeinflussen kann, welche Autorität und Macht ich habe, wenn ich an mich selbst glaube. Zwischendurch geriet ich immer wieder leicht in Panik und dachte mir: ‹Hoffentlich merken die nicht, daß alles nur gespielt ist›. Nach dem Unterricht kam ich mir aber etwas verlogen vor, wenn ich da einfach so die Selbstsichere spiele. Irgendwie habe ich ein Interesse daran, die Unsichere zu sein, das habe ich dann gemerkt. Im Umgang mit meinen Kollegen war ich dann wieder ‹normal›, und gleich haben sie wieder angefangen zu frozzeln über die Frau K., die ihr Strickzeug dabei hat und in den Pausen die Schüler nicht richtig beaufsichtigen kann, wenn sie strickt. Früher habe ich es nicht gewagt, in den Pausen zu stricken. Aber vor ein paar Wochen habe ich einfach mal etwas riskiert und das Stricken eingeführt. Ja, also, als die so frozzelten, merkte ich, wie ich immer kleiner wurde. Dann dachte ich daran, daß wir in der Therapie herausgefunden haben: Daß die mich nur kleiner machen können, wenn ich mitspiele. Dann bekam ich eine Wut, sagte mir ganz schnell nochmals leise vor, daß ich die tolle Frau bin, der alles gelingt, setzte mich gerade hin, erhob meinen Kopf und sah ihnen ganz ruhig lächelnd in die Augen. Und plötzlich bekam das Gespräch eine andere Wendung. Eine Kollegin meinte, das mit dem Stricken sei eine gute Idee und sie wolle auch für die Pausen ihr Strickzeug mitbringen. Irgendwie verzogen sich die Frozzler, und auf einmal war ein anderes Thema dran. Ich war völlig perplex. Dann habe ich mir gedacht, daß es ja eigentlich nicht schlimm ist, so etwas zu «spielen», denn das wird dann ja ganz schnell Wirklichkeit. Wenn ich ständig sage, ich bin nicht gut genug, dann ist das ja auch nicht so, sondern ich rede es mir nur solange ein, bis ich es selbst glaube. Und dann verhalte ich mich so, als wäre ich nicht gut genug und strenge mich an, gut genug zu werden. Wenn ich schon das glaube, was ich mir selbst einrede, dann kann ich mir auch gleich etwas Postives einreden.» Anna ist begeistert von ihren Erkenntnissen.

«Das gute Gefühl hat den ganzen Tag angehalten. Ich habe überhaupt nicht gemeckert oder gejammert. Immer, wenn ich wieder ins alte Verhaltensmuster abdriften wollte, habe ich mir sofort vorgestellt, ich sei mein Ideal-Ich und glaube fest an mich. Komischerweise habe ich wirklich geglaubt, daß mir alles gelingt, und dann ist mir auch alles gelungen. Und je mehr mir gelungen ist, desto mehr habe ich geglaubt, daß mir auch das nächste gelingt.»

Anna schüttelt den Kopf, sie kann das «Wunder» nicht recht glauben. «Ich war so richtig gut drauf, wie leicht beschwipst. Mein Mann war abends auch sehr überrascht von meinem Zustand. Ich war mal nicht kaputt von der Schule, sondern schlug ihm spontan vor, noch irgend etwas zu unternehmen. Wir gingen dann bei Freunden vorbei, auf einen Plausch. Diese planten gerade ihren Skiurlaub und fragten uns, ob wir nicht Lust hätten, mitzufahren. Mein Mann war gleich begeistert, aber ich hatte irgendwie Angst. Ich versuchte, so gut es in der Situation möglich war, herauszubekommen, warum ich Angst hatte. Ich glaube, ich habe Angst davor, mit so vielen Leuten zwei Wochen in einer Ferienwohnung zu wohnen. Dann dachte ich mir, daß bestimmt meine ‹Images› mich wieder daran hindern würden, mich so zu geben, wie ich bin. Und dann habe ich etwas ganz Mutiges gemacht. Obwohl ich immer noch Angst hatte, und mir lieber Ausreden gesucht hätte, warum ich nicht mitgehen kann, habe ich einfach gesagt: ‹Ich komme mit›. Die anderen freuten sich darüber. Ich war ganz stolz auf mich, aber inzwischen habe ich wieder Angst vor meiner eigenen Courage», sagt Anna lächelnd. «Da haben Sie ja noch ein bißchen Zeit, bis es soweit ist, und wir können Ihre Befürchtungen noch bearbeiten», tröste ich.

Ich erinnere sie auch daran, daß wir nur ein kleines Experiment machen wollten, bei dem sie Selbstvertrauen «spielen» sollte. Es ging nicht darum, die Welt plötzlich und auf Dauer ganz anders wahrnehmen zu können. Anna hätte gerne wieder eine Sofortlösung gehabt, aber die gibt es nicht. Zunächst muß Anna voll und ganz akzeptieren, daß nicht das Dick- oder Dünnsein ihr die Macht gibt, sich in derselben Situation so unterschiedlich zu verhalten, sondern ihre Einstellung zu sich selbst.

«Ja, wenn ich jetzt schon alles haben kann, wovon ich glaube, daß es ans Dünnsein gekoppelt ist, dann muß ich ja gar nicht mehr dünn werden, dann habe ich ja gar keinen Anreiz mehr abzunehmen», gibt Anna plötzlich zu bedenken.

«Für Ihr Selbstvertrauen, das Sie ans Dünnsein knüpfen, brauchen Sie eigentlich nicht dünn zu sein. Aber vielleicht möchten Sie im gegenwärtigen Zeitpunkt gar nicht soviel Selbstvertrauen haben und bleiben deshalb dick?» wende ich ein.

«Das kann sein», sagt Anna nachdenklich, «meine Mutter sagt immer, zuviel Selbstbewußtsein ist unweiblich. Ob es damit zu tun hat?»

Anna
und ihre Mutter

Im «Anti Diätbuch» hatte Anna gelesen, daß Fett auch mit der Beziehung zur Mutter zu tun haben solle. Das leuchtet Anna nicht ein. Sie möchte mehr darüber herausfinden. Als Phantasieübung wählen wir eine Situation, in der die Mutter einmal wieder für Anna und ihren Mann in deren Wohnung gekocht hat.

Dicke Anna:

«Ich sitze am Tisch und kaue vor mich hin. Ich bin wütend, weil meine Mutter ununterbrochen redet und ich mich nicht aufs Essen konzentrieren kann. Ich sage ihr zornig, sie solle endlich die Klappe halten. Sie antwortet, ich solle mich gefälligst zurückhalten. Ich sei ja so dick, daß es eine Schande sei, und ich solle doch mal an meinen armen Mann denken. Ich bin so wütend! Aber ich fühle mich so wehrlos. Ich werde jetzt noch dicker, um sie ganz weit weg von mir zu halten. Dieses gemeine Biest, wie ich sie hasse. Es ging gar nicht um mein Fett, es ging darum, daß sie nicht ununterbrochen quasseln sollte. Wie gemein die ist, mich an meinem wunden Punkt zu treffen.»

Anna ist wütend und verletzt, sie kann sich kaum beruhigen. Später stellt sie sich die Situation als dünne Frau vor.

Dünne Anna:

«Ich sitze wieder mit meiner Mutter am Tisch, chic gekleidet, dünn, agil. Mein Mann ist sehr nett zu mir, flirtet mit mir. Meine Mutter sieht in uns eine Einheit und hält sich im Hintergrund. Sie redet nicht soviel. Ich habe gar nichts zu kritisieren.» Anna ist wieder in ihrer dünnen, heilen Welt.

«Versuchen Sie bitte, sich in die ursprüngliche Situation zurückzuversetzen, in der Ihre Mutter unaufhörlich redet», leite ich sie an. Anna: «Ich sage: ‹Also Mutter, nun halte bitte mal fünf Minuten die Luft an und laß uns in Ruhe essen›. Die Mutter ist beleidigt, ich kann es aber aushalten. Sie getraut sich nicht, in meine Intimsphäre einzugreifen. Sie droht mir an, nicht mehr für uns zu kochen, wenn ich immer so frech zu ihr sei. Ich sage ihr, daß ich dann eben auf ihr Kochen verzichten müsse. Ich kann ihr auch sagen, daß mir das leid täte, ich aber auch so zurechtkommen könne. Mein Mann zieht das Ganze dann ins Lächerliche, und die Mutter vergißt ihren Groll.»

Im dünnen Zustand kann Anna sich besser von ihrer Mutter abgrenzen. Sie kann signalisieren: ‹Hier stehe ich, und da stehst du›. Sie ist nicht so gereizt und vor allem nicht so verletzbar. Bei der dicken Anna trifft die Mutter absichtlich den wunden Punkt ‹Figur› und hat Anna sofort so verunsichert, daß diese die Beherrschung verliert und nur noch verletzt und wütend ist. In dünnem Zustand hat Anna – was ihre Figur betrifft – keine verletzbaren Punkte mehr, und die Mutter findet keinen Ansatzpunkt zur Manipulation. Was aber Anna vor allem trifft, ist die Tatsache, daß die Mutter bei Annas Gewichtsproblem nur an den ‹armen Mann› denkt und nicht an Annas Intimsphäre, die sie überhaupt nicht achtet. Die dünne Anna kann ihre Intimsphäre besser schützen, ja sie riskiert es sogar, die Hilfe ihrer Mutter beim Kochen aufs Spiel zu setzen. Sie steht viel stärker zu sich und zu ihrem Bedürfnis nach Ruhe beim Essen. Entsprechend respektiert die Mutter die Bedürfnisse der Tochter stärker. Solange Anna sich selbst nicht achtet, braucht sie noch Achtung, Anerkennung und Respekt von ihrer Mutter. Sie ist gefühlsmäßig abhängig von ihr. Ein Stich der Mutter in den wunden Punkt, und Anna ist verletzt, wütend oder deprimiert. Die Mutter hat Annas Gefühle im Griff.

Ich frage Anna nach der Einstellung ihrer Mutter zu ihrer Figur. «Meine Mutter ist auch zu dick, und solange ich denken kann, versucht sie offiziell abzunehmen, schafft es aber nicht. Ob sie an Eßanfällen leidet, weiß ich nicht. Gemerkt habe ich jedenfalls nie etwas davon. Aber sie ißt sehr fette Sachen und viel davon. Zu meiner Figur hat sie eine eigenartige Einstellung. Sie kontrolliert gerne, was ich esse. Mal will sie, daß ich abnehme, mal will sie, daß ich mehr esse. Besonders, wenn sie gekocht hat. Aber wenn sie gekocht hat, kann ich gar nicht soviel essen. Dann würde sie mich nämlich schadenfroh betrachten und mir eher hinterher noch Vorwürfe machen, daß ich so unbeherrscht esse. Also esse ich wenig, wenn sie dabei ist. Aber das ganze Theater löst in mir so viel Spannung aus, daß ich oft hinterher einen Eßanfall bekomme», erklärt Anna.

Offensichtlich verachtet die Mutter sich selbst. Sie braucht ebenso wie Anna ihr Fett, um sich darunter zu verstecken. Ihre Mutter- und Hausfrauenrolle hat sie immer abgelehnt – abgelehnt heißt hier wohl auch verachtet. Wenn sie sich selbst als Frau verachtet, muß sie die andere Frau, ihre Tochter, auch verachten.

Ich frage Anna, was ihre Mutter gut an ihr findet.

«Also, sie mag an mir, daß ich so selbständig bin, eigenes Geld verdiene, einen guten Beruf habe, einen Mann habe, der etwas darstellt», Anna macht eine Pause, ihr fällt nichts mehr ein. Aber ihr fällt auf, daß es sich dabei um Dinge handelt, die die Mutter nicht hatte, aber wohl gerne gehabt hätte.

«Mag sie denn auch irgend etwas, das mit Ihrer Persönlichkeit zu tun hat?» frage ich Anna weiter.

«Ja, meine Hilfsbereitschaft, meinen Mut, auch mal etwas Neues auszuprobieren, mein Mitgefühl, mein Sparen, daß ich abgesichert und versorgt bin», fällt Anna noch ein.

Ich frage sie, was ihre Mutter nicht an ihr mag.

Annas Antwort: «Daß ich ihre Person hinterfrage und kritisiere. Ihr wäre es am liebsten, wenn ich sie ständig um Rat fragen würde, alles mit ihr besprechen würde, ständig bei ihr säße und mit ihr über Essen, Mode, Urlaub und ähnliches reden würde. Es stinkt ihr auch, daß sie nicht alles in meinem Leben im Griff hat. Sie mag auch nicht meine Art, explosionsartig in die Luft zu gehen, meine Spontaneität und Impulsivität, mein kritisches Verhalten. Früher mochte sie meine vielen Beziehungen zu Männern nicht.»

Wir gehen jeden einzelnen Punkt durch und finden heraus, daß die Mutter am liebsten eine Tochter hätte, die den Bedürfnissen der Mutter nach einer bestätigenden Freundin entgegenkäme. Sie wünscht sich eine Freundin, die ihr ähnlich ist, die ständig verfügbar ist und zu der es keine Distanz gibt. Eine siamesische Zwillingsschwester sozusagen. Also signalisiert Annas Mutter ihrer Tochter: Sei wie ich. Da sie sich selbst aber verachtet, verachtet sie auch Anna, wenn diese so ist wie sie. Annas Wunsch, von ihrer Mutter geachtet zu werden, läßt sich nur erfüllen, indem sie in ihrem Leben ein Kontrastprogramm zu der von ihrer Mutter abgelehnten Mutterrolle entwickelt. Dieses andere Lebensprogramm als unabhängige Lehrerin wird von der Mutter zwar bewundert, führt der Mutter jedoch gleichzeitig vor Augen, daß Anna etwas erreicht hat, was der Mutter nicht gelang. Und das macht Anna in den Augen ihrer Mutter überlegen. Da aber Überlegenheit Distanz schafft, muß Annas Mutter ihre Tochter wieder auf ihr «Niveau» herunterholen.

Das tut sie, indem sie Anna kritisiert, sie verunsichert, ihr ihre Verachtung zeigt in Momenten, in denen Anna nicht im Sinne der Mutter handelt, wenn sie impulsiv und «verrückt», kurz gesagt unvernünftig ist. Wir finden auch heraus: Vernünftig ist alles, was Annas Mutter für vernünftig erklärt, d. h. was die Tochter «aufwertet», zum Beispiel ihr Beruf, die gesicherte Zukunft und der vorzeigbare Mann. Annas Selbständigkeit ist zwar auch noch «vernünftig», aber nur solange ihre Verfügbarkeit für die Mutter nicht tangiert wird. Unvernünftig ist aus der Sicht der Mutter alles, was die Tochter «abwertet». Das waren zum Beispiel Annas wechselnde Beziehungen zu Männern, ihr Dicksein, ihre Impulsivität.

Annas Mutter vermittelt ihrer Tochter eine doppelte Botschaft. Die eine Botschaft lautet: Sei wie ich. Sei dick, sei eine abhängige Hausfrau, dann können wir uns gegenseitig unser Leid klagen, und du bist meine Bundesgenossin im Kampf gegen die schlechte Welt oder die Männer. Du stehst mir dann ganz nah, und wir sind eine verschworene Einheit. Aber ich verachte dich dann auch, denn du hast es nicht besser getroffen als ich. Wir sind beide Verlierer, aber gemeinsam wären wir stark und könnten uns gegenseitig trösten und bemuttern.

Die andere Botschaft lautet: Sei ganz anders als ich. Sei frei und unabhängig, gehe deinen Weg und werde glücklicher als ich es bin. Sei so, daß ich dich bewundern kann. Sei eine Superfrau, schön, dünn, klug, kompetent im Beruf, bewundert von allen. Nimm dir den Mann, den du haben willst, experimentiere herum und wähle aus. Dann achte ich dich, weil du etwas geschafft hast, was ich nicht geschafft habe, aber auch gerne erreicht hätte. Du bist mir überlegen und ich muß deine Verachtung fürchten. Für deine Achtung und Anerkennung hingegen muß ich mich anstrengen.

Wenn Anna in den Phantasieübungen dick ist, kann die Mutter sie so lange kritisieren und angreifen, bis Anna auf ihrem Niveau ist. Anna spürt, daß sie dann zwar verachtet wird, von der Mutter aber auch etwas bekommt. Es besteht dann eine Verbundenheit, die bei ihr aber Panik auslöst. «Es ist ein Gefühl, als müßte ich gleich ersticken. Ich bin so hilflos ausgeliefert, wie im Netz einer Spinne. Ich werde versorgt, vollgestopft, aber ich kann mich nicht selbständig bewegen. Ich bin willenlos, eingelullt, eine dicke, träge Raupe – aber auch anspruchsvoll und unzufrieden: Ich will immer mehr haben. Das Vollgestopftwerden ist es eigentlich nicht, was ich brauche. Aber da ich sonst nichts bekomme, nehme ich eben, was ich bekommen kann. Es ist zuviel Falsches und zuwenig Richtiges. Ich bin nicht lebensfähig ohne Mutter, ich bin ein wehrloser Säugling. Ich signalisiere meiner Mutter, daß ich die Rolle des Säuglings annehme und alle Eigenbestrebungen aufgebe. Irgendwie ist es ein Wunsch nach Abhängigkeit und totaler Versorgung. Das ist zum Teil auch schön, aber es ist ein Stillstand. Da ist nichts Unberechenbares mehr im Leben, alles ist festgelegt, sicher, entspannt. Aber wenn ich daran denke, daß das immer so weitergehen soll, dann überkommt mich Panik. Ich fühle mich eingeschlossen. Ich bin gefangen. Ein Gefängnis ist auch ein sicherer Ort, aber gleichzeitig ein toter Ort.»

Wie sieht es aus mit dem «Kontrastgefühl» der dünnen Anna gegenüber ihrer Mutter? «Ich fühle mich frei und leicht, kann gut atmen, bin beweglich. Unsicherheit fühle ich nicht, auch keine Bedrohung, eher die Gewißheit, mit allem, was kommt, fertig zu werden. Aber ich habe meiner Mutter gegenüber irgendwie ein schlechtes Gewissen. Das verstehe ich nicht. Ich fühle mich unabhängig, meine Mutter ist irgendwie innerlich entfernt von mir. Ich kann mit ihr freundlich umgehen, aber sie zieht nicht die Fäden. Ich bin keine Marionette mehr. Ich bin abgeschnitten, aber trotzdem nah. Meine Mutter hat eher Angst vor mir. Ich bin mit ihr nicht mehr so verbunden. Sie ist enttäuscht von mir. Irgendwie kann sie nichts mehr mit mir anfangen. Habe ich deswegen ein schlechtes Gewissen? Ich bin nicht mehr ihre vertraute Tochter, nicht mehr ihre Bundesgenossin. Ich habe sie alleine gelassen. Ja, das ist es, alleine gelassen. Deshalb habe ich mein schlechtes Gewissen. Ich bin eine Verräterin, ich bin anders geworden, ich war nicht loyal. Die Mutter hat niemanden mehr, dem sie so nahestünde wie mir. Und sie denkt, daß sie auch nie mehr jemanden finden wird. Ich bin schuld daran. »

Anna ist sehr überrascht über die Wendung, die ihre Phantasien zum «dünnen Zustand» genommen haben.

«Das hätte ich nicht gedacht, daß ich ein schlechtes Gewissen haben könnte, weil ich sie durch meine Abgrenzung alleine gelassen habe.» Anna ist sehr nachdenklich. «Aber es stimmt. Immer, wenn ich mich abgegrenzt habe, also mit meiner Mutter gestritten hatte, hatte ich ein schlechtes Gewissen. Meine Mutter war auch sehr depressiv, als ich von zu Hause fortging, um zu studieren. Wenn ich nach Hause kam, konnte sie mich kaum noch gehen lassen. Und ich habe anfangs auch starkes Heimweh gehabt. Jetzt wird mir auch klar, daß dann zunehmende Selbständigkeit und Entwicklung mich von meiner Mutter entfernt haben. Da ich aber meine Mutter auch mag, gerate ich dadurch in Konflikte. Und wenn sie meint, zuviel Selbständigkeit sei etwas Unweibliches, dann glaube ich das wahrscheinlich auch noch teilweise.»

Anna sagt, sie habe den Verdacht, daß sie aus Loyalität mit der Mutter bestimmte Unselbständigkeiten beibehalten habe. «Zum Beispiel schiebe ich alles Handwerkliche, alle ‹Männerarbeit› meist an meinen Mann ab, der sie auch gerne übernimmt, weil er darin Bestätigung findet.» Anna fallen immer neue Punkte ein, die ins Bild passen. Auch bei ihren Ängsten in Zusammenhang mit der «weiblichen Rolle», mit der sie nur negative Assoziationen verbindet, stellt sich die Frage, ob sie wirklich Annas Ängste sind oder «Solidaritätsängste».

Ich frage Anna, wie ihre Mutter zu Enkelkindern steht.

Meine Mutter drängte mich früher immer, ich solle doch keine Kinder bekommen und nicht dieselben Fehler machen wie sie. Ich solle doch meine Unabhängigkeit wahren. Aber in der letzten Zeit fragt sie mich doch immer wieder, ob ich denn nicht endlich ans Kinderkriegen denken wolle. Komischerweise bekomme ich dann immer so ein Panikgefühl, ähnlich wie in der ‹Dickphantasie mit der Mutter›. Ob das wohl miteinander etwas zu tun hat? Ich bekomme auch richtig Atemnot, wenn sie das Thema anschneidet. Oft diskutiert sie das Thema mit meinem Mann, wenn ich dabei bin. Ich fühle mich dann in die Enge getrieben. Ich fühle mich dann wie ein Opfer der beiden. Das verstehe ich eigentlich nicht», sagt Anna nachdenklich.

Ich lasse Anna phantasieren, was wäre, wenn sie ein Kind hätte, und ihre Mutter dabei wäre. «Meine Mutter drückt mich total an die Wand. Sie weiß alles besser, behandelt mich und das Kind wie ihre Kinder. Stopft uns alle beide voll. Aber sie hat alles im Griff. Und sie verachtet mich, weil ich als Mutter so inkompetent bin, daß sie noch einspringen muß. Aber ich bin dann wieder auf ihrem Niveau. Sie hat wieder zwei ‹Kinder›, die von ihr abhängig sind.» Anna schlägt die Hände vors Gesicht und schluchzt. «Nein, nein, nein! Sie ist wie eine Qualle, die sich über alles drüberstülpt», weint Anna, und ihre Wut ist riesengroß.

Als sie sich wieder etwas beruhigt hat, meint sie: «Werde ich mich denn nie entfalten können, wenn diese Mutter in der Nähe ist? Ich kann sie doch nicht totschlagen. Ich habe so das Gefühl, daß es darauf hinausläuft: entweder sie oder ich.»

Wir machen noch eine Phantasieübung über dieselbe Situation, diesmal aber mit einer selbstvertrauenden Anna.

Anna: «Ich ruhe jetzt ganz in mir. Meine Mutter versucht zwar, sich einzumischen, aber ich schaffe es leichter, mein Kind aus ihrem Einflußbereich zu entfernen.»

Ich frage Anna, wie ihr zumute ist, wenn sie das Kind im Einflußbereich der Mutter beläßt.

«Ich bin selbstsicher, meine Mutter kann mich nicht unterbuttern. Aber jetzt fängt sie an zu konkurrieren, wer von uns beiden die bessere Mutter ist. Sie versucht, das Kind zu beeinflussen, so nach dem Motto: ‹Komm doch zur Oma, da geht es dir doch am besten›. Dieses Miststück, jetzt signalisiert sie mir, daß dieses Kind doch viel besser sei als ich. Viel braver und so. Sie versucht, mein Kind und mich gegeneinander auszuspielen. Aber ich durchschaue ihr Spiel: Sie will, daß ich mich dazu hinreißen lasse, mich mehr anzustrengen, wieder die Nummer eins bei ihr zu werden. Ihr wäre es am liebsten, wenn mein Kind und ich uns gegenseitig ausbooten würden, um bei Oma Nummer eins zu werden.»

Anna ist ziemlich erschöpft, als sie sieht, daß ihr auch Selbstsicherheit nicht hilft, dem Kampf mit der Mutter zu entgehen. Sie sieht nur zwei Möglichkeiten: Entweder sie verhält sich wie ein Kind, dann spielt die Mutter für sie und ihr Kind die Mutterrolle. Oder sie verhält sich wie eine erwachsene Frau, dann entwickelt sich zwischen ihr und der Mutter ein Konkurrenzkampf um das Kind. «Beides wäre ein Zoff ohne Ende», sagt Anna etwas verzweifelt. Die Mutter könnte mit einem Enkelkind von Anna nur gewinnen: Entweder hat sie Anna und das Kind als Kinder oder zwei um ihre Gunst buhlende Verwandte.

Wir überlegen, ob es noch eine andere Möglichkeit geben könnte. Einen völligen Rückzug wagt Anna nicht, dazu hat sie ein zu schlechtes Gewissen. Irgendwann finden wir eine «geniale Lösung»: Anna könnte die Mutter als Oma einspannen. Sie könnte ihrer Mutter einen Platz einräumen, der ihr – Anna – den Freiraum schafft, den sie durch ein Kind zu verlieren fürchtet. Dann wäre die Mutter tatsächlich die liebe Oma, mit eigenem Stellenwert. Anna müßte sich dann als Mutter aber einen eigenen Bereich schaffen, in den sie sich von der Mutter nicht hineinreden läßt. Anna weiß nicht, ob sie das schaffen würde. Aber da dieses Thema zur Zeit nicht zur Debatte steht, kann sich Anna mit der Lösung der «entlastenden Oma» zunächst einmal zufriedengeben und entspannen.

«Letzte Woche habe ich einen Riesenkrach mit meiner Mutter gehabt», leitet Anna die nächste Therapiestunde ein. «Ich war bei meinen Eltern zu Besuch, die sich gerade mal wieder stritten. Und was machte meine Mutter? Sie versuchte sofort, mich ganz selbstverständlich auf ihre Seite zu ziehen und als Schützenhilfe gegen meinen Vater zu verwenden. So, wie sie es früher immer gemacht hat. Als ich dann für meinen Vater Partei ergriff, war sie sehr sauer auf mich. Ich versuchte, neutral zu sein, aber meine Mutter sah dies als illoyal ihr gegenüber an. Es fiel mir diesmal so deutlich auf, wie sehr sie mich gegen meinen Vater aufhetzt. Meine Geschwister übrigens auch.»

Ich fordere Anna auf zu erzählen, wie es früher, in ihrer Kindheit war.

«Da waren meine Mutter und die Kinder das eine Lager und mein Vater das andere. Wir waren die Guten, mein Vater war immer der Böse.»

Annas Mutter war von ihrem Mann enttäuscht. Der Vater trank oft zuviel, vielleicht war er sogar Alkoholiker, das läßt sich nicht genau herausfinden. Annas Mutter verachtete ihn und wollte, daß ihre Kinder den Vater ebenfalls verachten. Mit dem Vater einig zu sein oder auch nur bestimmte Dinge an ihm zu akzeptieren, hieß illoyal gegenüber der Mutter zu sein.

Wieder machen wir eine Dick-dünn-Phantasieübung. Die Situation ist ein Streit zwischen Annas Eltern.

Dicke Anna:

«Ich stehe bei meiner Mutter. Sie gibt mir Schutz, wenn ich ihr helfe, gegen diesen Mann zu siegen. Ich kann die Argumente nicht abwägen, weil ich mir nur immer Gegenargumente zu denen meines Vaters überlege. Ich will nicht darüber nachdenken, ob ich gerecht bin oder nicht. Ich stehe auf der Seite meiner Mutter, bin fast sie selbst.»

Ich versuche, Anna dazu zu bewegen, einmal probeweise auf die Seite des Vaters zu gehen.

«Der Vater ist verblüfft. Er wirft mir Falschheit vor, sagt, ich solle doch zur Mutter halten, wie sonst auch immer. Er fällt mir voll in den Rücken. Und meine Mutter schneidet mich eiskalt. Ich fühle mich sehr schlecht, habe Angst. Ich bin so verletzbar, ich habe doch keinen eigenen Standpunkt. Ich will wieder auf die Seite der Mutter zurück, aber sie will mich nicht mehr. Es ist schrecklich.»

Dann kommt die dünne Anna zu Wort:

«Ich fahre allen beiden in die Parade. So ein Kindergarten, über solche kindischen Dinge zu streiten, ich bin angewidert. Ich fühle mich sehr stark und stehe ganz eindeutig für mich und zu mir. Es ist mir egal, wenn auch beide böse mit mir sind. Ich sehe auch nicht mehr ein, daß ich mich dieser üblen Atmosphäre aussetze. Ich gehe jetzt aus dem Feld, sollen die sich doch die Köpfe einschlagen, was habe ich damit zu tun?»

Als Kind hatte Anna diese Wahl nicht. Sie war gezwungen, den ersten Standpunkt einzunehmen. Wenn sie zur Mutter hielt, so war sie wenigstens geschützt und wurde nicht im Stich gelassen. «Haben Sie das Gefühl, daß Ihr Vater Sie im Stich gelassen hat?» frage ich.

«Ja, mein Vater hätte mich gegen meine Mutter nicht schützen können. Meine Mutter ist viel stärker, viel raffinierter, und außerdem war sie mehr zu Hause. Mein Vater hatte gegen meine Mutter keine Chance», sagt sie.

Anna wählte den Schutz der Stärkeren und entwickelte keinen eigenen Standpunkt. Annas Mutter hat sich wohl einen Mann ausgesucht, der zwar schwach und enttäuschend war, den sie aber «im Griff» haben konnte. Durch Kontrolle auch über ihre Kinder, die den Familienmythos vom bösen Vater und der guten Mutter aufrechterhalten mußten, erreichte sie innerhalb der Familie ein einigermaßen stabiles Gleichgewicht zu ihren Gunsten. Aus Loyalitätsgründen durfte Anna den Vater nur als schlecht, die Mutter nur als gut ansehen.

Wie sieht Anna Männer und Frauen allgemein?

«Also früher, in meiner ‹Männerphase›, waren mir meine Freundinnen immer das Wichtigste. ‹Männer kommen und gehen, Frauen bleiben›, war mein Wahlspruch.

Was heißt ‹Frauen bleiben› – ‹Männer kommen und gehen›? Warum will Anna dies so sehen, welches Muster steckt dahinter?

Anna
und ihre Freundinnen

Ich habe die Vermutung, daß Annas Beziehungen zu ihren Freundinnen von der Beziehung, die sie zu ihrer Mutter hat, geprägt sind. Anna möchte mehr darüber wissen und wir entschließen uns zu einer Dick-dünn-Phantasieübung mit den Freundinnen.

Zunächst stellt sich Anna ein Zusammensein mit ihrer Lieblingsfreundin vor. Die beiden sitzen gemütlich beim Kaffeetrinken.

Dicke Anna:

«Die Freundin ist zwar etwas verwundert über meinen Umfang, aber sie ist auch beruhigt. Ich sehe ihr an, daß es ihr nicht unrecht ist, daß ich so dick bin. Wir tratschen über alles mögliche, auch über unsere Männer. Ich bin ungefährlich für Monika, bin keine Konkurrenz, bin eher ein Neutrum. Und ich fühle mich ebenfalls wohl.»

Ich fordere Anna auf, sich nun auch die Freundin sehr dick vorzustellen. «Wir sind uns jetzt ganz nahe. Solidarisch sozusagen. Wir haben bei Männern null Chancen, aber das schweißt uns erst richtig zusammen. Wir haben gemeinsame Interessen, sind eine Einheit, sind uns selbst genug. Aber da ist auch noch so ein bedrückendes Gefühl. Ja, ich glaube, das ist es: Ich darf mich von Monika nicht abgrenzen! Wenn ich dünner wäre und sich das Gleichgewicht in dieser Beziehung verändern würde, käme ich mir wie eine Verräterin vor. Sie hätte dann niemanden mehr, der ihr so nahe stünde. Ähnlich wie mit meiner Mutter», fällt Anna auf.

«Ist das Verhältnis zu Ihrer Freundin identisch mit dem zu Ihrer Mutter, oder gibt es Unterschiede?» will ich wissen. «Also, Monika ist nicht so kontrollierend wie meine Mutter, sie nimmt mich nicht so selbstverständlich in Beschlag, hat auch viel mehr Eigeninteressen und ist nicht so sehr auf mich zentriert. Ich kann besser atmen in dieser Beziehung und bekomme die Geborgenheit und Sicherheit, die ich brauche. Ich muß sagen, jetzt, wo wir beide dick sind, fühle ich mich ziemlich wohl mit Monika. Wenn ich alleine dick bin, fühle ich mich eher unterlegen. Aber auch da fällt jede Koketterie und jegliches Konkurrenzdenken weg, und das entspannt unser Verhältnis. Das genieße ich auch in Beziehungen zu anderen Frauen.»

Dann lassen wir Anna – im Gegensatz zu ihrer Freundin – ganz dünn werden:

«Ich fühle mich wieder leicht und beweglich. Die dicke Freundin ist zwar beruhigend für mich, aber sie ist mir auch zu immobil, geistig zu wenig wendig. Sie mag nicht ins Schwimmbad, nicht in die Sauna, ist unsportlich. Ich kann nicht so viel mit ihr anfangen. Sie bemuttert mich ein bißchen, das ist nicht schlecht, aber auch nur in Maßen zu ertragen. Irgendwie stimmt die Beziehung nicht zwischen uns, sie ist ungleichgewichtig.»

Als dann die Freundin dünn ist:

«Ich fühle jetzt wieder ein Gleichgewicht in der Beziehung, aber wir sind viel getrennter als in dickem Zustand. Ich spüre nicht mehr so viel Geborgenheit, weil Konkurrenz und damit auch Mißtrauen da sind.»

Annas Fett signalisiert ihrer Freundin: Ich bin harmlos, keine Konkurrenz für dich. Ich gebe dir Geborgenheit und absolute Sicherheit. Du bist mir die Nächste, kein Mensch steht zwischen uns. Anna fällt auf, daß sie nicht gerne mit anderen Frauen konkurriert. «Ich kann überhaupt nicht konkurrieren. Ich trete dann lieber an die zweite Stelle. Meist fühle ich mich sowieso unterlegen», sagt sie.

Eigentlich ist das nur logisch. Um konkurrieren zu können, müßte Anna sich selbst akzeptieren, müßte ihre Vorzüge herausstellen, sich in ein günstiges Licht rücken. Dann aber liefe sie Gefahr, daß alle, die sie übertrumpft, böse mit ihr wären. Das würde sie nicht ertragen.

Einige eßsüchtige Frauen haben mir erzählt, daß sie unfähig seien zu konkurrieren. Sie seien im Sommer, wenn man eher die Figur zeigt, immer bis zu fünf Kilo dicker als im Winter, wenn man den Körper mehr verhüllt. Natürlich hat dies nicht nur mit Konkurrenz zu tun, sondern auch mit ‹sich verstecken wollen›. Wenn die Kleiderhüllen nicht mehr ausreichen, muß die Fettschicht eben dicker werden. In einer Diskussion mit diesen konkurrenzunfähigen Frauen fanden wir heraus, daß am Anfang das Verbot stand, mit der Mutter zu konkurrieren. Die Mutter mußte fraglos als besser anerkannt werden, das war in ihren Herkunftsfamilien ungeschriebenes Gesetz. Annas Schilderung jenes Zustandes, in dem beide Freundinnen dick sind, erinnert an die

Botschaft der Mutter: Sei wie ich. Anna lebt in der Dick-dick-Beziehung mit ihrer Freundin etwas davon aus, was die Mutter mit ihr anstrebt.

«Ach ja», sagt Anna, als ich sie darauf aufmerksam mache, «das ergibt einen Sinn. Meine Mutter ist schon immer sehr eifersüchtig auf meine Freundinnen gewesen. Sie läßt kein gutes Haar an ihnen. Die Mutter wäre am liebsten meine einzige und engste Vertraute.» Was die Beziehung zur Freundin von der Beziehung zur Mutter unterscheidet, ist die Tatsache, daß die beiden Freundinnen in der Beziehung gleichwertig sind, während die Mutter immer noch bestrebt ist, Mutter in einer Mutter-Kind-Beziehung zu spielen. Abgrenzen allerdings darf sich Anna bei beiden nur sehr vorsichtig. Es ist, als ob das Fett eine Verbindung zu der anderen Frau herstellt. «Bei meiner Mutter ist es noch komplizierter», fügt Anna hinzu. «Sie will mich einerseits ständig bevormunden und im Griff haben, andererseits aber soll ich sie umsorgen und ständig um sie herumtanzen.» Will die Mutter unter dem Deckmantel «Mutter» inoffiziell das «Kind» spielen?

Wenn das so ist, dann vermittelt sie Anna wieder einmal eine doppelte Botschaft: Sei meine Mutter und sei mein Kind.

Ich frage Anna, ob es sein könnte, daß sie bei dieser Mutter nur entweder gelernt habe zu dominieren oder sich passiv unterzuordnen, nicht aber eine Beziehung unter gleichwertigen Partnern aufzubauen?

«Ja, im Studium hatte ich immer viele Schwierigkeiten mit den Gruppenarbeiten. Ich habe immer entweder die Referate alleine gemacht, oder ich habe mich gelangweilt im Hintergrund gehalten. Mit anderen zusammen konnte ich nicht arbeiten, weil ich einen anderen Arbeitsstil hatte», fällt Anna ein. Sie ist verblüfft, wie das Muster ‹entweder ganz aktiv oder gar nicht›, ‹Alles oder Nichts› ihr Leben durchzieht.

«Haben Sie denn das Gefühl, daß die Beziehungen zu Ihren Freundinnen gleichwertig sind, symmetrisch, wie man in der Kommunikationswissenschaft sagt», frage ich.

Anna überlegt. «Also, bei meiner besten Freundin Monika habe ich schon einigermaßen den Eindruck, allerdings bin ich extrovertierter als sie. Von daher könnte es schon sein, daß ich etwas stärker bin, zumindest verbal. Bei meinen Freundinnen Anke und Sabine ist es so, daß diese oft mit ihren Problemen zu mir kommen. Da bin ich eindeutig dominant. Ich hatte noch nie Freundinnen, die stärker waren als ich, da würde ich mich nicht wohlfühlen. Da hätte ich das Gefühl, ich bin nicht gut genug.»

Und wo geht sie mit ihren Problemen hin, einmal abgesehen von der Therapie?

«Entweder zu meinem Mann oder auch mal zu Monika. Das meiste mache ich mit mir alleine ab. Ich zeige mich nicht so gerne schwach. Ich glaube, ich fresse viel in mich hinein, obwohl ich mich schon gebessert habe in den letzten Wochen», ist Annas Antwort.

Wenn Anna nur gelernt hat, entweder die Mutter oder das Kind zu spielen, dann ist es einleuchtend, daß sie viele «Kinder» hat, bei denen sie die «Mutter» spielt. Wie ist es aber, wenn Annas kindliche Bedürfnisse zum Vorschein kommen? Wo sind dann ihre «Mütter»? Und welche Personen oder Persönlichkeiten sind überhaupt geeignet, die Rolle von «Ersatzmüttern» einzunehmen?

Die Männer in Annas Leben

«Ich glaube, meine Ersatzmütter sind die Männer», sagt Anna, und dieses Thema ist ihr nicht sehr angenehm.

«Wie meinen Sie das, die Männer sind Ihre ‹Ersatzmütter›?» frage ich zurück. «Ich kann es nicht genau sagen, aber manchmal habe ich das Gefühl, ich erwarte von denen etwas, was ich eigentlich von meiner Mutter wollte: Liebe, Anerkennung, Wärme und so», antwortet Anna etwas unschlüssig.

«Und haben Sie das bekommen, was Sie wollten?» frage ich etwas provokativ weiter.

«Manchmal ein bißchen, ja, aber oft habe ich es auch teuer bezahlt. Im übrigen denke ich, daß es auch an mir liegt, ich kann nicht genug Zuwendung bekommen», meint Anna.

Wir beschließen, uns das Kapitel «Männer» etwas genauer anzusehen. Ich fordere Anna auf, mir von ihrem Vater zu erzählen.

«Also, mein Vater war eigentlich immer ein sehr schwacher Mann. Wie ich ja schon sagte, trank er manchmal viel. Meine Mutter war ihm geistig überlegen, und sie ließ kein gutes Haar an ihm. Manchmal aber waren sie sich doch wieder einig. Das verblüffte mich als Kind immer wieder. Ich dachte, wenn sie doch immer über ihn schimpft, wie kann sie dann mit ihm wieder schöntun? Da ich aber prinzipiell auf der Seite meiner Mutter stand, habe ich mich damit nicht weiter beschäftigt.

Als Kind hatte ich oft Angst vor meinem Vater, denn wenn er getrunken hatte, wurde er manchmal ganz schön aggressiv. Nur die Mutter bot mir noch einigermaßen Sicherheit. Sie stritten sich oft auf die übelste Weise, tagelang. Wenn dann Nachbarn oder Verwandte zu Besuch kamen, taten sie kurz so, als wäre alles in Butter. Sobald der Besuch aber wieder fort war, fingen sie erneut an, sich zu bekriegen. Es ging eigentlich immer um dasselbe Thema: Meine Mutter war die Vernünftige, mein Vater der Unvernünftige, der Haltlose. Egal, was mein Vater machte, meine Mutter wußte alles besser und wertete alles ab, was von ihm kam. Scheiden hätten sie sich allerdings nie lassen, denn vor der Umwelt mußte ja die Fassade der heilen Familie aufrechterhalten werden.

Ich habe meinen Vater immer abgewertet, schon aus Solidarität mit meiner Mutter. Aber auch sonst hätte ich ihn, glaube ich, verachtet. Er war sehr launisch und unberechenbar. Irgendwie muß er immer frustriert gewesen sein. Heute denke ich, daß er in meiner Mutter einen Mutterersatz suchte, den diese ihm aber nicht geboten hat. Er war ja auch auf uns Kinder eifersüchtig, denn dadurch, daß wir auf Mutters Seite waren, bekamen wir mehr ab als er. Mein Gefühl für meinen Vater ist eine Mischung zwischen Mitleid und Verachtung. So einen Mann wollte ich nie haben. Ich wollte immer einen starken Mann haben, der mir überlegen ist, praktisch als Kontrast zu meinem Vater», berichtet Anna.

Zusammenfassend hat Anna offensichtlich mit dem ersten Mann in ihrem Leben die Erfahrung gemacht, daß er schwach, unberechenbar, nicht vertrauenswürdig, nicht zuverlässig war und ihr als Kind keinen Schutz, keine Sicherheit bot. Diese grobe Charakterisierung lassen wir vorerst einmal so stehen und ich fordere Anna auf, von ihren wichtigsten Männerbeziehungen zu erzählen, außer von ihrem Mann, auf den wir später noch eingehen wollen.

«Der erste Mann, mit dem ich längere Zeit zusammen war, etwa drei Jahre, glaube ich, hieß Norbert und studierte im selben Semester wie ich. Er war sehr intelligent, aber er hatte alles andere im Sinn, nur nicht das Studium. Er organisierte Wandertouren, jobbte ab und zu in einem Reisebüro, fuhr auch mal einen Lastwagen nach Persien. Er war so ein Abenteurertyp, schwirrte überall herum, und ich war der ruhende Pol. Er brauchte mich, und ich fühlte mich wohl. Da er gut aussah, war er von anderen Mädchen umschwärmt. Er war sehr charmant, aber er meinte nichts ernst. Irgendwie mochte er mich, aber mir war nie klar, warum. Ich war stolz darauf, daß er gerade mich mochte, wo er doch so eine Auswahl hatte. Jedenfalls tat ich alles, um ihn zu halten, machte seine Wäsche für ihn, kochte für ihn und so weiter. Sexuell verstanden wir uns ziemlich gut. Ich war ja damals noch sehr verklemmt, aber bei ihm konnte ich mich etwas fallen lassen», erzählt Anna. «Und wie hat die Beziehung geendet?» will ich wissen.

«Irgendwann hatte er eine andere Frau. Jeder schien es zu wissen an

der Uni, außer mir. Als ich es erfuhr, habe ich sofort Schluß gemacht.»
Anna sieht verletzt aus. Ich spreche sie darauf an. «Ja, ich fühlte mich
damals sehr ausgenutzt, nach allem, was ich für ihn getan hatte. Aber
heute sehe ich es so, daß ich eben mal wieder investiert hatte, um ihn an
mich zu binden», meint Anna.

Wir untersuchen, welche Eigenschaften dieser Freund und der Vater
gemeinsam hatten: Auch Norbert war unzuverlässig, «haltlos», unberechenbar – wie ihr Vater. Anna war die «Vernünftige» in dieser Beziehung, diejenige, die ihm den Rücken freihielt, die – wie Anna selbst es
sieht – «ihn versorgte wie eine Mutter». Aber er gefiel auch noch anderen Frauen, was bei Anna dazu führte, daß sie ständig mit seinem Verlust rechnete und, um diesen zu verhindern, sich anstrengte. «Haben
Sie von ihm das bekommen, was Sie von Ihrer Mutter gewollt hätten?»
bringe ich Anna auf unser eigentliches Thema zurück. «Nein, aber ich
habe es gegeben, ich habe ihm etwas geboten und fühlte mich geschmeichelt, daß dieser tolle Mann mir gehörte», lacht Anna.

Anna hatte die Mutter gespielt, obwohl sie doch selbst etwas Mütter-
liches bei ihm gesucht hatte. Die Rolle der Vernünftigen, Ordentlichen
gab ihr Sicherheit. Die Sicherheit, die «brave», und damit die Lobens-
werte zu sein. Alle «Rechte» waren auf ihrer Seite. Sie hatte investiert,
um nach ihrer Rechnung irgendwann auch einmal etwas zu bekommen. Aber die Rechnung ging nicht auf.

«Was kam nach Norbert?» will ich weiter wissen.

«Nach Norbert war ich sehr verwundet, ich wollte überhaupt keinen
Mann mehr ansehen», fährt Anna fort. «Es kamen dann so ein paar
kurze Affären. Die Männer mochte ich nicht besonders. Ich schätze, ich
brauchte sie, um mein lädiertes Selbstwertgefühl wieder aufzupolieren.
Ich habe dann immer sehr schnell wieder Schluß gemacht, weil sie mich
nervten. Vor allem störte es mich, daß sie mich so vereinnahmen wollten. Ich war nicht verliebt in diese Männer, aber sie wohl in mich. Ich
wollte mich nur mit ihnen schmücken, denn ich fühlte mich so ausgenutzt und weggeworfen und war sehr deprimiert in dieser Zeit. Mein
Leben hatte seinen Sinn verloren», erklärt sie.

«Welchen Sinn denn? Kann ein Mann der Sinn Ihres Lebens sein?»
bohre ich. «Ohne Mann hat mein Leben keinen Glanz. Wenn ich für
jemanden etwas tun kann, dann blühe ich auf, aber so alleine vor mich
hinmümmeln, das scheint mir nicht so sinnvoll zu sein», bestätigt
Anna.

Ein Mann gibt Anna etwas, was sie vor der Depression schützt:

- Er ist der Mittelpunkt in ihrem Leben,
- sie denkt fast ständig an ihn,
- sie macht ihm das Leben schön, tut etwas für ihn,
- sie fühlt sich geliebt, bewundert, als Person bestätigt,
- sie fühlt sich geborgen,
- sie macht sich für ihn verfügbar,
- alles andere wird dem Zusammensein mit ihm untergeordnet,
- sie löst seine «Probleme», hat ihn damit im Griff,
- wenn er von ihr abhängig ist, läuft er nicht weg.

Sich gebraucht fühlen, geliebt fühlen und beschäftigt sein, ist das der Sinn in Annas Leben?

«Weitgehend ja», sagt Anna. «In den Zeiten, in denen ich Beziehungen zu etwas chaotischen Männern hatte, ging es mir gut, ich war ausgelastet, da war immer etwas los. Zwar meist irgend etwas Unangenehmes, aber das war immer noch besser, als in der Depression zu versinken.»

Männer als Antidepressivum!? Was setzt Anna sonst noch gegen Depressionen ein?

Wir finden heraus, daß auch die Eßanfälle oft gegen Depressionen eingesetzt werden, obwohl sie letzten Endes neue erzeugen. Aber in solchen Fällen ist wenigstens klar, woher die Depressionen kommen: Anna hat schon wieder versagt und zuviel gegessen. Den Grund zu wissen, ist beruhigend, selbst wenn dieser Grund ein Scheingrund ist.

Zurück zu den Männerbeziehungen. Eine nächste längere Beziehung hatte Anna zu einem Mann, der, wie sie stolz sagt, «ganz anders» war als ihr Vater.

«Er war zehn Jahre älter als ich und sehr etabliert. Er hatte eine gute Position als Ingenieur, arbeitete viel und verfügte über alle materiellen Annehmlichkeiten, die man sich denken kann. Er vergötterte mich, und ich liebte ihn ebenfalls sehr. Bruno, so hieß er, wollte mich heiraten und möglichst schnell mehrere Kinder haben. Davor schreckte ich zurück. Er wollte mich in seinen goldenen Käfig einsperren, so empfand ich es damals. Heute sehe ich eher den Altersunterschied im Vordergrund: Er war Mitte dreißig, hatte sich ausgetobt, wollte ein ruhiges Familienleben. Ich aber war gerade mit meinem Studium fertig, und wollte erstmal in die Schule hineinriechen. Familie wollte ich noch nicht. Als ich dann in eine andere Stadt versetzt wurde, lief mir dort wieder ein anderer Mann über den Weg, und das war das Ende meiner Beziehung zu Bruno.» Anna lächelt.

In dieser Beziehung war Bruno durch seine altersbedingte Überlegenheit, seine größere Lebenserfahrung und Reife der «Vernünftige» und Anna die noch etwas unfertige Studentin, die erst einmal «leben» wollte, bevor sie sich «festlegte». Sie hätte sich in diesem Alter mit einer Familie abhängig und ausgeliefert gefühlt. Zumindest aber hatte Anna es geschafft, vom Muster des «schwachen, unzuverlässigen Mannes» mal kurzfristig wegzukommen: Bruno brauchte keine Hilfe, keine für ihn sorgende Mutter, und für Anna gab es keine Notwendigkeit sich anzustrengen. Bruno liebte sie so, wie sie war. Das aber konnte sie nicht aushalten, denn Liebe erscheint Anna nur sicher, wenn sie etwas dafür tun kann. Also begann sie Bruno zu verachten, weil sie ihn «so leicht haben konnte».

In Beziehungen, in denen sich Anna anstrengen darf, um «gut genug» zu werden, wertet sie offensichtlich den Mann auf, indem sie «Regeln» befolgt, sich selbst ab, indem sie versucht, sich zu «verbessern». Männer, die es ihr zu leicht machen, weil sie sie so lieben, wie sie ist, verachtet sie dagegen.

Dieses Verhalten führte zu einem regelrechten Katz- und Mausspiel: Wenn der Mann Anna nachlief, lief sie davon und Anna ihrerseits hatte nur Interesse an Männern, die ihr davonliefen. Es blieb also immer ein Abstand zwischen Verfolger und Verfolgten.

Und genau diese Distanz ist es, auf die es Anna unbewußt ankommt. Wenn beide Partner auf gleicher Ebene sind, könnten sie sich eher aufeinander einlassen, sich zu nahe kommen.

Warum braucht Anna diese Distanz? Worauf kann sie sich nicht einlassen?

«Einmal war es anders, bei der dritten Beziehung, die ich vorhin erwähnte», fährt Anna fort zu berichten . «Ich habe Johannes etwa vor drei Jahren in einer Kneipe kennengelernt. Wir flogen sofort aufeinander. Irgendwie hatten wir beide das Gefühl, uns schon ewig zu kennen. Und wir haben gleich in der ersten Nacht miteinander geschlafen, was ich sonst nie mache. Es war einfach toll – am Anfang», schränkt Anna ein.

«Dann kam ein Punkt, von dem an er ständig an mir herumkritisierte. Nichts konnte ich mehr recht machen. Ich war völlig verzweifelt und strengte mich noch mehr an. Irgendwann machte ich dann Schluß, aber nun kam er wieder an – und war genauso lieb wie vorher. Wir nahmen die Beziehung wieder auf. Es war wieder wie im Traum, alles toll. Später bröckelte es dann erneut ab, er wurde wieder distanziert und nörgelig. Ich strengte mich an, dachte: ‹Wenn du es nur gut machst, dann wird es schon klappen›. Aber es wurde immer schlimmer, schließlich begann er zu trinken und wurde immer launischer. Ich wurde mit der ganzen Sache nicht mehr fertig. Mein Selbstbewußtsein sank auf null, denn jetzt konnte ich mich anstrengen, wie ich wollte, er schimpfte mit mir. Eines Tages kam er einfach nicht mehr, ohne mir vorher Bescheid gesagt zu haben. Ein paarmal sah ich ihn noch zufällig in der Stadt. Als ich ihn auf sein Verhalten ansprach, begründete er es ausschließlich mit angeblichem Fehlverhalten von mir. Ich bin nie aus der Sache schlau geworden», sagt Anna nachdenklich.

«Inwiefern soll das anders sein» frage ich nach, «er war diesmal derjenige, der flüchtete.» «Ja, aber im ersten halben Jahr flogen wir wirklich aufeinander. Wir hatten die gleichen Bedürfnisse, zumindest sexuell. Wir verbrachten viel Zeit im Bett, ich fühlte mich angenommen und geborgen. Und er auch», ist Annas zaghafter Erklärungsversuch.

Bei genauerem Hinsehen wird deutlich, daß Anna sich in dieser Beziehung geborgen fühlte, weil sie mit dem Mann viel kuscheln konnte. Es kam ihr nicht darauf an, mit ihm zu schlafen. Oft spielte sie ihm Lust und einen Orgasmus vor, um das Kuscheln und das Schmusen, die Wärme und Geborgenheit zu bekommen. «Haben Sie bei ihm das bekommen, wonach Sie bei ihrer Mutter vergeblich gesucht haben?» frage ich wieder, um das Thema nicht aus den Augen zu verlieren. «Ja», meint Anna, «bei diesem Mann habe ich das noch am ehesten bekommen. Er konnte stundenlang schmusen, und ich hatte das Gefühl, daß er mich vollkommen akzeptierte. Er ging auf meine Bedürfnisse ein, ja, ich hatte das Gefühl, daß er diese zum Teil besser kannte als ich. Er verwöhnte mich, kochte oft für mich, führte mich aus, ging sexuell sehr auf mich ein, kümmerte sich einfach um mich. Ich hatte den Eindruck, daß er wirklich an meiner Person interessiert war. Er gab mir das Gefühl, so, wie ich war, in Ordnung zu sein.»

Ich frage Anna, ob die beiden anderen Männer ihr dieses Gefühl auch vermittelt hätten.

«Also Norbert eigentlich nicht. Ich war ja ständig damit beschäftigt, ihm gefallen zu wollen. Er hat sich eigentlich um meine Person nicht

«Das Gefühl für Gesundheit...

... erwirbt man sich nur durch Krankheit», hat schon der große deutsche Aphoristiker Lichtenberg erkannt. Das erinnert an Sentenzen wie «Durch Schaden wird man klug» oder «Einsicht ist der erste Weg zur Besserung».

Allen Aussprüchen gemeinsam ist die Erkenntnis, daß man in erster Linie durch persönliche Erfahrung motiviert wird, in den verschiedenen Bereichen des Lebens das Richtige zu tun. Das gilt für die Gesundheit genauso wie für das Sparen.

Pfandbrief und Kommunalobligation

Meistgekaufte deutsche Wertpapiere - hoher Zinsertrag - bei allen Banken und Sparkassen

Verbriefte Sicherheit

gekümmert. Für ihn hatte ich eher die Funktion einer Auftankstelle und ich habe das mitgemacht, denn er gab mir zumindest das Gefühl, eine tolle Frau zu sein, weil ich einen Mann wie ihn haben konnte – einen Mann, der so gut aussah, der so charmant war und der so viele Frauen haben konnte», antwortet Anna.

Ich mache sie darauf aufmerksam, daß die Kriterien, nach denen sie Norbert beurteilt, Äußerlichkeiten sind, die keine Garantie dafür bieten, daß ein solcher Mann ein geeigneter Partner für Anna ist. «Ja, das stimmt», meint Anna, «eigentlich war er überhaupt kein richtiger Partner. Er war eher ein Sohn, der in mir seinen ruhenden Pol sah und im übrigen aber herumschwirrte und sich seine Bestätigungen außerhalb unserer Beziehung suchte. Sehr reif war er nicht. Wenn es Schwierigkeiten gab und ich mit ihm etwas besprechen wollte, wich er aus oder war einfach verschwunden. Ich habe viel stillgehalten. Und ich habe viele Eßanfälle gehabt in dieser Zeit.»

Rückblickend hat Anna durch diesen Mann wohl vor allem Selbstbestätigung als Frau bekommen, weil sie es schaffte, einen so «tollen Mann» wie ihn zu erobern.

«Und bei Bruno, was für ein Gefühl hatten Sie da?» frage ich weiter.

«Bruno mochte mich auch, wie ich war, aber ich hatte manchmal das Gefühl, daß er mit mir etwas herablassend umging. Ungefähr so, als wollte er mir vermitteln: ‹Na ja, das lernst du schon noch›. Ich hatte zwar das Gefühl, er mag mein ‹Rohmaterial›, aber eben im Hinblick auf zukünftige Bearbeitung. Er sagte, er ‹erspüre mein Potential›, und das bereitete mir immer Unbehagen. Das ist mir aber auch erst jetzt klar geworden. Er wollte mich wohl im Griff haben.»

Hat er Anna die Botschaft vermittelt ‹Sei wie ich›?

«Ja, so ähnlich. Er war der Klügere, der Umsichtigere, der Vernünftigere. Ich kam mit meinen Argumenten nicht gegen ihn an. In strittigen Fällen haben wir alles so gemacht, wie er es vorschlug. Er hatte immer einen Vorsprung vor mir. Aus meiner heutigen Sicht würde ich sagen, er ließ mir keinen Freiraum für eine eigene Entwicklung. Entwicklung ja, aber nur in seinem Sinne.»

Offensichtlich ist für Annas Empfinden derjenige der Stärkere, der vernünftiger, zuverlässiger, weitblickender, vorsichtiger ist. Die vernünftige Mutter z.B. war dem labilen Vater überlegen, und dies gab ihr das Recht, den in ihren Augen Schwächeren ständig zu drängen, doch genauso vernünftig zu werden, wie sie es war, ihm Vorwürfe zu machen, wenn er er selbst blieb.

Auch Annas Beziehung zu Norbert war eine Beziehung zwischen einem vernünftigen und einem labilen Partner. Anna hatte seine Art zu leben gereizt, seine «Leichtlebigkeit», die Tatsache, daß er die «Frechheit besaß, nicht an die Uni zu gehen, sondern sich einen schönen Lenz zu machen», daß er keine Existenzsorgen hatte, sondern auf sein Glück vertraute. Aber genau dies alles machte ihr auch angst. Sie konnte sich nicht darauf verlassen, daß Norbert aus «Loyalität» zu ihr hielt, daß er «stillhielt», auch wenn es ihm keinen Spaß mehr machte. Norbert seinerseits schätzte die Annehmlichkeiten der Beziehung zu Anna, die geregelte Lebensweise, die Befriedigung seiner Bedürfnisse und die Tatsache, daß Anna keine Forderungen an ihn stellte. Sie war für ihn pflegeleicht und daher bequem. Als die Stärkere und Vernünftigere glaubte Anna das Recht zu haben, ihn ihren Vorstellungen entsprechend zu erziehen. Sie gab ihm Halt, das wußte sie und glaubte damit eine gewisse «Garantie» zu haben, daß er ihr nicht einfach davonflog. Um so stärker war ihre Enttäuschung, als sie sah, daß ihre «Investitionen» sich nicht auszahlten.

Annas Botschaft an Norbert lautete ‹Sei wie ich›. Und sie versuchte mit allen Kräften, dieses Ziel zu erreichen.

Allmählich sieht Anna ihr Verhaltensmuster ziemlich deutlich: Bei Männern, die ihrem Vater gleichen, verhält sie sich wie ihre Mutter, und bei Männern, die ihrer Mutter ähnlich sind, verhält sie sich wie ihr Vater.

Dieses Schema ist natürlich stark vereinfacht, verdeutlicht aber ihre Verhaltensweisen.

Anna fühlt sich in der Rolle der Stärkeren, Vernünftigen natürlich wohler, denn diese Rolle gibt ihr das Recht, den Mann zu steuern, zu kontrollieren, umzuerziehen. In der Rolle der Unvernünftigen, der Schwachen glaubt sie sich dem Vernünftigeren anpassen zu müssen, und das engt sie ein. Daß sie auch ihrerseits schwache Männer einengt, merkt sie erst jetzt, als ihr die Zusammenhänge deutlich werden.

Anna muß diesen Männern so die Flügel stutzen, damit sie nicht davonfliegen. Sie sollen verfügbar bleiben, damit Anna weiterhin das «gewisse Etwas» bekommt, das eine «gute Mutter» ihr gegeben hätte. Bei diesem Stichwort beginnt Anna zu phantasieren.

«Also, eine gute Mutter wäre immer für mich da, sie würde wirklich auf meine Bedürfnisse eingehen, mir möglichst wenig verbieten. Ihr wäre es wichtiger, daß ich mich optimal entwickle, als daß ich nichts kaputtmache und möglichst schnell eine Hilfe für sie wäre. Sie ließe mir meine Persönlichkeit und würde mich lieben um meiner selbst willen. Sie würde immer zu mir halten, einfach weil ich ihr Kind bin und mir nicht in den Rücken fallen. Und wenn ich etwas nicht verstünde, würde sie mir alles liebevoll erklären, meinem Entwicklungsstand angemessen. Ach, wäre das schön...» Anna räkelt sich wohlig. «Aber leider gibt es das nicht», schränkt sie sofort ein.

Anna möchte bedingungslos geliebt werden, ohne Rücksicht auf ihre Leistung oder Nützlichkeit. Sie will, daß der Partner für sie verfügbar ist, wie sie selbst einmal für die Mutter verfügbar sein mußte. Sie erwartet, daß ihre Person, ihre Bedürfnisse, ihre Wünsche für den anderen selbstverständlich Vorrang vor allem anderen haben, daß er sich völlig zurücknimmt.

Also signalisiert sie dem Partner: «Habe die gleichen Bedürfnisse wie ich, sorge für mich, sorge für mein Wohlergehen, kümmere dich um meine Belange!»

Dieses Beziehungsmuster gleicht der frühen Mutter-Kind-Beziehung, der Symbiose. Anna sucht die gute Mutter, bei der sie nachholen kann, was ihr die eigene Mutter verwehrt hat. Eine solche Beziehung impliziert auch, daß Anna die Rolle des abhängigen Kindes einnehmen müßte. Da sie aber mit ihren Bedürfnissen schon früh von der Mutter abgelehnt wurde, hat sie mit dieser Kindrolle schlechte Erfahrungen gemacht. Physisch und psychisch von der Mutter abhängig, blieb ihr keine andere Wahl, als deren Bedingungen anzunehmen.

Heute jedoch ist Anna nicht mehr so bedingungslos abhängig wie damals. Sie kann sich «Ersatzmütter» nach bestimmten Kriterien aussuchen.

Diese Kriterien sollen es ihr ermöglichen, das Gefühl, angenommen zu sein, nachzuholen. Gleichzeitig müssen sie garantieren, daß Anna nicht wieder zu abhängig wird und dadurch gezwungen ist, jede Bedingung zu akzeptieren.

Unbewußt ging Anna dabei sehr klug vor. Sie signalisierte den labilen Männern, mit denen sie – nicht zufällig – eine Beziehung einging: ‹Sei wie ich›. Mit anderen Worten: Ich mache die Regeln, du befolgst sie. Und ich werde dafür sorgen, daß du sie nie voll befolgen kannst. Dann bist du immer damit beschäftigt, hinter mir herzulaufen. Das gibt mir die Sicherheit, einen Vorsprung zu haben, und außerdem hält es dich auf Trab. Solange du meine Regeln befolgst, kann ich dich manipulieren, und du läufst mir nicht davon. Anna mußte nur dafür sorgen, daß der Mann ihre Regeln akzeptierte.

Annas Botschaft ‹sei wie ich› bedeutete, daß sie nicht ‹Anna ist wie Norbert› wollte, sondern ‹Norbert ist wie Anna› anstrebte. Anna wollte die Bezugsbasis sein und der andere sollte ihr gleich werden. Wenn umgekehrt ein Mann, wie zum Beispiel Bruno, von ihr forderte ‹Sei wie ich›, dann fühlte sie sich in ihrer Entwicklung eingeengt.

Laut Anna hat ihre Mutter zwar offiziell die Mutter gespielt, wollte aber gleichzeitig das Kind in der Beziehung sein. Anna sollte dann der «Mutterersatz» sein, den die Mutter nach Belieben manipulieren konnte.

Und genau dasselbe sucht Anna bei ihren Männern.

Alles, was sie der Mutter geben mußte und nicht von ihr bekommen hat, will sie nun von einem Mann einfordern.

«Es sieht so aus, als ob jede neue Liebe in meinem Leben nur die wiedererweckte Hoffnung auf die ‹gute Mutter› gewesen ist», dämmert es Anna. Sie ist geschockt.

Es schockt sie ebenfalls die Erkenntnis, daß sie in ihren Beziehungen eigentlich keine gemeinsame Entwicklung angestrebt hat, sondern die Männer jeweils nur ihren eigenen Bedürfnissen anpassen wollte. Ihr Ziel war es nicht, etwas Gemeinsames zu schaffen, das mehr gewesen wäre als die Summe aus Ich und Du, vielmehr wollte sie der Maßstab sein, und der andere sollte ihr immer ähnlicher werden. Um ein objektiv berechtigter Maßstab zu sein, mußte sie offiziell anerkannten Images entsprechen, für die sie den Applaus ihrer Umwelt bekam. Dann konnte sie mit Fug und Recht behaupten: Es ist besser, wenn du dich mir angleichst, denn ich bin die Vernünftigere, Zuverlässigere.

Anna zeigte sich bei den Männern, die sie kennenlernte, als «starke, selbständige Frau», die alles managte und ihr Leben bewältigte. Sie spielte – unbewußt – diese Rolle, weil sie ihre «wahren Absichten», nämlich die Suche nach der «guten, versorgenden Mutter» verbergen wollte.

In dieser Rolle zog Anna vor allem – wie sie es ausdrückt – sunny boys an, lockere, charmante, unzuverlässige und etwas haltlose Männer. Diese Männer suchten eine starke Frau, die ihnen Halt geben und ein ruhender Pol in ihrem Leben sein konnte. Gleichzeitig mußten diese

Männer unterbewußt Annas «schwachen, unbefriedigten Anteil» erspürt haben, mit dem sie sich solidarisierten, und zwar deshalb, weil sie den gleichen «schwachen, unbefriedigten Anteil» in sich trugen. In diesen Beziehungen spielten beide Partner nach außen die Rolle des «Starken» und erweckten dadurch jeweils im anderen die Hoffnung auf die «gute Mutter». Wenn aber ein Partner die Mutter spielt, kann es sich der andere allmählich leisten, die Rolle des Kindes zu übernehmen. Anna war so geschickt, daß sie die Männer dazu brachte, als erste die Rolle des Kindes zu spielen und ihr die der Mutter zu überlassen. Sobald die Mutter-Kind-Rollen fest etabliert waren und Anna glaubte, den Mann fest an sich gebunden zu haben, begann es sie zu stören, daß sie immer Mutter spielen sollte. Und nun fing sie an, dem «Kind» zu signalisieren, daß es endlich «erwachsen», also so vernünftig wie sie selbst werden sollte. Da Anna als erste die Mutterstelle übernommen hatte, konnte sie entscheiden, was vernünftig, richtig und falsch war. Sie konnte den Mann so erziehen, daß er bei einem späteren Rollentausch eine «gute Mutter» für sie wäre.

Aus diesen Gründen konnte sich Anna langfristig nur mit Männern einlassen, die zunächst bereit waren, das Kind zu spielen. Ein gesunder, reifer Mann wird dies aber nicht in dem Maße tun, in dem es für Annas unbewußte Pläne erforderlich wäre.

Ein Partner aber, der selbst auf längere Sicht die «gute Mutter» spielen will, hätte zuviel Angst vor Annas Bemuttern. Er würde sich eingeengt fühlen.

Also mußte sich Anna Männer suchen, denen es nichts ausmachte, in ihrer Beziehung das Kind zu spielen. «Wenn ich die Männer rückblickend betrachte, so muß ich feststellen, daß sie alle noch sehr an ihre Mütter gebunden waren», sagt Anna nachdenklich. «Ihre Mütter waren auch so tatkräftige Frauen, nach außen hin selbständig. Sie hatten vielleicht ihre Söhne auch so abgerichtet, daß sie für sie die perfekten Partner ergeben hätten. Und die Väter waren eher schwache Figuren, so daß Mutter und Sohn das Hauptgespann in der Familie bildeten. Oh, nein, nein, nein...!» Anna graut vor den Zusammenhängen, die sich ihr plötzlich auftun. «Natürlich», Anna schlägt sich an den Kopf, «deshalb habe ich mich mit den Müttern meiner Freunde auch meist so gut verstanden: Weil die mir so ähnlich waren. Oder aber es war Haß auf den ersten Blick, weil wir so konkurrierten. Auf jeden Fall war es immer so, daß man die Männer in diesen Familien vergessen konnte.»

Anna versucht den Beziehungsdschungel zusammenzufassen: «Also ich suche mir Männer, die so ähnlich sind wie mein Vater, damit ich mich so verhalten kann wie meine Mutter und diese Männer in die Rolle des Kindes drängen kann. Wenn sie dann abhängig sind, will ich, daß sie allmählich erwachsen werden, und für mich die Mutter werden. Dann kann ich das Kind spielen, aber mit einer besseren Mutter als es damals meine richtige Mutter war. Mit einer Mutter, die ich mir selbst gezogen habe und die zur Abwechslung von mir abhängig ist. Ja, und angenommen, ich könnte es erreichen, so eine Supermutter heranzuzüchten, was hätte ich davon?» fragt Anna nun provokativ.

Wenn Annas unbewußte «geheime» Pläne gelängen, dann hätte sie nach einer Zeit des Mutterspielens, einer Investitionsphase sozusagen, eine selbst herangezüchtete «gute Mutter», die ihre Bedürfnisse restlos erfüllt und sich für alle Zeiten anstrengen würde, so wie Anna zu werden.

Wenn sie dabei – wie ihre Mutter – starke Eigenschaften auslebt, so zieht sie sehr wahrscheinlich Männer an, die in bestimmten Strukturen ihrem Vater ähneln. Sie wird genau die Gegenstücke finden, die zu ihr passen, wie Schlüssel zum Schloß. Anna kann gar keine anderen Männer anziehen, denn diese passen nicht in ihr «Theaterstück». Das Drehbuch ist festgelegt, und nur bestimmte Schauspieler eignen sich für bestimmte Rollen. Solange Anna das Drehbuch nicht verändert, wechselt sie mit jedem Mann lediglich den Schauspieler für eine Rolle aus. Dieser Schauspieler kann zwar die Rolle bis zu einem gewissen Grad selbst ausgestalten, aber er kann nicht spielen, was er gerade möchte. Damit würde er das ganze Stück verfälschen, was Anna auf keinen Fall zuließe.

Aber Annas Rechnung ging nicht auf. Ihre «Kinder» fanden immer wieder Gründe, weshalb sie nicht erwachsen werden konnten. Und obwohl Anna viel Geduld bewies, distanzierten sich die Männer eines Tages von ihr: Der eine, Norbert, suchte sich eine neue Freundin, der andere, Johannes, konnte die «tolle Nähe und Verbundenheit» nur zeitweilig ertragen. Er mußte sich wohl gelegentlich «erholen», weil die Rolle der guten Mutter für ihn schnell zu anstrengend wurde.

Natürlich hat Anna panische Angst, daß ein Mann mit ihr verfahren könnte, wie sie es bei den Männern insgeheim versucht: erst die Mutter spielen, bis der andere abhängig ist, und sich dann das Kind zur Supermutter heranziehen.

Ich frage Anna, wann Beziehungen für sie «keinen Sinn» mehr haben. «Immer dann, wenn der Mann seiner eigenen Wege geht, wenn er gefühlsmäßig distanziert ist von mir, kalt, gleichgültig, wenn er andere Frauen hat und ich ihn kaum sehe», ist ihre Antwort.

In allen Beziehungen sah Anna es als ihre Schuld an, wenn der Mann sich distanzierte, und versuchte ihrerseits wieder mehr Nähe herzustellen.

Solange der Mann sich distanziert verhält und sie Nähe herstellen möchte, ist sie immer noch diejenige, die manipuliert und die Dinge in den Griff bekommen will. Wenn sie schuld ist an seiner Distanz, diese also steuern kann, dann kann sie die Distanz auch wieder verringern. Sie kontrolliert Nähe und Distanz. Auf den Gedanken, daß der Mann Abstand hält, weil er Schwierigkeiten mit allzuviel Nähe hat, kömmt Anna nicht. Denn das würde ihr signalisieren, daß sie Nähe und Distanz in der Beziehung nicht im Griff hat. Dadurch, daß sie die Distanz als vom Mann ausgehend ansieht, braucht Anna sich auch nicht einzugestehen, daß sie selber Schwierigkeiten hat, sich einzulassen, Nähe zuzulassen.

Das «gewisse Etwas» — oder was Anna bei Männern sucht

Das «gewisse Etwas», wie wir das nennen wollen, was Anna bei Männern sucht und von dem sie annimmt, daß sie es von ihrer Mutter gebraucht hätte, nennt der Ehetherapeut Jürg Willi «symbiotische Verschmelzung». Symbiotisch deshalb, weil die frühkindliche Beziehung eine *Symbiose* ist. Eine Symbiose ist eine Lebensform von zwei Einzelwesen, die sich gegenseitig etwas bieten, was der jeweils andere nicht hat. Jeder gibt, was er geben kann und was der andere braucht, und er bekommt etwas, was er selbst nicht hat, aber braucht. Eine Symbiose ist eine enge, in sich geschlossene Austauschbeziehung.

Durch eine Verschmelzung wird aus zwei Individuen etwas Neues, etwas Drittes, das mehr ist als die Summe aus den beiden Individuen. Bei der Verschmelzung wird von den Individuen gefordert, ihre Individualität aufzugeben.

Anna bezieht ihren Halt aus ihren Images und aus ihrem Vernunftgebäude, aus ihren genauen Vorstellungen von dem, was richtig und was falsch ist. Sie kann weder richtig zu sich stehen noch richtig zugreifen. Dadurch ist sie auf Bestätigung von außen angewiesen, sie braucht andere Leute, die ihr sagen, daß das, was sie macht, gut ist. Könnte sich Anna bei einer Verschmelzung noch an ihren Images festhalten? Ist eine Verschmelzung überhaupt noch «kontrollierbar»? Oder möchte Anna eine besondere Art von Verschmelzung, eine die sie im Griff hat?

Eine solche Verschmelzung müßte in der sexuellen Beziehung am deutlichsten zu erkennen sein. Ich schlage Anna deshalb vor, eine Dickdünn-Phantasieübung im Zusammensein mit ihrem Mann zu machen.

Anna stellt sich in entspanntem Zustand vor, daß sie sehr dick ist und mit ihrem Mann im Bett liegt.

Dicke Anna:

«Ich bin furchtbar fett, und ich wundere mich, daß mein Mann noch sexuelles Interesse an mir hat. Ich geniere mich schrecklich, würde mich am liebsten verstecken. Hoffentlich ist es bald vorbei. Mein Mann streichelt mich, aber es berührt mich nicht, es dringt nicht durch meinen Panzer durch.»

Ich sage Anna, sie solle versuchen, sich noch weiter zu entspannen und die Situation genießen, so gut sie kann.

«Jetzt dringt er in mich ein, aber auch das berührt mich nicht besonders. Irgendwie ist eine Wand zwischen uns. Ich fühle mich traurig, abgeschnitten und gleichgültig. Ich schaffe es noch nicht einmal, ihm Lust vorzuspielen, denn dazu muß man ja zumindest so tun, als ob man bei der Sache wäre. Aber ich bin nicht bei der Sache. Ihm macht das sicher nicht mehr lange Spaß mit mir. Bestimmt wird er mich irgendwann verlassen, das halte ich nicht aus. Ich verschließe mich noch mehr, werde noch distanzierter, wenn ich mir das vorstelle. Ich kann jetzt auch nicht mehr stillhalten, ich sage ihm, er solle aufhören. Er ist erschrocken, fragt, was los sei.»

Wir brechen die Phantasieübung an dieser Stelle ab, denn das Wesentliche ist schon deutlich geworden, und ich möchte Anna nicht unnötig quälen.

Anna lehnt sich ab, weil sie so dick ist – so glaubt sie. Sie baut eine psychische Mauer um sich auf, sie verhindert, daß sie berührt wird. Berührt werden heißt auch angerührt werden, heißt, daß Emotionen freigesetzt werden. Durch diese Mauer ist Anna zwar vor Berührung geschützt, aber hinter ihrem Schutzpanzer fühlt sie sich traurig, abgeschnitten und gleichgültig. Anna fällt dazu spontan das Märchen vom Dornröschen ein, das hinter der Dornenhecke hundert Jahre schläft. Anna fängt an zu weinen. «Meine Dornenhecke ist so dick, da kann auch in hundert Jahren nichts durch», schluchzt sie.

Ich spreche ihre Angst an, verlassen zu werden und frage sie, was denn das Schlimmste sei, das Dornröschen hinter der Hecke passieren könne.

«Daß der Prinz den ganzen Weg schafft, die Hecke durchdringt und dann sagt: ‹Ich habe mich geirrt, du bist nicht die, die ich wollte!› » Anna schluchzt hemmungslos.

«Ja, das ist es, erkannt zu werden und dann abgelehnt zu werden», sagt Anna, nachdem sie sich wieder etwas beruhigt hat. «Wenn ich mich so zeige, wie ich wirklich bin, dann kann ich es nicht ertragen, abgelehnt zu werden. Solange ich eine Rolle spiele oder ein Image zeige, kann ich etwas verändern, wenn mir Ablehnung droht. Wenn mich jemand aber so sieht, wie ich wirklich bin und mich dann ablehnt, dann weiß ich, daß ich von Grund auf nicht liebenswert bin!» bricht es aus ihr heraus.

Weiß Anna denn, wie sie «wirklich» ist?

Was wäre, wenn Anna «berührt» würde bei der Sexualität? Wir beschließen, die Dünn-Phantasieübung zu machen, wobei Anna möglichst viel Berührung zulassen soll.

Dünne Anna:

«Ich sehe toll aus, bin stolz auf meine Figur und zeige mich gerne nackt. Mein Mann berührt mich gerne, er streichelt mich, und ich fühle etwas mehr als vorhin. Ich streichle ihn auch und werde immer erregter. Aber ich spüre auch eine leichte Angst, komisch. Ich merke, wie ich ihn schneller streichle, um nicht so viel zu spüren.»

Ich fordere sie auf, ihn ganz langsam zu streicheln.

Anna hält den Atem an. «Ich merke, wie ich weggeschwemmt werde. Ich werde leidenschaftlich. Meinem Mann gefällt das, er geht jetzt auch mehr aus sich heraus. Ich bin jetzt ganz bei der Sache, aber ich habe Angst, trotzdem. Es könnte schön sein, wenn nicht meine Angst wäre.»

Ich sage Anna, sie solle in die Angst hineinatmen, und beim Einatmen «annehmen» denken und beim Ausatmen «loslassen». «Ich habe Angst, daß er mich so sieht, so leidenschaftlich, hemmungslos und gierig, sexgierig», betont Anna abfällig.

«Erlauben Sie sich doch, sexgierig zu sein, es ist ja nur eine Phantasie», fordere ich sie auf.

«Ich bin ganz außer mir, besessen, ich ziehe ihn in mich hinein. Also, ich möchte jetzt aufhören, das ist mir peinlich», meint Anna. Ihr Gesicht ist leicht gerötet vor Eifer und Erregung.

Was heißt «sexgierig» für sie?

«Ich bin leider sehr verklemmt erzogen worden. Über Sexualität wurde bei uns zu Hause nie gesprochen. Das galt als schmutzig. Ich hielt mich sexuell immer sehr zurück. Ich machte auch nie den ersten Schritt. Auch heute noch muß immer mein Mann auf mich zukommen. Irgendwo denke ich immer noch, daß es etwas Verbotenes, etwas Schmutziges ist, wovon man lieber die Finger läßt.»

Anna fürchtet, ihre Lustgefühle zuzulassen. Sie hat Angst, daß die Sexualität ihr dann zuviel Spaß machen könnte und ihr Image von der «anständigen Frau» ins Wanken geriete. Wenn sie tief «berührt» würde, würde sie womöglich «weggeschwemmt», würde auf jeden Fall jegliche Kontrolle verlieren. Um sich dieser Gefahr nicht auszusetzen, hält sie sich zurück. Ließe sie sich fallen, so könnte ihr Mann ihre «Unanständigkeit» erkennen und sie vielleicht ablehnen. Noch ist es ihr nicht möglich, die wahre Anna zu zeigen, wenn sie Ablehnung riskiert.

Anna soll, wenn sie das nächste Mal mit ihrem Mann schläft, experimentieren, sich fallen lassen, so gut sie kann, und immer wenn sie Angst bekommt, in diese hineinatmen. Außerdem soll sie ihrem Mann von dem Ergebnis des Gesprächs berichten. Sehr nachdenklich geht Anna aus der Therapiestunde.

Als sie das nächste Mal wiederkommt, platzt sie strahlend heraus: «Ich habe es ausprobiert. Erst habe ich meinem Mann alles erzählt, was wir gefunden haben, auch daß ich vielleicht sexgierig sei. Er hat schallend gelacht und wollte es gleich ausprobieren. Ich habe ihn dann gefragt, ob er denn sexgierige Frauen als unanständig ansehe und diese ablehne. Er lachte so sehr, daß ich mitlachen mußte. ‹Ach Anna›, sagte er dann, ‹wenn du sexgierig wärst, würde ich einen Luftsprung machen vor Freude›. Und das hat mich so überrascht. Als wir dann miteinander ins Bett gingen, war ich ganz ‹auf Empfang gestellt› und ließ alles zu. Er frozzelte über meine Unanständigkeit und da dämmerte es auch mir allmählich, welche blödsinnigen Blockaden ich noch habe.» Anna sprudelt vor Energie.

«Aber», fährt sie fort, «das Tollste war nicht das sexuelle Erlebnis, obwohl das echt stark war, sondern die Tatsache, daß ich unanständig sein konnte und er mich trotzdem mochte, ja sogar noch lieber mochte, als wenn ich so gehemmt war.»

«Nun kommen wir dem ‹gewissen Etwas› schon näher», sage ich.

Anna versteht nicht, was ich meine. «Sie sagten, Sie suchten etwas bei den Männern, das sie eigentlich von Ihrer Mutter gewollt hätten», versuche ich Anna auf die Sprünge zu helfen.

«Meinen Sie, daß ich, obwohl ich mal nicht einem Image entspreche, trotzdem angenommen und geliebt werde?» fragt sie vorsichtig.

«Ja, daß Sie geliebt werden, ohne irgendwelche Bedingungen zu erfüllen. Und daß eben auch jene Seiten angenommen werden, die Sie selbst an sich ablehnen. So, wie Sie jemanden brauchen, der Ihnen bestätigt, daß Sie ihrem jeweiligen Image entsprechen, so brauchen Sie auch jemanden, der Ihre anderen Seiten annimmt und diese liebt. Da Sie aber Eigenschaften wie hemmungslos, gierig, unbeherrscht, unzuverlässig, chaotisch, unvernünftig oder egoistisch an sich selbst ablehnen, denken Sie, jeder andere lehne sie auch ab. Deshalb versuchen Sie, diese Seite zu verbergen, indem Sie besonders zuverlässig, vernünftig oder ordentlich erscheinen. Sie segeln sozusagen unter falscher Flagge. Leute, die Sie Ihrer Zuverlässigkeit, Ihrer Vernunft und ihrer Hilfsbereitschaft wegen schätzen, wenden sich natürlich von Ihnen ab, wenn Sie diese Eigenschaften nicht mehr aufweisen. Und dann grollen Sie, daß niemand Sie mag. Aber mit der wahren Anna, von der Sie möchten, daß sie geliebt wird, hat das wenig zu tun», erkläre ich.

«Ja, das stimmt. Ich grolle dann noch zusätzlich, weil mich die Leute nur wegen meiner Leistung schätzen, ihnen die wahre Anna aber egal ist oder sie sie gar ablehnen. Und wenn ich dann die wahre Anna mal ein bißchen herauslasse, so wie jetzt mit meiner ‹Unanständigkeit›, dann brauche ich unbedingt Beifall für sie», ergänzt Anna.

«Das ist der erste Schritt», erkläre ich weiter, «daß Sie sie überhaupt einmal herauslassen, wenigstens in geschütztem Rahmen. Wenn die wahre Anna für Sie noch ganz stark tabuisiert wäre, könnten Sie sie auch nicht im geschützten Rahmen zeigen, denn Sie müßten sie vor sich selbst verbergen. Je mehr aber Ihre Umwelt diese ‹Tabu-Anna› liebt, desto mehr können Sie sie zulassen, desto mehr wahre Eigenschaften und Impulse setzen sich durch. Deshalb ist es auch jetzt im Anfang sinnvoll, wenn Sie sich die Leute genau ansehen, bei denen Sie Anteile der wahren Anna herauslassen.» Als Anna noch ganz klein war, konnte ihre Mutter diese wahre Anna in ihrer ganzen Bedürftigkeit nicht annehmen. Nicht, weil Anna «schlecht» war, sondern weil die Mutter aus ihrer eigenen Unreife heraus keinen bedürftigen Säugling haben wollte. Für sie war ein kleines Kind vor allem eine Last. Und das hat Anna sich gemerkt: ‹Wenn du Bedürfnisse hast, bist du lästig, wenn du eine Hilfe für uns bist, bist du geduldet›. Gleichzeitig hat sie sich aber immer danach gesehnt, einmal die Botschaft zu erfahren: ‹So wie du bist, bist du eine Freude, und wir lieben dich›.

Ich frage sie, ob sie ihren Partnern in ihren Beziehungen auch dieses Gefühl vermittelt.

«Nein, wohl kaum», sagt Anna kleinlaut, «ich will sie ja auch auf eine ganz bestimmte Art und Weise haben. Aber anfangs idealisiere ich meine Partner total. Da sehe ich sie immer durch die rosarote Brille. Und dann gebe ich mich ganz auf für sie, stecke meine eigenen Bedürfnisse zurück, mache sie zu meinem Lebensinhalt. Ich tue alles für sie. In dieser Verliebtheitsphase finde ich sie lieb, zärtlich, fürsorglich, auch vernünftig, auf mich eingehend, selbstbewußt, manchmal auch bemitleidenswert, wenn ich an einen Pechvogel geraten war. Natürlich war dann immer die Umwelt an seinem Pech schuld. Ich übernahm auch immer gleich das ganze Weltbild des Mannes mit. Ich war wie ein Abklatsch von ihm», führt Anna weiter aus. Anna gab sich selbst auf, das heißt, sie signalisierte ihm: ‹Deine Bedürfnisse sind mir wichtiger als meine eigenen, du kommst zuerst›. Anna existierte in der Beziehung nicht mehr als eigenständige Person, sie verschmolz sozusagen mit dem Mann nach dem Motto ‹Ich bin wie du›. Eine Zeitlang fühlte sie sich glücklich, wenn sie ganz im anderen aufgehen konnte, sie war erfüllt und erweitert. Dies war jeweils die Zeit, in der sie «Mutter» spielte und investierte, in der Hoffnung, sich eine «Supermutter» heranzuziehen. Und für diese Aussicht war Anna keine Arbeit und keine Selbstverleugnung zuviel.

Wenn das «Kind» genügend abhängig war oder aber die Beziehung allmählich für Anna anfing, ihren Sinn zu verlieren (sprich: Wenn der Partner sich abgrenzte und die Symbiose verweigerte), wurde sie unzufrieden. Sie versuchte nun, dem «Kind» immer stärker nahezubringen: ‹Sei wie ich›.

Anna meinte damit, daß der Partner bestimmte Eigenschaften zeigen und damit Annas Image vom idealen Mann entsprechen sollte. Dieses Image hatte Anna in der Verliebtheitsphase auf den Mann projiziert. Dieser, zumal wenn er ein wenig ausgeprägtes Selbstbewußtsein besaß, fühlte sich aufgewertet und strengte sich an, dem Image des lieben, fürsorglichen, vernünftigen Mannes zu entsprechen und Annas Bedürfnisse zu erfüllen.

In dieser Idealisierungsphase zeigte Anna ebenfalls nur ganz bestimmte Eigenschaften: Sie war weich, freundlich, nachgiebig, verfügbar, gefällig, sanft, aber auch stark, selbstvertrauend und selbständig.

Ihre Mutter hätte sie mit diesen Eigenschaften sicherlich mehr geschätzt. Anna hätte ihr so imponieren können. Und da sie zu Beginn einer Beziehung dem Mann imponieren wollte, legte sie diese Eigenschaften an den Tag.

Sobald die Idealisierung abbröckelte, kamen ihre dominanten, kontrollierenden, fordernden Züge zum Vorschein, ihre kleinkindhafte Passivität und Weinerlichkeit, ihre anklammernde Abhängigkeit. Mit diesen Eigenschaften konnten diese Männer aber meist nicht umgehen. Sie ergriffen die Flucht, indem sie sich distanzierten. Annas «Geheimplan» wäre es eigentlich gewesen, den Mann zuerst ganz von sich abhängig zu machen und erst dann ihre übrigen – wie sie glaubte unerwünschten – Eigenschaften zu zeigen. Aber es gelang ihr nie so recht, die Männer zu «Kindern» zu machen.

Die Mutterrolle befriedigte Anna natürlich nur zu Beginn einer Beziehung. Später wollte sie bedingungslos geliebt werden, ohne Rücksicht auf ihre Leistungen. Bedingungslos geliebt zu werden heißt für Anna aber auch, unendlich bemuttert zu werden. Sie befürchtet deshalb auch: «Ich glaube, ich wäre unersättlich, wenn ich erst mal meine Bedürfnisse zuließe, und das macht mir auch angst.»

Ich frage Anna, ob sie denn nicht bedingungslos geliebt werden könnte, ohne daß der Mann abhängig wäre.

«Wenn er abhängig ist und ich lasse die wahre Anna heraus, dann läuft er nicht gleich vor Schreck davon. Dann braucht er mich, und ist auch bereit, für die Erfüllung seiner Bedürfnisse zu bezahlen, indem er meine befriedigt», meint Anna.

Anna bietet also dem Mann einen Handel an: ‹Ich erfülle deine Bedürfnisse und du läufst mir dann trotz meiner später gezeigten Schwächen nicht davon›.

Sie sichert sich ab. Durch seine Abhängigkeit von ihr verringert sich die Wahrscheinlichkeit, daß er sie fallenläßt, wenn er ihr «wahres Wesen» erkannt hat.

Die Idealisierungsphasen hielten bei Anna zwischen drei Wochen und sechs Monaten an, je nach Art und Dauer der Beziehung insgesamt. «In diesen Zeiten war ich immer so high, daß ich kaum einen Bissen hinunterbrachte. Ich konnte nur wenig essen und schlief schlecht, dadurch wurde ich immer dünner und immer schöner». Annas Kommentar klingt wie die Beschreibung einer Amphetaminabhängigkeit.

«Und dann kam meist irgendeine Schwierigkeit auf uns zu, entweder ein Umzug, plötzlich viel mehr Arbeit, ein Stellenwechsel, jedenfalls eine Krise, durch die wir die Beziehung neu ordnen mußten. Dadurch gingen die Beziehungen entweder ganz schnell zu Ende, oder sie liefen auf einem anderen Gleis weiter. Aber sie wurden dann immer selbstverständlicher, distanzierter und nüchterner. Keiner strengte sich mehr so an, dem anderen zu gefallen. Enttäuschung kam auf. Manchmal schlug sogar die frühere Idealisierung um in eine jähe Verteufelung. Dann konnte plötzlich ein Partner dem anderen nichts mehr recht machen. Meist war ich diejenige, bei der es ‹kippte›, und die Partner waren fassungslos. Aber es konnte auch umgekehrt sein, wie zum Beispiel bei Johannes.»

Offensichtlich hängt dieser Kippunkt, an dem die Idealisierung in Abwertung und Distanzierung umschlägt, mit der «Unzufriedenheit mit der guten Mutter» zusammen.

Anna liegt – trotz gegenteiliger Lippenbekenntnisse – sehr viel an einer gewissen Distanz in ihren Beziehungen. Schon um ihr «Investitionsgesicht» zu wahren, hat sie genausoviel Angst vor Nähe und Entlarvtwerden wie die idealisierten Männer, die ein Image zu verlieren haben. Mal distanziert sie sich selbst, mal wird die distanzierende Rolle an den Partner delegiert. Beide Partner sind unbewußt übereingekommen, Abstand voneinander zu halten. Da beide in der Idealisierungsphase nicht ganz sie selbst sind, wird immer ein Teil ihrer Persönlichkeit ausgeklammert, der nur außerhalb der Beziehung gelebt werden kann. Es ist, als ob in diesen Beziehungen nur jeweils zwei halbe Personen zugelassen werden, deren andere beide Hälften ausgeklammert bleiben.

Annas Angst
vor der «guten Mutter»

«In der Zeit, als die Idealisierungen so allmählich an Boden verloren, fing ich an, sehr viel zu essen und auch zuzunehmen», erinnert sich Anna. Eine Dick-dünn-Phantasieübung soll klären, wozu sie ihr Fett damals brauchte.

Anna sucht sich als Situation folgende Szene aus:

«Ich bin noch mit Norbert zusammen, aber er ist sehr viel weg. Immer höre ich von Leuten, daß sie ihn irgendwo gesehen haben, und ich habe keine Ahnung, was er dort gemacht hat. Er lebt ein Leben, von dem ich nichts weiß.

Eines Abends warte ich auf Norbert. Er hat sich für spätestens 20 Uhr angesagt, nun aber ist es 21.45 Uhr.»

Dicke Anna:

«Ich bin fett und esse immer mehr und mehr. In mir ist ein großes Loch, das gestopft werden muß, aber es ist ein Loch ohne Boden. Ich weiß nur, daß ich nicht aufhören darf zu essen.

Ich will nicht auf die Uhr sehen und versuche, mich abzulenken. Ich esse und esse, aber ich sehe doch ab und zu auf die Uhr. Jetzt ist es 22 Uhr. Norbert, wo bist du?» Annas Stimme wird panisch, weinerlich. «O Gott, das ist ja auch kein Wunder, wenn er wegbleibt. So dick, wie ich bin. Sicher ist er bei einer anderen Frau. Aber ich bin ja selbst schuld. Ich esse weiter, immer schneller, mir ist schon richtig übel.

Jetzt klingelt es draußen. Ich verstecke schnell meine Süßigkeiten. Als ich die Tür öffne, steht Norbert draußen. Er entschuldigt sich, daß er so spät kommt. Er ist lieb, aber ich weiche vor seiner Umarmung zurück. Wie kann er jemanden umarmen, der so fett ist. Und nun habe ich auch heute wieder so viel gegessen, o nein, ich werde es nie schaffen abzunehmen. Ich bin sehr gereizt zu Norbert, gereizt und schnippisch. Er ist enttäuscht. Er sagt, er habe sich auf mich gefreut, aber so fett und aggressiv gefalle ich ihm nicht. Ich will, daß er wieder geht, sage aber nichts. Er will tatsächlich wieder gehen. ‹Nein, bitte gehe nicht fort›, flehe ich ihn an. Aber er geht trotzdem. Ich bin ein Häufchen Elend. Ich spüre nur noch Angst und Panik und das Gefühl, wieder total versagt zu haben.»

Wir brechen die Übung an dieser Stelle ab.

Welches Gefühl konnte Anna nicht zulassen, als sie auf Norbert wartete?

«Etwas nicht zu bekommen, was mir versprochen wurde, macht mich rasend wütend, besonders bei einem Partner. Ich kann ihn ja nicht einfach herholen oder das Versprechen einklagen, obwohl ich das am liebsten täte», sagt sie.

Wenn Norbert verspricht, er komme um acht, dann glaubt sie um Punkt acht Uhr ein Recht auf ihn zu haben. Kommt er später, so hat er ihr unberechtigterweise etwas entzogen. Sie stellt auch den Anspruch, daß ein Zusammensein mit ihr für ihn so attraktiv sein müsse, daß er gerne pünktlich ist, um nur ja keine Zeit mit ihr zu versäumen. Annas Gefühl, das sie mit Essen betäuben mußte, war die panische Angst, daß sie nicht gut genug, nicht attraktiv genug für ihn sei und daß eine andere Frau ihr den Rang ablaufen könnte. Warum aber ißt Anna in dieser Situation, obwohl sie weiß, daß sie dadurch noch unattraktiver wird? Will sie noch unattraktiver werden? Warum?

«Wenn ich so dick und häßlich bin, dann habe ich es ja auch verdient, daß er geht. Ich weiß dann wenigstens, warum er geht. Ich brauchte dann ja nur dünner zu werden und er bliebe da», meint Anna.

Wir spielen dieselbe Szene mit der dünnen Anna:

«Ich warte auf Norbert und bin sehr nervös. Mein Herz klopft, ich sehe alle zehn Sekunden auf die Uhr. Ich kann an nichts anderes mehr denken als an Norbert. Lange halte ich das nicht mehr aus. Ich laufe in der Wohnung umher, fange sogar an aufzuräumen und zu putzen. Ich denke, er hat bestimmt eine andere Frau, und ich bin verletzt und gekränkt. Warum wohl, was fehlt ihm bei mir? Ich bin hübsch und schlank, also, was will er noch. Ich ahne aber, daß das alleine nicht ausreicht. Norbert und ich können nicht allzuviel miteinander anfangen, das spürt jeder von uns. Warum tue ich nur so, als sei alles harmonisch? Es klingelt. Norbert! Ich bin erleichtert und öffne die Türe. Norbert ist gut gelaunt und tut, als wäre alles in Ordnung. Ich wage nicht zu fragen, wo er so lange war. Ich fühle mich wie ein hypnotisiertes Kaninchen, kann nichts sagen, mich kaum bewegen. Ich warte auf einen

Knall. Irgendwann sage ich ihm, daß ich seine Unzuverlässigkeit nicht gut finde. Er entschuldigt sich, wie so oft, um wieder einzulenken. Aber das wird ihn nicht daran hindern, morgen mit mir dasselbe Spiel zu treiben. Ich werde immer wütender und bekomme Kopfschmerzen. Ich gehe ins Bett und heule. Norbert legt sich dazu und will wissen, was los sei. Ich umarme ihn, obwohl ich das eigentlich gar nicht will. ‹Bitte, bleib bei mir, verlaß mich nicht›, stammele ich. ‹Wie kommst du denn auf so etwas, du Dummes›, sagt er, aber ich spüre den falschen Klang in seiner Stimme. Ich bin verzweifelt. Ich habe alles getan, um ihn zu halten, sehe toll aus, tue alles für ihn, habe mich selbst weitgehend aufgegeben und mich ihm angepaßt, und trotzdem kann ich ihn nicht halten. Ich werde nie jemanden halten können, denn was ich tue, reicht einfach nicht aus.» Sie ist viel verzweifelter als die dicke Anna; denn der dicken Anna war klar, warum Norbert ging. Die dünne Anna paßte sich an wie ein Chamäleon, und es reicht trotzdem nicht. Dieses Gefühl, trotzdem verlassen zu werden, will Anna durch das Essen in den «Enttäuschungsphasen» vermeiden.

Trifft der Satz ‹ich habe alles gegeben und bin trotzdem im Stich gelassen worden› irgendwie auf ihre Beziehung zu ihrer Mutter zu? «Ja,» sagt sie, und ihre Stimme klingt plötzlich sehr hart. «Ja, allerdings. Meine Mutter hat mich insofern im Stich gelassen, als sie mich nie richtig liebte. Ein Kind hat aber einen Anspruch auf Liebe, und trotzdem habe ich sie nicht bekommen. Vielleicht bin ich deshalb so ungehalten, wenn ich etwas nicht bekomme, worauf ich Anspruch habe.

Ich habe mich sehr angestrengt, so zu werden wie meine Mutter mich haben wollte, und ich strenge mich auch heute noch an, ihr zu gefallen. Aber sie liebt mich trotzdem nicht, jedenfalls nicht bedingungslos. Und sie wird mich auch nie um meiner selbst lieben…» Anna fängt an zu weinen. «Das tut so weh, das sehen zu müssen. Es macht alles so sinnlos…» schluchzt sie.

Als sie sich wieder etwas gefangen hat, frage ich sie, ob es der Sinn ihres Lebens sei, ihrer Mutter zu gefallen. Anna ist verblüfft. «Nein… wieso, habe ich das gesagt?» fragt sie zweifelnd. «Sie haben es indirekt ausgedrückt», sage ich, und wiederhole ihre Aussage.

Unter «Mutter» kann man im weiteren Sinne alles verstehen, was die Mutter einem vermittelt hat. Annas Images sind zum Teil die Klischeevorstellungen ihrer Mutter.

Ist es Annas Lebensinhalt, diesen Klischees zu entsprechen und damit indirekt der Mutter immer noch Macht über ihr Leben einzuräumen?

«Nein», sagt Anna erschrocken, aber sie sieht schnell ein, wie sehr sie eben doch ihrer Mutter noch gefallen will. «Wenn Sie die Liebe der Mutter sowieso nicht bekommen, warum strengen Sie sich dann immer noch so an, ihr zu gefallen?» frage ich Anna provokativ.

«Weil ich sonst auch noch ihre Anerkennung verliere», kontert Anna. «Würde das Ihre Leistungen schmälern?» will ich wissen. «Nein... Ja, eigentlich wohl doch... ich habe mir das noch gar nicht so überlegt...» Anna ist unsicher.

«Aber in letzter Zeit bröckelt da so einiges ab, ich bin nämlich ganz schön aggressiv meiner Mutter gegenüber geworden», sagt sie. «Die Hoffnung aufzugeben, daß man die bedingungslose Liebe der Mutter vielleicht doch noch bekommt, bedeutet auch, daß man sich nicht mehr anstrengen muß. Es ist ein großes Stück Freiheit, das Sie damit gewinnen. Daß Ihre Mutter Sie eben so liebt, wie es ihrem Reifungsgrad entspricht, hat nichts damit zu tun, daß Sie etwa nicht liebenswert wären», versuche ich Anna zu überzeugen.

Als Kind mußte Anna das aber anders sehen. Und ihre Emotionen sind noch weitgehend die der kleinen Anna.

Als Kind hatte Anna keine andere Wahl, als die Erwartungen und Wünsche der Mutter zu ihren eigenen zu machen.

Heute tut sie dies, oberflächlich betrachtet, nicht mehr, aber auf subtiler Ebene ist sie doch noch loyal der Mutter gegenüber, z. B. wenn sie ihre Images wahrt, damit die Mutter stolz sein kann auf ihre Tochter. Und Annas Mutter ist stolz auf ihre Tochter. Das zeigt sie ihr allerdings nicht, denn Anna könnte ja auf die Idee kommen, sich nicht mehr anstrengen zu müssen, um der Mutter zu gefallen. Nein, Annas Mutter zeigt diesen Stolz ihren Freundinnen und der Verwandtschaft gegenüber.

«Ich bin immer wieder ganz erstaunt, wie meine Mutter mich bei anderen Leuten lobt und was die alles von mir wissen. Meine Mutter scheint damit hausieren zu gehen. Sie gibt an mit mir, versucht sich selbst dadurch ein bißchen aufzuwerten. Mich persönlich aber lobt sie höchst selten, dafür nörgelt sie um so mehr. Wir haben öfters Krach deswegen. Vor allem weiß sie alles besser als ich. Sie weiß auch genau, was für mein Leben gut ist. Am liebsten hätte sie mich unter ständiger

Kontrolle. Ich glaube, sie würde am liebsten durch mich leben, mit mir als ihrer Marionette», beklagt sich Anna und drückt damit aus, daß sie von ihrer Mutter immer noch Anerkennung will. Aber auch Annas Mutter ist unzufrieden. Auch sie setzt noch Erwartungen in ihre Tochter, wie wir bereits gesehen haben.

«Am liebsten wäre es ihr, wenn ich ständig mit ihr zusammen wäre, wenn wir gemeinsam essen würden, über Essen, Urlaub, Mode und Leute tratschen könnten und vieles mehr. Meine Mutter redet sehr viel, und ich fühle mich an die Wand gedrängt und komme kaum zu Wort. Sie kann auch oft nicht richtig zuhören. Ich habe das Gefühl, je mehr sie aus sich herausgeht und sich ausdehnt, desto mehr schrumpfe ich zusammen. Sie dehnt sich auf meine Kosten aus, ich soll ihre Kulisse sein, sie bestätigen und beruhigen», klagt Anna.

Was sie schildert, klingt eher nach einem kleinen Mädchen, das sich vor der Mutter produziert, nur sind hier die Rollen vertauscht. Annas Mutter sucht offensichtlich auch noch die «gute Mutter» und versucht ihre Tochter Anna dazu zu erziehen. Die Mutter hat viel an unbewußter Erziehungsarbeit investiert. Nun, da Anna erwachsen ist, möchte die Mutter «abkassieren», sie möchte, daß sich die Tochter endlich ganz um sie kümmert. Aber Anna erfaßt Panik, wenn sie daran denkt. «Ich habe ihr schon meine Seele verkauft für das bißchen Anerkennung, das ich als Kind für meine Leistung bekam. Was will sie denn noch alles von mir? Sie wird aber nichts mehr bekommen, ich will nicht mehr!» sagt Anna trotzig.

Die Mutter möchte Anna im Griff haben. Später soll Anna dann die «Mutter» der Mutter spielen und ihre Bedürfnisse rundum befriedigen. Annas «Geheimplan» im Hinblick auf Männer sieht ganz ähnlich aus. Deshalb frage ich sie: «Könnte es sein, daß die Männer Sie genauso erleben, wenn Sie abkassieren möchten?»

Anna ist verdutzt. «Um Gottes willen», sie schlägt sich die Hände vors Gesicht, «natürlich! Auf diese Idee bin ich noch gar nicht gekommen. Aber ich habe oft von Männern den Vorwurf gehört, ich sei vereinnahmend und erdrückend. Genauso nehme ich meine Mutter wahr. Ich soll ständig um sie herumtanzen, sie will der Mittelpunkt meines Lebens sein. Und ich will das auch bei den Männern. Sie sollen auch ständig auf mich bezogen sein. Und ich habe mich immer im Recht gefühlt, wenn sie noch mehr auf mich eingehen sollten.» Anna ist entsetzt.

Wir gehen noch einmal auf die Gefühle ein, die Anna empfindet, wenn die Mutter bei ihr «abkassiert».

«Das ist ungefähr so, als ob mir jemand fünf Pfund alte Kartoffeln aufschwatzt und dann dafür von mir zehn Pfund frischer, knackiger Äpfel beansprucht», fällt Anna ein Bild ein. «Ich will die Kartoffeln nicht haben, aber ich will schon gar nicht die frischen Äpfel dafür geben. Eigentlich müßte ich noch etwas dafür bekommen, daß ich die alten Kartoffeln abgenommen habe, die gehören nämlich in den Müll. Es gibt nur einen Grund für mich, auf diesen unfairen Handel einzugehen, und das ist die Tatsache, daß ich die Beziehung zum «Anbieter» auf keinen Fall belasten darf. Aber so ein Geschäft möchte ich nicht ständig machen. Aber wenn ich mir vorstelle, daß ich mit den Männern auch solche Geschäfte machte und vielleicht immer noch mache...?» Anna kann sich kaum fassen vor Entsetzen.

Hat Anna denn bei ihrem Ehemann die «gute Mutter» gefunden?

«Das ist sehr kompliziert», sagt sie nach langer Überlegung, «vielleicht wäre es am besten, wenn ich meinen Mann mal in die Therapie mitbrächte, denn ich möchte wissen, ob ich bei ihm auch ‹abkassiere› und wie er es empfindet.»

Zunächst jedoch Annas Version:

«Ich glaube, ich halte meinen ‹Geheimplan› vor ihm sehr geheim. Ich versorge meinen Mann total und das ärgert mich. Ich merke, daß ich damit investiere. Wenn ich es nicht tue, bekomme ich Angst. Es ist wie ein Zwang, alles für ihn zu erledigen, was nötig ist. Aber ich glaube, es ist eher Kontrolle als Fürsorge. Und für diese kontrollierende Fürsorge erwarte ich, daß er die ‹männlichen› Arbeiten im Haus erledigt, Reparaturen und so. Aber das ist es nicht alleine. Ich will ihn mir auch verpflichten. Also, ob ich die gute Mutter gefunden habe, weiß ich wirklich nicht. Ich habe eher den Eindruck, ich versuche noch, ihn abhängig zu machen», fährt Anna fort. Sie verspricht, sich in der nächsten Woche einmal im Hinblick darauf selbst zu beobachten und zur nächsten Therapiestunde ihren Mann mitzubringen, wenn dieser bereit ist, sie zu begleiten.

Annas Mann, Stephan K., kommt tatsächlich mit. Er ist groß, breitschultrig, eher zurückhaltend, mit offenem Lächeln und offenem Blick.

‹Wie ein Fels in der Brandung›, ist meine erste Assoziation.

Ich bitte die beiden, sich zu setzen. Sie setzten sich eng nebeneinander

133

und sehen mich erwartungsvoll an. Ich frage Anna, womit sie ihrem Mann gegenüber begründet habe, daß er mitkommen solle. «Ich habe ihm die Story mit der ‹guten Mutter› erzählt, die ich immer noch suche. Und ich habe auch zugegeben, daß ich in ihn investiere, um dann später oder auch schon jetzt von ihm zu verlangen, für mich die bedingungslos liebende Mutter zu sein. Auch darüber, wie er das sieht, haben wir geredet.»

«Zuerst konnte ich nichts anfangen mit den Begriffen ‹gute Mutter› und so», sagt Stephan. «Aber dann habe ich mal überlegt, ob Anna sich irgendwie kindhaft verhält mir gegenüber. Ich konnte nichts entdecken. Schließlich fiel mir aber ein, wie sie sich ihrer Mutter gegenüber verhält. Da ist sie oft total überdreht, panisch, völlig überzogen in meinen Augen.»

Er redet Anna direkt an: «Entschuldige, wenn ich das jetzt mal einfach so sage, aber deine Mutter ist ein ausgekochtes Stück. Wenn ich dein Vater wäre, ich glaube, dann hätte ich längst die Flucht ergriffen. Sie will alles manipulieren, gängelt jeden und läßt nur ihre Sicht der Dinge zu. Sie vergewaltigt einen regelrecht. Wenn sie zum Beispiel bei uns kocht, dann muß auch alles aufgegessen werden, sonst ist sie beleidigt. Ich meine, ich lasse sie eben beleidigt sein, für mich ist das nicht so schwierig, mir ist das egal. Aber dir nicht. Einerseits provozierst du deine Mutter ständig, und wenn diese wütend ist, hältst du es nicht aus und rutscht fast auf Knien, damit sie wieder gut ist. Kaum ist sie wieder gut, fängt schon der nächste Streit an. Ich blicke da nicht durch, und ich halte mich da auch raus.»

Ich frage Stephan, ob Anna manchmal ähnliche Verhaltensweisen zeigt wie ihre Mutter. Er lacht. «Also, ich möchte Anna nicht schlecht machen», hält er sich zurück. «Nein, sag nur, was du denkst», meint sie, «wir müssen doch etwas über mich herausfinden.»

Ihre Körperhaltung aber drückt Angst und Abwehr aus. Sie fühlt sich sichtlich unwohl.

«Na ja, manchmal denke ich, Anna tut Dinge im Haushalt, die finde ich völlig überflüssig. Zum Beispiel bügelt sie die Handtücher, schrubbt die Türklinken mit Desinfektionsmitteln ab und wechselt fast täglich die Bettwäsche. Sie steigert sich da richtig rein, und dann ist sie hinterher völlig erschöpft und will, daß ich sie tröste. Sie meint, sie ‹muß› Dinge machen, weil sie sich angeblich so gehören, aber für mich tut sie diese Arbeiten bestimmt nicht, denn ich brauche das nicht. Wenn sie den Mut hätte, diese Dinge nicht zu tun, brauchte sie nicht so viel Trost von mir.»

«Wie trösten Sie denn Anna?» frage ich Stephan K. direkt.

Er ist perplex über so eine Frage. Es ist ihm peinlich.

«Ja, also, ich nehme sie in den Arm, sage ihr, daß sie sich doch nicht so abhetzen solle. Ich bemuttere sie ein wenig.»

«Hilft Ihnen das?» frage ich Anna. «Ja, meist schon», erwidert sie. Sie wirkt auf mich aber eher frustriert und begründet das auch: «Ich komme mir jetzt so doof vor, wenn er sagt, ich mache unnötige Arbeiten. Ich finde sie nötig, aber es ist immer dasselbe. Ich bin die Dumme mit meinem Sauberkeitsanspruch. Und hinterher werde ich noch ausgelacht.» Sie sieht ihren Mann wütend an. Dieser entschuldigt sich, er habe es nicht so gemeint. Aber das Gespräch zeigt: Anna tut viel, um ihr Image der guten Hausfrau aufzubauen und möchte dafür Anerkennung und Liebe. Wird sie aber in ihren Aktivitäten nicht ernst genommen, überkommt sie eine ohnmächtige Wut. Sie glaubt wahrscheinlich unbewußt, sie habe mit ihrer Leistung ein Recht auf Zuwendung erworben. Offensichtlich will sie jetzt vor ihrem Mann ihre «Geheimpläne» nicht so detailliert enthüllen. Sie hat Angst, ihn zu verlieren. Ich respektiere ihre Gefühle, und wir einigen uns darauf, daß ich ihren Mann über seine Beziehung zu Anna befrage. Ich will wissen, was sein erster Eindruck von Anna war.

«Wir hatten uns auf einer Geburtstagsfeier bei einer Freundin von Anna, einer Cousine meiner damaligen Freundin, kennengelernt. Ich fand, daß Anna ganz schön viel Power hatte, progressiv dachte und sich ganz gut durchsetzen konnte. Aber weiter hat sie mich damals nicht interessiert. Später habe ich sie dann mal zufällig bei einem Vortrag wiedergetroffen. Da war die andere Beziehung gerade zu Ende. Wir gingen dann anschließend noch ein Glas trinken, und so allmählich bahnte sich etwas an.» Im weiteren Verlaufe des Gespräches kommt deutlich zum Ausdruck, daß Stephan den ersten Eindruck von Anna korrigieren mußte. Anna erwies sich als längst nicht so souverän und selbstbewußt, wie er sie zunächst eingeschätzt hatte.

Welche Veränderungen wünscht sich Stephan an Anna?

«Daß sie mutiger wäre, hätte ich gerne. Sie hat Angst vor allem Neuen. Sie braucht dann meinen Schutz und meine Beruhigung. Da ist sie manchmal wirklich kindlich. Und sie fällt dann auch leicht in eine Depression, wenn ich sie – nach ihren eigenen Worten – im Stich lasse.

Sie ist manchmal so unselbständig, das kann ich gar nicht verstehen. Sie erledigt die Dinge lieber tausendmal auf die gleiche langweilige Art und Weise, als daß sie einmal etwas Neues ausprobieren würde. Ich glaube, es fehlt ihr an Selbstvertrauen. Sie kann auch vieles nicht und erwartet, daß ich es für sie erledige. Das mache ich meist auch gerne. Aber so im großen und ganzen finde ich Anna gut so, wie sie ist.»

Offensichtlich hat Stephan K. «eigene Geheimpläne», die mit Annas sehr wohl zusammenpassen. Er unterstützt mit seinen Hilfeleistungen Annas Unselbständigkeit. Damit verstärkt er ihre Abhängigkeit von ihm und mildert so eventuell eigene Verlustängste.

Wie wird er reagieren, wenn Anna wirklich selbständiger wird, weniger Trost von ihm braucht, weniger abhängig wird?

Anna will ihn im Griff haben, und das scheint ihm – solange es nicht so stark ausgeprägt ist wie bei ihrer Mutter – einen gewissen Halt und Sicherheit zu geben. Damit fördert er Annas Kontrollverhalten. Auch er hat Ängste, die er nicht spürt, weil Annas Anklammern ihm Sicherheit vermittelt. Es ist kein Zufall, daß er sich eine Frau mit Annas Verhaltensweisen gesucht hat. Als sich die Beziehung zu Anna anbahnte, hatte er gerade eine Trennung hinter sich. Möglicherweise litt er noch unter alten Verletzungen und wollte sich vor einem erneuten Verlust schützen, indem er sich eine Frau auswählte, die ihn brauchte.

«Ach ja,» sagte Stephan, «da fällt mir noch etwas ein. Ich habe manchmal das Gefühl, daß Anna mich vor meiner Umwelt isolieren will.» Anna sieht ihn erschrocken an.

Offensichtlich hat er einen wunden Punkt getroffen. Ich bitte um ein Beispiel.

«Wir haben dienstags von der Firma aus einen Stammtisch. Und Anna hat jedesmal einen anderen Grund, warum ich nicht dorthin gehen soll. Und meine alten Freunde, also, die kann Anna alle nicht leiden, und die sehe ich kaum noch...», setzt er an. Anna fängt an zu weinen. «Das stimmt einfach nicht, wie du das siehst,» schluchzt sie. Sie bringt viele Erklärungen für ihr Verhalten, aber es wird deutlich: Sie fühlt sich ertappt.

Wenn ihr «Geheimplan» in Richtung auf eine Symbiose zielt, dann verhält sich Anna genau folgerichtig. In einer Symbiose haben nur zwei Platz und bilden ihre eigene Welt mit einer gemeinsamen Grenze nach außen. Anna und die «gute Mutter» würden die perfekte Symbiose bilden, sie wären völlig autark miteinander. Aber Annas Mann wehrt sich zum Teil gegen die Rolle der guten Mutter. Er beklagt Annas Unselbständigkeit, wenn sie allmählich das Kind herausläßt, und er beklagt sich auch über ihre Tendenz, ihn für sich zu isolieren.

In der nächsten Therapiestunde versetze ich Anna in tiefe Entspannung, lasse sie sich vorstellen, daß sie die «gute Mutter» gefunden habe.

Anna: «Ich bin ein Säugling und ruhe an der Brust meiner guten Mutter. Alles ist weich und warm, und die Mutter ist ganz auf mich konzentriert. Sie summt ein Lied und wiegt mich hin und her. Ich fühle mich so wohl. Ich brauche nichts mehr, die Welt ist in Ordnung.»

Ich lasse sie einige Zeit diesen Zustand genießen. Schließlich fordere ich sie auf, allmählich älter zu werden und darauf zu achten, was dann mit diesem tollen Gefühl geschieht. Als sie ihr jetziges Alter erreicht hat, sagt sie: «Irgendwie ist noch ein kleiner Rest da, aber das meiste ist verloren. Als ich der Säugling war, war ich mit mir und der Welt im Einklang. Jetzt bin ich eher unzufrieden.»

In welchen Augenblicken aber ist sie noch am ehesten in Einklang mit sich und der Welt?

«Wenn ich esse», sagt Anna spontan und errötet. «Ja», wiederholt sie, «aber nur dann, wenn ich das Essen genieße und mir nicht hinterher Vorwürfe mache. Manchmal fühle ich mich auch in Einklang mit mir, wenn ich meinem Mann sehr nahe bin. Dann bin ich glücklich.»

Der Zustand des Einklangs beinhaltet Wärme, Geborgenheit, angenommen werden, erfüllt sein. Der Gegenpol zu diesem schönen Gefühl ist die panische Trennungsangst. Anna soll möglichst plastisch eine Situation beschreiben, in der sie Trennungs- oder Verlustangst hatte.

«Als mein Mann letztes Jahr zwei Wochen zu einem Lehrgang mußte, da geriet ich in fürchterliche Panik, die sonst meist nur latent vorhanden ist. Es zog mich im Gedärm, ich hatte leichten Durchfall. Dann hatte ich Herzklopfen, war unruhig und nervös, konnte kaum schlafen und essen, war deprimiert und verzweifelt. Ich fühlte mich wie ein Vogel, der aus dem Nest gefallen war, absolut ungeborgen», schildert sie diesen Zustand.

Wie hat Anna endgültige Trennungen in früheren Beziehungen verkraftet?

«Das kommt darauf an, ob ich selbst ging, oder ob ich verlassen wurde. Wenn ich selbst ging, war es weniger schlimm. Deshalb bin ich manchmal, glaube ich, einfach zuerst gegangen, wenn ich sah, daß der

Mann mich sowieso verlassen würde. Dann tat es weniger weh, weil ich nicht so stillhielt, sondern aktiv war. Aber einmal wurde ich verlassen, und das tat sehr weh. Ich war monatelang kaputt, heulte viel, hielt es nicht zu Hause aus, hing ständig bei Leuten herum und klagte denen mein Leid. Und ich fühlte mich so minderwertig, weil ich mal wieder versagt hatte», erinnert sich Anna. «Sie sagen, Sie haben versagt, wenn eine Beziehung zu Ende ging. Das klingt so, als ob es eine Leistung oder sogar Ihre Leistung ist, wenn Sie eine Beziehung halten», hake ich nach.

«Hm, ja, stimmt», murmelt Anna, «ich denke tatsächlich, wenn ich anders wäre, wäre die Beziehung nicht auseinandergegangen. Meine Mutter sagte früher zu mir oft: ‹Du hast ja gar keine richtigen Freunde, mit dir kommt man ja nicht aus. Deine Freunde nutzen dich höchstens aus›. Das hat zwar nicht gestimmt, meine Mutter war nur eifersüchtig auf meine Freunde und wollte, daß ich immer bei ihr zu Hause saß. Aber ich empfinde es doch irgendwie als Bestätigung, eine Beziehung zu haben.»

Heißt das, Anna allein ist weniger wert, als Anna mit Mann?

«Ja, ich denke schon. Mein Selbstwertgefühl war ja auch ziemlich lädiert nach den Trennungen.»

Anna kann es schlecht aushalten, wenn jemand sie verläßt, es ist leichter für sie, selbst diejenige zu sein, die geht. Anstatt aber einen Menschen zu verlassen und sich damit eine ganze Menge Schuldgefühle einzuhandeln, kann man ihn auch vergraulen und ihm dann vorwerfen, daß er auf Distanz geht. Anna kann Menschen durch ihr Fett vergraulen.

Außerdem hält sie – unbewußt – die Leute auch noch mit anderen Eigenschaften auf Distanz: «Mit meiner Unersättlichkeit, meinen indirekten Ansprüchen, meiner Gier und meinem Beleidigtsein», fällt ihr ein. «Einmal hat mir jemand gesagt: ‹Wenn man dir den kleinen Finger reicht, dann willst du gleich die ganze Hand›», erläutert sie ihre Aussage.

«Aha», ergänze ich, «und wenn Sie dann die ganze Hand haben und man Ihnen auch nur einen Finger kurzfristig entzieht, dann fühlen Sie sich betrogen und sind entweder wütend oder deprimiert.»

«Ja,» lacht Anna, «so ungefähr. Ich kann nicht genug kriegen an Zuwendung, Bestätigung, gemeinsam verbrachter Zeit und so weiter.» Wir machen eine Phantasieübung zu diesem Thema.

Anna stellt sich in entspanntem Zustand vor, ihr Mann sei «rundum die gute Mutter». «Sie bekommen alles, was Sie möchten, so lange und soviel Sie wollen», leite ich sie an.

«Ach ja, das ist gut. Mein Mann geht ganz auf mich ein, sein Leben dreht sich ausschließlich um mich und um die Erfüllung meiner Bedürfnisse. Ich sauge mich ganz voll im übertragenen Sinn. Da ist Halt und Geborgenheit. Ich lasse mich ganz hineinfallen.» Nachdem Anna einige Zeit geschwelgt hat, frage ich sie, wie es wäre, wenn sie diesen Zustand für lange Zeit oder für immer halten könnte.

«Es wäre schon toll, aber ich befürchte, daß ich völlig passiv würde und nur noch saugte», sagt sie.

Sie soll sich nun vorstellen, sie sei zum Platzen vollgesogen. «Das ist toll. Ich bin voll, wie genudelt, möchte ein bißchen schlafen.» Kurze Pause. «Oh, jetzt bekomme ich ein schlechtes Gewissen. Ich benutze da einen Menschen einfach so, ganz egoistisch», sagt sie verwundert. «Eigentlich hätte ich es ja auch nicht so gerne, wenn ein anderer mich so aussaugen würde. Jetzt versuche ich, dem anderen, also meinem Mann, auch etwas zu geben. Aber er nimmt nichts an. Ich fühle leichte Angst. Das kann ich ja nie wieder gutmachen, was ich da gesaugt habe. Und ich bin abhängig von ihm. Eigentlich habe ich das ja gar nicht verdient, daß ich einfach so sauge. Ein Austausch wäre besser, nichts so Einseitiges», stammelt sie.

«Stellen Sie sich einfach vor, daß Sie soviel saugen können, wie Sie wollen, daß der andere keine Bedürfnisse hat und es nur um Ihre Wünsche geht», sage ich ihr.

«Gut, also jetzt beanspruche ich wieder seine Zuwendung. Irgendwann bin ich gesättigt und möchte eigentlich auch mal wieder alleine etwas machen. Aber ich habe Schuldgefühle ihm gegenüber. Ich kann ihn doch nicht gerade so in die Ecke stellen, wenn ich befriedigt bin? Also, ich bleibe da und bleibe bei ihm. Das erinnert mich so an meine Mutter, wenn ich zu meinen Freundinnen wollte. Wenn ich sauge, muß ich auch sonst bei der Mutter bleiben, sie will nicht alleine sein. Ich bin schuld, wenn es ihr schlecht geht.»

Hinter dieser Gedankenkette steckt das Prinzip: ‹Wenn ich von dir etwas nehme, dann muß ich auch bei dir bleiben, muß dir gegenüber loyal sein›.

Wes' Brot ich eß', des' Lied ich sing', kreuzten fast alle Eßsüchtigen meiner Kurse als ein in ihrem Elternhaus geltendes Prinzip an. Das heißt mit anderen Worten: Ich rede so, wie derjenige, der mich ernährt, der mir etwas gibt; ich grenze mich nicht ab, ich entwickle keine eigenständige Persönlichkeit mit einer unabhängigen Meinung.

Die «gute Mutter» gefunden zu haben, heißt für eine Eßsüchtige deshalb auch, nicht mehr sie selbst sein zu dürfen.

Eine wirklich gute Mutter dagegen läßt ihr Kind sehr wohl allmählich los und selbständig werden. Sie gewährt ihm Nahrung auch dann, wenn es nicht ihr «Lied» singt.

Ein Mensch geht aber immer von seinen eigenen Erfahrungen aus. Annas Befürchtung basiert auf einer früheren Erfahrung mit ihrer Mutter, die ihr signalisierte: Wenn du mein Kind bist, sollst du so sein oder werden, wie ich dich haben will!

Und genau das war der Preis, den Anna für die Zuwendung der Mutter bezahlt hat: Sie hat sich in übertragenem Sinn daran hindern lassen, Hände zum Zugreifen und Füße zum selbständigen Stehen zu entwickkeln.

Sicherlich wäre es wichtig für Annas Nachreifung, sich in eine Beziehung einzulassen und trotzdem sie selbst zu werden und zu bleiben. Mit ihrem Suchen nach der «guten Mutter» aber drückt sie den Wunsch nach bedingungsloser Liebe und unumschränktem Umsorgtwerden aus. Diese «gute Mutter» erscheint nach Annas Aussage wie eine Säuglingsmutter.

Aber Anna ist kein Säugling mehr. Von daher muß eine heutige «gute Mutter» andere Qualitäten mitbringen als die Mutter, die Anna damals vermißte. Anna strebt – wie alle etwas älteren Kinder – nach Autonomie und Selbständigkeit, nicht nur nach symbiotischer Verschmelzung.

«Wenn ich eine gute Beziehung habe, bin ich viel leistungsfähiger und selbstbewußter nach außen. Wenn eine Beziehung kaputtging, war mir auch alles andere egal, ich hing lange Zeit völlig durch», sagt Anna. Sie drückt damit aus: Wenn die Symbiose stabil und befriedigend ist, schaffe ich auch die Selbständigwerdung. Ohne symbiotische Beziehung fühlt sie sich kaputt, minderwertig, verletzbar, wenig belastbar, ohne Halt.

Vielleicht ist es so, daß eine Eßsüchtige erst einmal die Symbiose erlebt haben muß, bevor sie aus ihr herauswachsen kann. Um herauszufinden, was Symbiose beim Säugling und beim Eßsüchtigen genau bedeutet, müssen wir uns in den folgenden Kapiteln mit der frühkindlichen Mutter-Kind-Dyade näher befassen.

Die Symbiose –
oder die Einheit von Mutter und Kind

Je länger und je intensiver ich mich mit Eßsüchtigen beschäftige, desto klarer wird mir, daß deren Störung in der allerfrühesten Mutter-Kind-Beziehung liegt.

Leider sind mir in dieser Richtung keine Forschungsergebnisse bekannt. Deshalb versuchte ich, mir bekannte Erkenntnisse aus der frühkindlichen Mutter-Kind-Beziehung im Hinblick auf das, was Eßsüchtige mehr oder weniger unbewußt «suchen», auszuwerten.

Die Psychoanalytiker Margaret Mahler, René Spitz und Alice Miller haben mir in ihren Büchern viele Anregungen dazu gegeben. Was geschieht in der frühen Symbiose? Welche Lernerfahrungen sollte ein Kind machen, welche Rolle spielt die Persönlichkeit der Mutter in der Symbiose, was ist eine «gelungene Symbiose» und was eine «mißlungene Symbiose»?

Meine Hypothese ist, daß Eßsüchtige eine mißlungene Symbiose durchgemacht haben und ihr Leben lang nach einer gelungenen Symbiose suchen. Sie haben einiges nachzuholen, was sie damals für eine gesunde Entwicklung gebraucht hätten.

Da ich mich im folgenden auf psychoanalytische Quellen stütze, kann ich es gelegentlich nicht vermeiden, psychoanalytische Fachausdrücke zu verwenden. Ich werde aber, soweit mir dies möglich ist, zu erklären versuchen, wie ich die einzelnen Begriffe verstehe und wie ich sie verwenden will. Außerdem will ich nicht nur Theorien referieren, sondern immer Analogien zur Eßsucht aufzeigen, die ich sehe oder möglicherweise auch nur «hineininterpretiere». Ich denke, daß auf diesem Gebiet so wenig erforscht ist, daß man ruhig einmal ein paar kühne Hypothesen aufstellen oder auch provozierende Fragen aufwerfen sollte, um die Forschung anzuregen. Jeder Leser kann aber an Hand der aufgezeigten Zusammenhänge sein eigener Forscher sein, denn letztlich zählt für den einzelnen nur, wie die eigene Kindheit war. Optimal wäre es, diese eigene Geschichte mit Hilfe einer Therapie zu erforschen, um damit Einsicht in die «unvernünftigen» Verhaltensweisen zu bekommen und – bei genauerem Hinsehen – sehr wohl ihren Sinn und ihre Logik zu entdecken. Was geschieht nun aber generell in der Symbiose?

Nach Margaret Mahler unterscheidet sich die psychische Geburt des Menschen von der biologischen. Nach der biologischen Geburt ist der Mensch so unfertig und hilflos wie kein anderes Lebewesen. Er ist für sein Überleben völlig auf die Mutter oder einen Mutterersatz angewiesen. Verhaltensforscher nennen diese Zeit das «extrauterine Frühjahr», und eigentlich wäre es für den Menschen optimal, in dieser Zeit Zustände wie im Uterus vorzufinden. Vielleicht hat es aber auch seinen Sinn, daß der Mensch so hilflos geboren wird. Er kann Erfahrungen sammeln, die er im Mutterleib nicht machen könnte.

Ein Neugeborenes hat noch keine organisierte Persönlichkeit, die in differenzierten und gezielten Verhaltensweisen zum Ausdruck käme. Es erlebt sich noch nicht als getrennt von der Mutter. Da man ein Neugeborenes nicht befragen kann, ob dieses oder jenes Verhalten mit bestimmten inneren Zuständen zusammenhängt, ist man auf Beobachtungen und Interpretationen angewiesen, natürlich aus der Perspektive des Erwachsenen.

Ein Neugeborenes ist an der Befriedigung seiner primären Bedürfnisse interessiert: Nahrung, gleichmäßige Temperatur, Schlaf, Reizabschirmung, trockene Windel und Abwesenheit von unangenehmen Reizen, wie zum Beispiel Schmerz. Mit etwa einem halben Jahr ist das Kind allmählich «ausgeschlüpft» oder «ausgebrütet» aus der engen Verschmelzung mit der Mutter. Es beginnt sich auch für andere Personen seiner Umwelt sowie vermehrt für Gegenstände, Objekte zu interessieren. Es bildet allmählich eine sogenannte Objektkonstanz aus, das heißt, es erinnert sich kurzfristig noch an Gegenstände und Personen, auch wenn diese zwischendurch aus seinem Blickfeld verschwunden waren. Es erkennt sie wieder. Es erkennt nun auch seine Mutter und lächelt sie gezielt an. Auch hat es vorher schon gelächelt, jedoch ohne einen Unterschied zwischen der Mutter und einer Gesichtsattrappe zu machen.

Das heißt, es hat vorher nicht gelächelt, weil es sich über eine bestimmte Person freute, sondern mechanisch, reflexartig. Dieses frühe Säuglingslächeln, das nach Lehrbuchmeinung ab dem dritten Monat auftritt, nach Berichten von Müttern auch schon früher, dient wohl dazu, den Erwachsenen, der sich mit dem Säugling abgibt, diesem wohlgesonnen zu machen. Der Säugling ist darauf angewiesen, einen Erwachsenen zu motivieren, sich um ihn zu kümmern, und ein Lächeln löst beim Gegenüber automatisch ebenfalls ein Lächeln aus. Ein Säuglingslächeln aber, das wissen wir alle, kann den verschlossensten Menschen öffnen. Da hat die Natur gut vorgesorgt.

Erinnern wir uns daran, daß auch Anna in sozialen Situationen oft lächelt, besonders, wenn sie unsicher ist. Sie lächelt dann nicht, weil sie sich so freut, die Leute um sich herum zu sehen, sondern weil sie sich potentielle «Feinde», zum Beispiel im Lehrerkollegium, wohlgesonnen machen will.

Das Neugeborene liebt auch seine Mutter nicht als Person, sondern in deren Funktion, in der sie ihm hilft zu überleben. Wahrscheinlich ist die Mutter für das Neugeborene nur Mittel zum Zweck. Es braucht die Mutter absolut, die Mutter braucht den Säugling aber nur relativ. Also muß er befürchten, sie zu verlieren, wenn sie das Interesse verliert.

Sehen wir uns noch einmal Annas Verhalten an, wenn sie versucht, einen Mann von sich abhängig zu machen. Das Risiko, das «Kind» herauszulassen, ist ihr nur zu groß, wenn er nicht von ihr abhängig ist. Eßsüchtige rechnen auch deshalb so auf und investieren so viel, um nicht die Erfahrung machen zu müssen: Ich bin von jemandem abhängig, aber er nicht von mir, und ich kann jederzeit verlassen werden. Ich nehme an, daß diese tiefe Angst – das Gegenteil von Urvertrauen – in schlechten Erfahrungen in der Kindheit begründet ist.

Und die Mutter?

Neun Monate hat sie das Kind als Teil von sich erlebt, es «narzißtisch besetzt», heißt es in der Psychoanalyse. Wenn es geboren ist, ist es «ihr» Kind, für dessen Wohlergehen sie sich verantwortlich fühlt und es auch ist. Nun kann man sich leicht vorstellen, daß eine Frau mit geringem Selbstbewußtsein sich und anderen beweisen muß, daß sie eine «gute Mutter» ist. Sie wird anders auf ihr Kind eingehen als eine in sich ruhende, selbstsichere Frau, die niemandem mehr etwas beweisen muß. Wenn die Mutter das Kind als «ihr Produkt» ansieht, ist sie stolz auf ihr Kind, fühlt sich aufgewertet. Da sie später aber nur auf jene Eigenschaften des Kindes stolz sein wird, die sie, die Mutter, weiterhin aufwerten, wird sie diese Eigenschaften fördern. Sie braucht die Aufwertung für sich selbst, hat eigene «narzißtische Löcher». Ebenso wird sie Eigenschaften oder Verhaltensweisen, derer sie sich bei sich oder ihrem Kind schämt, unterdrücken. Sonst müßte sie sich für ihr Kind und damit für sich selbst schämen. Eine solche Mutter kann ihr Kind nicht als eigenständige Persönlichkeit ansehen, da sie es für eigene Zwecke braucht. Vieles spricht dafür, daß Eßsüchtige solche Mütter hatten.

Eine selbstsichere Mutter kann ihr Kind eher lassen, wie es ist, sie hat breitere Toleranzgrenzen, auch bei sich selbst. Das Kind hat mehr Entfaltungsmöglichkeiten, bis es an Grenzen stößt. Grenzen hat allerdings jede Mutter, denn auch sie ist ja ein Produkt ihrer Erziehung und der Gesellschaft, in der sie lebt.

Soweit wir wissen, gehen die ersten Wahrnehmungen eines Neugeborenen über die Haut und den Mund. Nach René Spitz ist die Mundhöhle die einzige Wahrnehmungszone, die von Geburt an sehr spezifisch funktioniert. Ein Neugeborenes reagiert auf Berührung der Lippen mit Such- und Saugbewegungen. Dieses überlebenssichernde Verhalten ist auch wenig störanfällig, das heißt, es funktioniert selbst unter Stress.

Aber das Essen hat noch eine andere Funktion.

In der frühen Kindheit ist der Mund das wichtigste Spannungsabfuhrorgan. David Levy (1934) hat das Bedürfnis für diese Abfuhr durch eine Reihe von Versuchen mit Welpen und durch Beobachtung von Kindern gezeigt. Wenn diese Hündchen und diese Kinder nicht lange genug an den Mamillen (Brustwarzen) saugen konnten (weil die Muttermilch zu rasch lief), zeigten sie die Neigung, diesen Mangel an Gelegenheit zur Abfuhr durch viel häufigeres Saugen an erreichbaren Teilen ihres eigenen Körpers auszugleichen. Bei den Kindern waren dies die eigenen Finger, bei den Welpen die eigenen Pfoten...

Aus diesen Feststellungen geht hervor, daß wir bei der Nahrungsaufnahme zwei Funktionen unterscheiden müssen: 1. die Nahrungsaufnahme selbst, die gleichzeitig Hunger- und Durstgefühl lindert und befriedigt, und 2. die Spannungsabfuhr, man könnte auch sagen: die Befriedigung der Mundschleimhaut durch die Tätigkeit von Lippen, Zunge, Gaumen und Nasenrachenraum beim Saugen...

Selbstverständlich hat die durch die orale Aktivität abgeführte Spannung ihren Ursprung nicht in der oralen Zone (Mund- und Rachenraum), sondern in der allgemeinen libidinösen (gefühlsmäßigen) Spannung, in der sich das Neugeborene befindet.[*]

Wie wir bereits bei Anna K. gesehen haben, ist das Essen für Eßsüch-

* René Spitz: Vom Säugling zum Kleinkind, Stuttgart 1985, S. 231

tige ebenfalls oder besser gesagt, immer noch ein Allheilmittel, was die Minderung von Spannungen aller Art betrifft. Sie reagieren wie das Neugeborene mit einem allgemeinen Reaktionsmuster, dem Essen, auf ganz unterschiedlich verursachte Spannungen. Bei Eßsüchtigen kann man ja manchmal die seltsamsten Eßanlässe beobachten. Sie essen zum Beispiel, wenn sie nicht zu Wort kommen, frieren, sexuelle Frustrationen erleben, sich nicht entscheiden können oder warten müssen. Wenn die Mutter aus dem Saugverhalten des Babys gelernt hat, daß bei jeder Art von Unlustäußerung das Füttern hilft, dann wird sie sicherlich dies Beruhigungsmuster später beim Kind beibehalten. Sie macht sich dann nicht mehr die Mühe nachzuforschen, ob vielleicht der Säugling friert, die Hosen voll hat, herumgetragen werden will oder ob noch etwas anderes die Spannungen erzeugt hat. Das Füttern bei Spannungen aller Art ist bequem und wirksam. Das Fatale ist nur, daß das Kind lernt, seinen Körper und folglich auch seine Bedürfnisse mit den Augen der Mutter zu sehen.

Wie René Spitz sagt, lebt das Neugeborene im Zustand der «Undifferenziertheit», das heißt, seine gesamte Wahrnehmung ist noch allgemein, es reagiert mit dem ganzen Körper. Es kann noch keine Formen sehen, vielleicht auch keine Farben, das weiß man nicht so genau. Es kann – abgesehen vom Suchen nach der Brustwarze – nicht gezielt reagieren. Es kann nur mit Lust oder Unlust reagieren, da es noch nach dem Lustprinzip funktioniert. Die Sinnesorgane sind zwar vorhanden, aber die Wahrnehmung muß erst gelernt werden, das heißt, je älter das Kind wird, um so differenzierter werden seine Verhaltens- und Denkmuster. Ein Neugeborenes nimmt «coenästhetisch» wahr, das heißt, nicht logisch-rational, sondern ganzheitlich, über Hautkontakt, Tiefensensibilität, Bilder, ähnlich vielleicht, wie es ein Erwachsener in Bildern erlebt. Es ist eine Wahrnehmung des «alles oder nichts», die ja bekanntlich bei Eßsüchtigen auch noch festzustellen ist, allerdings in Bereichen, die das Neugeborene natürlich noch nicht kennt. Wenn ein Säugling Unlust spürt, ist somit seine ganze Welt nicht in Ordnung, da er noch nicht relativieren kann. Er kann auch noch nicht unterscheiden zwischen Wahrnehmung aus dem Körperinnern und von außerhalb.

René Spitz schreibt: «Hinsichtlich der Wahrnehmung stellt die Mundhöhle einschließlich des Schlundes sowohl ein Außen als auch ein Innen dar... Weil von Geburt an die in der Mundhöhle lokalisierten

Reflexe das einzig gerichtete, wenn auch nicht intentionale Verhalten beim Menschen auslösen, habe ich die Behauptung aufgestellt, daß alle Wahrnehmung in der Mundhöhle beginnt, die als ursprünglichste Brücke von der inneren Rezeption zur äußeren Wahrnehmung dient.» *

Über diese Brücke zwischen Innen und Außen läuft – auch im psychischen Sinne – das «Hereinlassen» und das «Hinauslassen», das Offensein, der Austausch, der Kontakt mit der Welt.

Warum sind Eßstörungen immer mit Berührungsängsten und mit Kontaktstörungen verbunden?

Berühren, Kontakt und Essen sind ein Austausch, der über die Haut und den Mund stattfindet. Wenn diese beiden Bereiche gestört sind, dann spricht das meiner Meinung nach dafür, daß in der Phase, in der diese beiden Sinnesmodalitäten im Vordergrund standen, die Entwicklung in irgendeiner Form gestört wurde.

Zum besseren Verständnis will ich dieses Stadium, das die Psychoanalyse das «primärnarzißtische» Stadium nennt (primär = zuerst, narzißtisch = sich selbst liebend) und das ca. 3 Monate dauert, etwas näher beschreiben.

In diesem frühen Stadium nimmt sich das Kind als Einheit mit der Mutter wahr, kann also nicht zwischen sich und der Mutter und der Welt unterscheiden. In dieser Zeit ist das Kind ganz und gar mit sich selbst beschäftigt (autistische Phase), seine Reizschwelle für Außenreize (Licht, Geräusche, optische Eindrücke) ist hoch; es schläft viel. Diese Zeit dient dem extrauterinen (extra = außerhalb, Uterus = Gebärmutter) physiologischen Wachstum, Tiere erleben dieses Stadium noch im Mutterleib.

In diesen ersten Monaten reagiert das Kind auf Signale aus seinem Inneren (Hunger, Schmerz, Wohlbehagen, Müdigkeit, Unbehagen). Die wahrgenommenen Reize verlagern sich mit zunehmender Reife immer mehr nach außen, was aber natürlich nicht heißt, daß die inneren Reize nicht mehr wahrgenommen würden. Die Wahrnehmung erweitert sich lediglich, relativiert sich vielleicht auch. Die Verlagerung von der körperzentrierten Wahrnehmung auf die «Fernwahrnehmung» ist eine wichtige Voraussetzung zur Bildung des Körper-Ichs.

René Spitz nimmt an, daß die Mundhöhle bei der Bildung des Körper-Ichs wiederum als Brücke, das heißt als Vermittler dient. Beim Stil-

---

* René Spitz: Vom Säugling zum Kleinkind, Stuttgart 1985, S. 80

146

len fixiert ein Säugling unablässig das Gesicht der Mutter. Ein menschliches Gesicht in Bewegung ist also das erste wichtigste Wahrnehmungsobjekt. Dieser Augenkontakt schafft ein spezifisches Band zwischen Mutter und Kind.

Fast alle Kontaktstörungen sind dadurch erkennbar, daß die Betroffenen keinen oder nur unzureichenden Blickkontakt aufnehmen können. Auch Eßsüchtige haben sehr oft Schwierigkeiten damit. «Gemustert werden» interpretieren viele Eßsüchtige als «ablehnend beurteilt werden». Wenn die frühen Erfahrungen mit dem Blickkontakt der Mutter Ablehnung signalisierten, dann ist es kein Wunder, wenn Menschen mit Eßsucht, Magersucht, Fettsucht sich verstecken wollen, sei es hinter Fett, bestimmten Images, weiten Kleidern oder aber, indem sie sich durch Hungern zum Verschwinden bringen.

Vielleicht fühlte sich aber auch die Mutter vom Kind gemustert? Ununterbrochenes «Anstarren» wird in fast allen Kulturen als aggressiv erlebt (man denke an den «bösen Blick»). Eine wenig selbstsichere Mutter oder eine, die sich gestresst fühlt, die vielleicht das Kind und seine Bedürfnisse ablehnt (es saugt sie aus!), hat möglicherweise ein schlechtes Gewissen. Mit schlechtem Gewissen oder gar Aggressionen kann man schlecht oder gar nicht in die Augen sehen.

Wenn das Kind die Mutter trotzdem ständig ansieht, kann sich diese durchschaut fühlen. Man hat festgestellt, daß Mütter, die ihre Kinder mißhandeln, erheblich weniger Blickkontakt mit ihren Kindern aufnehmen als andere Mütter.

Was wird eine Mutter tun, die den Blick ihres Kindes nicht aushält? Sie wird wegsehen, den Säugling eventuell so halten, daß er ihr Gesicht nicht sehen kann. Ein Kind im «primärnarzißtischen» Stadium hat noch kein Bild, kein Image von sich. Der Blick seiner Mutter vermittelt ihm zusammen mit der Art, wie sie mit seinem Körper und seinen Bedürfnissen umgeht, dieses Bild von sich. Da das Kind in diesem Alter auch nicht relativieren kann, kann es eine eventuell gespürte Feindseligkeit und ein «Übersehenwerden» nicht als Fehler der Mutter interpretieren, sondern muß annehmen, daß es selbst nicht in Ordnung ist.

«Wenn ich übersehen werde, dann liegt das eben an mir. Ich muß auf mich aufmerksam machen, damit sie mich anschaut», denkt sich vielleicht das Kind.

Wie kann ein Baby auf sich aufmerksam machen?

Es kann dafür sorgen, daß es gesehen und gehört wird. Es kann weinen, schreien, die Nahrung verweigern, eine Krankheit entwickeln. Es lernt: Ich muß etwas tun, damit ich gesehen werde.

Dieses Verhalten beherrschen auch Eßsüchtige gut. «Gesehen werden» weckt bei den meisten allerdings ambivalente Gefühle. Einerseits ist da die Angst, gesehen und «erkannt» zu werden, mit allen Eigenschaften, die sie an sich selbst ablehnen, und derentwegen sie fürchten, auch von anderen abgelehnt zu werden. Und andererseits ist da auch die Angst, übersehen zu werden, nicht zu zählen, nicht dazuzugehören.

Wie kann man diesen Konflikt bewältigen?

Eßsüchtige haben wieder einmal eine geniale Lösung: Sie zeigen sich zwar, aber sie haben genau unter Kontrolle, was sie von sich zeigen. Was sie zeigen, ist eine «perfekte Fassade». Sie verstecken sich unter ihrem realen oder eingebildeten Fett und hinter ihren Images, denn was unter dem Fett und hinter den Images ist, das ist in ihren Augen nicht gut genug, um gezeigt zu werden.

Alle Erfahrungen der frühkindlichen Phase sind begründet in den Reaktionen der Mutter auf ihr Kind: Läßt sie es schreien oder kommt sie sofort? Läßt sie es hungern? Nimmt sie es gerne aus dem Bett und trägt es herum? Spricht sie mit ihm leise und einfühlsam oder laut und grob? Wie faßt sie es an, zärtlich oder zimperlich, grob oder verkrampft? Streichelt sie es ausgiebig und liebevoll oder überhaupt nicht? Versucht sie gar jeden Körperkontakt zu vermeiden? Legt sie das Baby weg, weil sie ihre Ruhe haben will? Nicht einzelne Verhaltensweisen zählen für das Kind, denn keine Mutter verhält sich immer gleich, sondern das allgemeine emotionale Klima ist es, was das Kind ganzheitlich wahrnimmt, die Stimmung, die seine Mutter ihm entgegenbringt.

Geht die Mutter liebevoll mit dem Kind um, so erfährt es sich als liebenswert, behandelt sie es dagegen lieblos, so kann es sich selbst nicht lieben.

Eine Klientin fand einmal in einem tiefen Entspannungszustand den Zugang zu ihrem «Trauma», weggelegt und übersehen zu werden: «Ich bin ganz allein, es ist dunkel, ich brauche, aber es kümmert sich keiner. Wenn jemand kommt, kommt er nur aus Pflichtgefühl. Keiner hat mich lieb, keiner kümmert sich, keiner kommt gern.»

Der Schmerz, der diese Erfahrung begleitete, war unbeschreiblich stark, auch noch 25 Jahre nach der ursprünglichen Situation. In den

148

25 Jahren aber hatte diese Klientin alles getan, um diesen Schmerz nicht mehr spüren zu müssen. Sie hatte sich großartige Images aufgebaut, die nicht mehr zu übersehen waren.

Wenn der Schmerz durchzubrechen drohte, war sie jedoch dem Selbstmord nahe.

Alle Empfindungen aus dem Körperinnern und aus dem Stillkontakt bilden nach der Kinderanalytikerin Margaret Mahler den «Kern des Selbst». Sie scheinen der «zentrale Kristallisationspunkt» des Selbstgefühls zu bleiben. Aus dem Selbstgefühl wird das Selbstwertgefühl.

Innerhalb der Symbiose, womit ich die Mutter-Kind-Beziehung im ganzen ersten Lebensjahr bezeichne, lernt das Kind etwa vom sechsten Lebensmonat an, sich und die Mutter als getrennte Wesen zu begreifen und die Mutter als Person, nicht mehr nur als Befriedigerin von Bedürfnissen zu lieben. Mit zunehmender Reifung und differenzierterer Wahrnehmung vor allem auch von Außenreizen setzt ein Loslösungs- und Individuationsprozeß ein. Die Loslösung ist gekennzeichnet durch die Fähigkeit, sich von der Mutter fortzubewegen, also durch die Fähigkeit, zu krabbeln und zu gehen. Den Individuationsprozeß kennzeichnet ein zunehmendes psychisches Selbständigwerden. Das «Stehen» läuft parallel im körperlichen und im psychischen Bereich.

Nach Mahler ist die erfolgreiche Symbiose die Voraussetzung für einen gesunden Loslösungs- und Individuationsprozeß, und dieser wiederum bildet die Voraussetzung für ein stabiles Identitätsgefühl. Wenn schon die Symbiose mißlungen ist, dann müssen auch die darauffolgenden Stadien ihre Störungen aufweisen. Wir werden in den nächsten Kapiteln sehen, wie sich dies bei Eßsüchtigen auswirkt.

Mit etwa sechs Monaten probt das Kind allmählich das selbständige Loslassen: «Das Kind zieht die Mutter an den Ohren oder der Nase, es steckt ihr Nahrung in den Mund, es stemmt seinen Körper von der Mutter weg, um sie besser sehen zu können, um sie und die Umgebung ‹abzutasten›. Dies steht im Gegensatz zum einfachen Anschmiegen an die Mutter, wenn sie das Kind hält.» *

Das Kind begreift und erforscht (forsch = frech) seine Mutter und später seine Umgebung. Es hat in dieser Zeit nicht mehr nur die Versorgungs- und Entsorgungsbedürfnisse, sondern es hat einen zunehmenden Eroberungsdrang, macht Dinge «kaputt», entfernt sich lustvoll

---

* Margaret Mahler: Die psychische Geburt des Menschen, Frankfurt/M. 1980, S. 75

von der Mutter. Aber es vergewissert sich dabei immer, daß die Mutter in Reichweite ist. Diese Reichweite wird mit zunehmendem Alter und Vertrauen immer größer.

Das Kind vertraut darauf, daß die Mutter auch noch da ist, wenn es sie mal kurze Zeit aus den Augen läßt. Ein solches Vertrauen setzt eine Erinnerung an die Mutter voraus, ein inneres Bild. Dieses innere Bild von Menschen und Gegenständen ermöglicht erst ein Wiedererkennen. Das Wissen, daß die Mutter existiert, auch wenn sie kurz weggegangen ist, nennt man Objektkonstanz.

Vermutlich hat sich bei Eßsüchtigen auch diese Objektkonstanz nicht ausreichend entwickeln können. Viele Eßsüchtige haben als Kleinstkinder eine Trennung von der Mutter durchgemacht. Viele reagieren depressiv auf Trennungen von Partner oder Freunden. Abschied nehmen ist etwas, womit viele Eßsüchtige große Schwierigkeiten haben. Wie wir noch später sehen werden, kommen solche Trennungsschwierigkeiten jedoch nicht nur von mangelnder Objektkonstanz.

Welche Anforderungen werden nun in dieser Zeit (ca. 6.–10. Monat) an die Mutter gestellt?

Sie muß für das Kind verfügbar sein, und zwar dann, wenn das *Kind* sie braucht. Seine Frustrationstoleranz ist nämlich noch sehr gering. Sie muß aber auch dem Kind die Freiheit geben, seine Welt zu erforschen. Sie muß es loslassen können, das heißt, sie muß ihr Kontrollbedürfnis im Zaum halten. Und doch muß sie aufpassen, daß ihm nichts passiert, denn es hat erst wenige Erfahrungen gespeichert.

Die Mutter ist Mittelpunkt der Welt, und bei der kleinsten Gefahr krabbelt das Kind zu ihr zurück.

Was aber bedeutet Gefahr für so ein kleines Kind?

Aus der Entwicklungspsychologie weiß man, daß Kinder auf laute Geräusche und große Hitze mit Weinen reagieren. Die anderen Gefahren werden dem Kind durch die Mutter vermittelt.

Spitz zitiert Anna Freud, die 1943 im Blitzkrieg in London Kinder bis zu drei Jahren beobachtete und herausfand, daß diese in den Bombennächten nur dann Angst zeigten, wenn ihre Mütter von Angst befallen wurden. «Die Kleinkinder blieben unberührt von äußeren Reizen, bis ihnen die Bedeutung dieser Reize durch die affektive Einstellung ihrer Mütter übermittelt wurde.» *

* René Spitz: Vom Säugling zum Kleinkind, Stuttgart 1985, S. 250

Daraus kann man ableiten, daß ängstliche Mütter auch ängstliche Kinder haben.

Aber der Einfluß reicht noch weiter: Wenn die Mutter unsicher ist im Umgang mit dem Kind, Ängste hat, etwas falsch zu machen, dann überträgt sich diese Angst auch auf das Kind und auf seinen Umgang mit dem eigenen Körper. Vielleicht liegt hier ein möglicher Erklärungsansatz für die Entwicklung von Hypochondern?

Durch das gefühlsmäßige Klima, das die Mutter in der Symbiose schafft, vermittelt sie dem Kind das gesamte gefühlsmäßige Weltbild. Man stelle sich einmal vor, was dies konkret heißt! Eine ständig abgehetzte, unzufriedene Mutter vermittelt dem Kind: Die Welt ist nicht gut, so wie sie ist. Ob etwas gut, schlecht, ekelhaft, begeisternd, sauber oder beängstigend ist, übernimmt das Kind ungefiltert von der Mutter.

Die Bewertungen der kindlichen Reaktionen spiegeln Konflikte der Mutter bei entsprechenden eigenen Verhaltensweisen wider. Tabus, die ein Säugling bei seiner Mutter verletzt, wenn er sich ungeniert «danebenbenimmt», lösen in ihr zwiespältige Gefühle aus. Sie kann dann überzogen, inkonsequent oder ambivalent reagieren, teilweise überschneiden sich auch die unterschiedlichsten Reaktionen. Für einen Säugling in der Symbiose sind derartige «komplizierte» Reaktionen der Mutter nur mit undifferenziertem Lust-Unlust-Schema zu beantworten. Was aber nicht «Lust» ist, ist «Unlust». Die Unlust eines Säuglings ist dann allumfassend und absolut und signalisiert: Die Welt und ich sind nicht so gut, es müßte alles anders sein. Er kennt nur alles oder nichts. Da das Kind keinen Zeitbegriff hat, kann es auch nicht auf Besserung hoffen. Denn Hoffen kann man nur auf Zukünftiges. Das heißt aber, das Gefühl des Kindes, daß die Dinge und es selbst nicht «stimmen», ist gleichzeitig tiefe Hoffnungslosigkeit und Resignation. Aus den Wertungen der Mutter und dem dadurch verursachten Gefühlsklima ergibt sich beim Kind die Einstellung zum eigenen Körper, ergibt sich sein Selbstwertgefühl und seine ganze Einstellung zum Leben. Später macht es sicherlich korrigierende Erfahrungen in der einen oder anderen Richtung, aber die Basis, die allererste Prägung, erfährt das Kind ganz früh und absolut.

Zahlreiche Probleme Eßsüchtiger sind auf Fehlentwicklungen in dieser frühkindlichen Phase zurückzuführen: Viele Betroffene zeigen ein wenig ausgeprägtes Körpergefühl und lehnen den eigenen Körper als «zu dick» ab. Mangelndes Selbstwertgefühl veranlaßt sie, «Images» aufzubauen, denen sie zu entsprechen suchen. Statt Selbständigkeit und aktiver, zupackender Lebensbewältigung zeigen sie eher eine passive Anspruchs- und Versorgungshaltung. All dies wird verstärkt durch eine enorme Trennungsangst, die in die «Angst, von allen unterschieden, ganz allein stehen zu müssen» (C. G. Jung), mündet.

Saugen, klammern und auftanken

Wenn ein Säugling gestillt wird, macht er dabei oft rhythmische Greifbewegungen mit den Fingern. Diese «Klammerreflexe» entsprechen wohl den sogenannten Milchtritten bei manchen Säugetieren. Eine schnurrende Katze fährt ebenfalls rhythmisch ihre Krallen aus und zieht sie wieder ein. Bei ihr ist dies ein Ausdruck von Wohlbehagen. Sicherlich sind beim Säugling die Saug- und Greifbewegungen koordiniert in Zubeißen und Zugreifen einerseits sowie Schlucken und Loslassen andererseits. Dies ist begleitet vom angenehm warmen Kontakt mit der Mutterbrust. Wahrscheinlich bedeutet diese Stillsituation für einen Menschen den Inbegriff der Geborgenheit. Ein Säugling fixiert beim Stillen das Gesicht und insbesondere die Augen seiner Mutter. Verliert er beim Saugen die Brustwarze, so bleibt der Augenkontakt erhalten, wodurch dem Kind vermittelt wird, daß die Mutter noch da ist und es die Warze gleich wiederfinden wird. Der Übergang von der Tastwahrnehmung (Warze im Mund) zur Fernwahrnehmung (Gesicht der Mutter fixieren) hat eine große Bedeutung für den Säugling, und zwar für die Bildung der Objektkonstanz.

Mit der Objektkonstanz wächst die Frustrationstoleranz, die wiederum nur wachsen kann, wenn auch das Vertrauen zunimmt, daß die Mutter «doch noch» da ist. Bei Eßsüchtigen habe ich beobachtet, daß sie in ihren Beziehungen eine geringe Frustrationstoleranz haben. Sie verkraften zeitweilige Trennungen sehr schlecht, es ist, als ob ihre «Batterie» sehr schnell leer wäre, weil ihnen das Vertrauen fehlt. Sobald die «Batterie» leer ist, geraten sie in Panik, und wenn sie an diesem Zustand nichts ändern können, erfaßt sie intensive Trauer, die nicht selten in eine Depression führt. Diese Depression kann von dem Gefühl begleitet sein, daß die Beziehung «keinen Sinn» hat oder gar, daß «alles keinen Sinn» hat. Eßsüchtige haben auch Schwierigkeiten, Abschied zu nehmen und sich zu trennen – von Menschen und von Dingen.

«Es ist für mich manchmal fast unerträglich, von lieben Menschen Abschied zu nehmen. Da ist so ein panischer Schmerz in meiner Brust, der mir fast den Atem nimmt. Am liebsten würde ich dann einfach kurz ‹Tschüß› sagen, mich umdrehen und gehen. Aber so ausgedehnte, rührselige Abschiedsszenen kann ich noch nicht einmal im Film sehen. Ich kann dann hemmungslos weinen, auch wenn es mich gar nicht betrifft», sagte mir Anna K., als ich sie zu diesem Thema befrage.

«Wenn die Leute dann erst aus meinem Gesichtsfeld verschwunden sind, ist es nicht mehr so schlimm», erläutert Anna. «Es ist nur der Augenblick des Fortgehens, wenn ich loslassen muß und der andere sichtbar weggeht für längere Zeit.»

Anna würde dann instinktiv gerne klammern und alles tun, um den Abschied umgehen zu können. Anklammern hieße auch, den Standpunkt zu verlieren, denn wenn man sich anklammert, steht man nicht sehr sicher.

Jeder Abschied läßt einen allein zurück. Allein zurückgelassen bedeutet, auf sich selbst zurückgeworfen zu werden. Durch jeden Abschied, das heißt durch jedes Loslassen, wird man daher zwangsläufig ein bißchen selbständiger.

Abschied und Loslassen müssen sich nicht immer auf ein größeres Ereignis beziehen. Eine eigene Meinung vertreten kann zum Beispiel ein Loslassen sein. Eine abweichende Meinung vertreten oder gar Zivilcourage zeigen heißt, sich ganz bewußt abzugrenzen und damit zu signalisieren: ‹Ich bin anders.› Der Schwerpunkt liegt auf der Unterschiedlichkeit und nicht auf der harmonisierenden Gleichheit. Das bedeutet, Abschied zu nehmen vom symbiotischen ‹du und ich sind eins›, vom Ideal des ‹siamesischen Zwillings›.

Die Schwierigkeit, Abschiede und Trennungen, unterschiedliche Meinungen und Disharmonien auszuhalten, zeigt, daß Eßsüchtige festhalten wollen, also «klammern». Die Eßanfälle legen nahe, daß Eßsüchtige auch «saugen» wollen. Und da sie sich oft nach Nähe, Wärme, Geborgenheit und bedingungslosem Angenommenwerden sehnen, liegt der Schluß nahe, daß sie sich insgesamt ganz in die ursprüngliche Stillsituation (zurück)sehnen.

Dieses Gefühl ist absolut positiv, denn Stillen bedeutet für ein Neugeborenes ja uneingeschränkte Lust.

Béla Grunberger schreibt in «Vom Narzißmus zum Objekt» über die orale Persönlichkeit, der auch Eßsüchtige zuzurechnen sind: «Der

Orale baut seine intrauterine Lebensweise wieder auf... Wir wissen, daß sich der Orale ständig beklagt, und wer versucht, ihn völlig zu befriedigen, übernimmt eine schwierige Aufgabe. Ein Oraler ist nicht zu befriedigen, da Erinnerung an das verlorene Paradies mitschwingt. Daher verhält sich der Orale auch nicht wie jemand, dem man eine Befriedigung vorenthalten hätte, sondern wie jemand, der ein Recht darauf hat.» *

Im Uterus braucht ein Mensch natürlich noch nichts zu «tun», um seine Bedürfnisse befriedigt zu bekommen. Nach der Geburt sind Saugen und Anklammern die ersten Aktivitäten, die das Überleben sichern. Da beides ursprünglich mit Geborgenheit, Wärme, Körperkontakt und Nähe gekoppelt war, ist anzunehmen, daß jemand, der im übertragenen Sinne im späteren Leben «saugt und klammert», eigentlich auch Wärme, Nähe und Geborgenheit sucht.

Wie aber «saugt» und «klammert» eine erwachsene eßsüchtige Frau wie Anna K.?

Sie selbst sagt: «Saugen und Klammern? Also spontan fällt mir natürlich das Essen ein. Aber ich sauge auch dann, wenn es mir schlechtgeht und ich jemanden zum Reden brauche. Also, wenn ich eine Freundin anrufe oder jemanden besuche, weil mir mal wieder die Decke auf den Kopf fällt. Dann sauge ich nicht nur ein wenig Austausch und Beruhigung auf, sondern ich klammere mich auch an. Wenn die dann keine Zeit für mich haben, also meinem Klammergriff widerstehen, werde ich richtig wütend. Dann würde ich am liebsten die ganze Freundschaft hinwerfen. Hinterher tut es mir dann natürlich leid. Aber im Moment denke ich: ‹Was sind das für Freunde, die nicht da sind, wenn man sie mal braucht?› Dann bin ich nur panisch und frustriert.» Und nach kurzem Nachdenken: «Eigentlich sauge und klammere ich auch, wenn ich Leute zu manipulieren versuche, damit sie meinen Vorstellungen entsprechen. Zum Beispiel, wenn ich meinen Mann beeinflusse, statt zum Sport zu gehen, zu Hause zu bleiben. Dann will ich, daß er, wenn er zu Hause bleibt, sich um mich kümmert.»

«Und was heißt, er kümmert sich um Sie?» will ich wissen.

«Ja, also, er legt sich zu mir aufs Sofa, schmust mit mir, beredet meine Probleme mit mir und», fährt Anna fort.

Wichtig dabei ist, daß er genau das mitmacht, was Anna im Moment

* Béla Grunberger: Vom Narzißmus zum Objekt, Frankfurt/M. 1982, S. 149

braucht. Anna ist das Zentrum des Geschehens, und sie bestimmt die Regeln. Ihr Mann muß für sie verfügbar sein. Wenn er den gewonnenen Abend aber für sich allein gestalten würde, wäre Anna ärgerlich. Dieses Verhalten zeigt deutlich, daß Anna in bestimmten Situationen und bei manchen Menschen ein «Recht» auf deren Verfügbarkeit zu haben glaubt und ist wütend, wenn diese sich dann ihrem Zugriff entziehen.

Wofür aber soll Annas Mann verfügbar sein? Was bezweckt Anna mit Saugen und Klammern?

Die Psychoanalytikerin Alice Miller schreibt in ihrem Buch «Das Drama des begabten Kindes»: «Es ist eine ganze Kunst entwickelt worden, Gefühle nicht erleben zu müssen, denn ein Kind kann diese nur erleben, wenn eine Person da ist, die es mit diesen Gefühlen annimmt, versteht und begleitet. Wenn das fehlt, wenn das Kind riskieren muß, die Liebe der Mutter oder der Ersatzperson zu verlieren, kann es die natürliche Gefühlsreaktion nicht ‹für sich allein› insgeheim erleben, es erlebt sie nicht. Und doch... Etwas bleibt.» *

Ich vermute, daß es dieses Etwas ist, was Anna nach Gelegenheiten suchen läßt, nachzuholen, was sie als Kind nicht adäquat ausleben konnte. Wenn es so ist, wie Miller schreibt, daß ein Kind jemanden braucht, der seine Gefühle und Bedürfnisse annimmt und damit sozusagen absegnet, dann könnte es sein, daß Anna diese Absegnung noch nachträglich haben möchte – von ihrem Mann.

Sie signalisiert ihm dann: ‹Sieh her, ich zeige dir meine ganz kleinkindhaften Bedürfnisse, gestillt zu werden, Körperkontakt zu spüren, mich gehenzulassen und abhängig zu sein. Ich lasse mich ganz fallen, und ich hoffe, daß du mich auffängst. Ich leiste gar nichts mehr und bin nicht mehr nützlich. Ich brauche nur noch. Ich bin schwach und verletzbar. Wenn du mich so annehmen und trotzdem lieben kannst, dann kann ich allmählich vor mir selbst zulassen, daß ich nicht nur die kompetente Lehrerin bin, sondern manchmal eben noch ein bedürftiger Säugling. Dann kann ich eher lernen, mich selbst so anzunehmen wie ich bin.›

Damit wäre es im Hinblick auf eine Nachreifung absolut sinnvoll, eine Person von sich abhängig zu machen. Diese Person wäre dann ganz verfügbar und könnte mit Anna eine Dyade bilden. Im Schutz der gemeinsamen Außengrenzen wäre es Anna möglich, Vertrauen aufzu-

---

* Alice Miller: Das Drama des begabten Kindes, Frankfurt/M. 1979, S. 26

bauen. Die gemeinsamen Grenzen nach außen sind wichtig, denn Anna hat dadurch das Gefühl, daß sie das Wichtigste ist und alles andere in den Hintergrund tritt. Erst wenn diese Voraussetzungen gegeben sind, kann sie den «Säugling» zeigen, der sie in manchen Bereichen noch ist, und damit ihre eigenen Schwächen akzeptieren.

Zunächst aber braucht sie noch den Umweg, von ihrem Mann akzeptiert zu werden. Das ist vollkommen in Ordnung, Anna sollte aber wissen, was sie tut, und ihr «Klammer- und Saugverhalten» als solches relativieren.

Die Journalistin Jean Liedloff, die mehrere Jahre unter den Yequana, einer indianischen Volksgruppe in Venezuela, lebte, befaßte sich in ihrem Buch «Auf der Suche nach dem verlorenen Glück» ausgiebig mit frühkindlichen Entbehrungen. Sie hatte bei den Yequana erlebt, wie sich Menschen ohne solche Mangelerscheinungen entwickeln. Aus ihren Erfahrungen heraus konnte sie die Auswirkungen dieser Entbehrungen klarer erkennen. Sie schreibt: «Die fehlenden Erfahrungen der Säuglingszeit und als Ergebnis die Lücke an der Stelle, wo sein Gefühl von Vertrauen sein müßte, sowie ein unsäglicher Entfremdungszustand werden alles, was das Kind dereinst wird, bedingen und beeinflussen, während es um den Rand des Abgrundes herum aufwächst, an dem man sein Selbstgefühl verkümmern ließ... Es sucht das Gefühl der Richtigkeit, das irgendwo zu finden sein muß, in den Bestandteilen: Gegenwart der Mutter, sein Essen und es selbst.» *

Das Gefühl der Richtigkeit nenne ich hier ‹in Einklang mit sich selbst und der Welt› sein, es ist das Gefühl: ‹Alles ist gut so, wie es gerade ist.›

Annas Wunsch nach der Verschmelzung mit der «guten Mutter» ist zugleich der Wunsch, nicht selbst stehen zu müssen, nicht selbständig sein zu müssen, es nicht nötig zu haben, sich selbst etwas zu holen, nicht zugreifen zu müssen, sondern versorgt, bedient und bemuttert zu werden.

Liedloff schreibt weiter: «Wenn Kinder... zurückhängen, weil sie noch auf Vervollständigung warten, so ist die Folge eine Spaltung ihrer Motive: Sie sind nie fähig etwas zu wollen, ohne zugleich zu wollen, daß sie im Mittelpunkt der Aufmerksamkeit sind; noch sind sie imstande, sich konzentriert dem jeweils vorliegenden Problem zuzuwenden, dürstet doch ein Teil von ihnen immer nach der sorglosen Eupho-

* Jean Liedloff: Auf der Suche nach dem verlorenen Glück, München 1982, S. 93

rie des Säuglings in den Armen eines Menschen, der alle Probleme löst... ein Teil von ihnen sehnt sich danach, hilflos getragen zu werden.» *

Hier wird deutlich, warum viele Eßsüchtige nicht selbständig werden wollen: Weil sie noch «getragen» werden müssen. Wer noch getragen werden muß, kann noch nicht auf sich selbst gestellt werden. «Man kann nur durch die Mutter unabhängig von ihr werden, wenn sie nämlich ihre richtige Rolle einnimmt, einem die Erfahrung des Getragenwerdens gewährt und einem nach dieser Erfüllung erlaubt, selber den nächsten Schritt zu tun.» * *

Da Eßsüchtige in ihrer Selbständigkeit schon früh überfordert wurden, konnten sie nie wirklich den nächsten Schritt allein tun. Das hätte nämlich vorausgesetzt, daß man sie so lange «getragen» hätte, bis sie «Füße» gehabt hätten und auf diesen freiwillig hätten gehen wollen.

Auch Alice Miller führt aus, daß ein Kind erst dann, wenn es Achtung und Toleranz im Hinblick auf die eigenen Bedürfnisse und Gefühle erfahren hat, die Symbiose mit der Mutter aufgeben kann. Eine Symbiose ist nur dann gelungen, wenn sich das Kind von selbst ablöst und ohne allzu große Ängste zwischen «Welteroberung» und «Auftanken» hin- und herpendelt.

Was aber ist «Getragenwerden»?

Zunächst stellt man sich einen Säugling auf den Armen oder am Körper seiner Mutter vor. Er fühlt sich warm, geborgen und aufgehoben. Er ist in Sicherheit und bekommt gleichzeitig viele Anregungen, weil er alles sieht und überall dabei ist. Er ist Teil der Mutter und steht mit ihr zusammen mitten im Leben, nimmt teil. Das kleine Kind auf dem Arm der Mutter nimmt an, daß die Mutter es auf allmächtige Art und Weise vor Gefahren beschützen kann. Als Teil der Mutter empfindet es sich selbst ebenfalls als «allmächtig». Es ist leicht vorstellbar, wie anders sich ein *getragenes* Kind fühlt im Vergleich zu einem Kind, das in einen Kinderwagen oder ein Bettchen *weggelegt* wurde. Dieses wird nicht bewegt, es riecht seine Mutter nicht, spürt keine Körperwärme, hört nicht ihre Stimme und nicht ihren Herzschlag. Es weiß im Anfang auch nicht, ob sie wiederkommt, wenn sie weggeht. Dies kann eine traumatische Erfahrung für ein Kind sein, und ein solches Kind wird alles tun,

---

* Jean Liedloff: Auf der Suche nach dem verlorenen Glück, München 1982, S. 101
* * ebenda, S. 94

um die Aufmerksamkeit der Mutter auf sich zu lenken. Wenn, wie Margaret Mahler annimmt, das innere Empfinden des Säuglings den «Kern des Selbst» bildet, dann ist es nicht verwunderlich, daß Eßsüchtige und andere Menschen mit frühkindlichen Entbehrungen zum Beispiel nicht gut allein sein können, daß sie innere Leere fürchten, nicht in sich selbst zu Hause sind. Wenn der Schwerpunkt des Lebens für einen Säugling in der Mutter liegt, dann ist auch klar, warum ein Mensch, der diesen Schwerpunkt entbehren mußte, sein ganzes Leben nach der «guten Mutter» und damit nach seinem eigenen Schwerpunkt sucht. Ihm fehlt als Basis zum Glücklichsein eine gelungene Symbiose mit der Mutter.

Nach René Spitz und Margaret Mahler «schlüpft» das Kind mit ca. sechs Monaten allmählich aus der Symbiose aus. Dies gelingt, wenn es genügend «ausgebrütet» ist. Eine gelungene Symbiose heißt nicht, daß das Kind keine Frustrationen erduldet hat. Frustrationen und Entbehrungen sind für eine Entwicklung notwendig. ‹Not macht erfinderisch› sagt ein Sprichwort. Bei Leidensdruck und Frustration lernt der Mensch am schnellsten. Aber die Frustration muß vom Kind zu verkraften sein. Was ein Säugling sicherlich nicht verkraftet, ist die Angst, seine Mutter zu verlieren oder im Stich gelassen zu werden.

Das wichtigste Ergebnis einer gelungenen Symbiose ist demnach ein Urvertrauen des Kindes, daß die Mutter verfügbar ist, es so mag, wie es ist, seine Bedürfnisse respektiert (nicht unbedingt gleich erfüllt!) und seine Gefühlsäußerungen annimmt als das, was sie sind, nämlich berechtigte Äußerungen eines inneren Zustandes. Wenn die Mutter diese Äußerungen aber als gegen sich selbst gerichtet empfindet und sie bekämpft, verhindert sie dadurch, daß das Kind lernt, sich in wichtigen Bereichen selbst zu akzeptieren. In der gelungenen Symbiose wird das Kind allmählich lernen, auf seine Fähigkeiten zu vertrauen, besonders wenn es gelernt hat, seinen Körper durch die Mutter liebevoll anzunehmen. Mit wachsender Fähigkeit, sich die Welt zu erobern, verschwindet allmählich das Gefühl, zusammen mit der Mutter allmächtig zu sein. Je mehr das Kind selbst tun und erreichen kann, um so weniger braucht es eine «magische Omnipotenz». Diese hatte der Säugling «erworben», indem er «gelernt» hatte: ‹Ich schreie, und dann kommt die Mutter.› Daraus hatte er den Schluß gezogen: ‹Weil ich schreie, kommt die Mutter, also habe ich die Macht, die Mutter herbeizuholen.›

Eßsüchtige haben noch etwas von dieser magischen Omnipotenz in ihrem Denksystem: ‹Wenn ich dünn wäre, dann wäre alles anders.› Das Schwanken zwischen Depression und Größenwahn gehört ebenfalls dazu. ‹Ich kann alles› ist genauso unrealistisch wie ‹Ich kann und bin nichts›. Hier zeigt sich das ‹Alles oder Nichts› des Lustprinzips.

Im Stadium des Lustprinzips ist die Mutter für das Wohlergehen des Kindes verantwortlich, sie hat in dieser Beziehung in der Tat eine allmächtige Stellung, da sie zunächst für das Kind die ganze Welt ausmacht.

Um den sechsten Lebensmonat bildet sich beim Säugling zunehmend das Realitätsprinzip heraus.

Dabei wird allmählich gelernt, Versagungen zu ertragen und Triebwünsche aufzuschieben. René Spitz schreibt dazu: «Diese Fähigkeit, die Triebbefriedigung aufzuschieben, eine Verzögerung der Spannungsabfuhr zu ertragen, ein sofort statthabendes und vielleicht ungewisses Vergnügen aufzugeben, um die Gewißheit eines späteren Lustgewinns einzutauschen, ist ein folgenschwerer Schritt in der Humanisierung des Menschen. Sie hat den Fortschritt von innerer Rezeption zu äußerer Wahrnehmung... ermöglicht und führt am Ende zu einer aktiven Veränderung der Realität, das heißt zur alloplastischen Anpassung.»[*]

Dieser Schritt von der eigenen Anpassung an die Umwelt zur Anpassung der Umwelt an die eigenen Bedürfnisse und Wünsche ist bei Eßsüchtigen nicht gelungen.

Ebenso ist die Fähigkeit, Bedürfnisse aufzuschieben, also die Frustrationstoleranz, nicht sehr ausgeprägt. Das offenbart die Ungeduld, die alle Eßsüchtigen quält. Auch der «Triebdurchbruch» im Eßanfall erlaubt keinen Aufschub, während Eßsüchtige in anderen Bereichen gut fähig sind «stillzuhalten». Die dabei blockierten und gestauten Energien brechen dann allerdings an anderer Stelle massiv durch.

Mit zunehmender Entwicklung des Realitätsprinzips, die mit der motorischen Entwicklung (greifen, krabbeln, laufen) gekoppelt ist, lernt der Säugling bzw. später das Kleinkind, zielgerichtete Handlungen selbst auszuführen, und zwar durch Versuch und Irrtum, Nachahmung und einfache logische Schlußfolgerungen. Dieser Lernprozeß ermöglicht ihm die zunehmende Differenz zwischen der Attraktivität eines Zieles, der mit dem Erreichen verbundenen Anstrengung, der rei-

[*] René Spitz, Vom Säugling zum Kleinkind, Stuttgart 1985, S. 188

fungsbedingten Möglichkeit des Erreichens dieses Zieles und den Reaktionen der Mutter.

Die zunehmende Persönlichkeitsentwicklung ermöglicht es dem Säugling zu erkennen, daß die Mutter einmal gewährend (lieb) und einmal verbietend (böse) ist, und sie aber immer dieselbe Mutter bleibt. Die Synthese von guter und böser Mutter kann nur erfolgen, wenn die Mutter dem Kind erlaubt hat, ihr seine Aggressionen, die die böse Mutter hervorgerufen hat, zu zeigen.

Das Kind lernt dann, daß es die Ambivalenz bemerken und seine Reaktionen darauf ausdrücken darf und trotzdem gemocht wird. In der Psychoanalyse spricht man von einem Libidotrieb und einem Aggressionstrieb. Damit diese vereint werden können, muß es dem Kind erlaubt sein, beide auf dasselbe Objekt zu richten. Der Aggressionstrieb enthält nicht nur Destruktives, sondern das ‹Aggredere›, das Herangehen, das Anpacken, Aktivität im weitesten Sinne. Natürlich ist damit auch das Zerstörerische, das Blindwütige, das Zubeißende gemeint. Dieser Aggressionstrieb mündet in der der Symbiose folgenden Loslösungs- und Individuationsphase in den Drang, die «Welt zu erobern».

In der gelungenen Symbiose hat es das Kind geschafft, die Mutter sowohl als gut als auch als böse zu erkennen. Wenn die Mutter es trotz dieser seiner «Erkenntnisse» lieben kann, kann das Kind sich selbst auch lieben und annehmen. Kann die Mutter aber mit der gegen sie gerichteten Frustration und Aggression des Kindes nicht umgehen und unterdrückt sie diese, dann empfindet sich das Kind selbst als «böse».

Die Aggressionen des Kindes beziehen sich zunächst nicht auf die Person der Mutter, sondern auf die Tatsache, daß diese einen Wunsch nicht sofort erfüllt oder etwas verbietet. Damit steht sie seinem «Welteroberungsdrang» entgegen. Im Umgang mit solchen «Reibungen» reift das Kind. Es kämpft mit Trotz, Charme, List für seine Ziele, je nach Alter und Entwicklungsstand.

Empfindet die Mutter die Aktivitäten des Kindes als «böse» und als gegen sie selbst als Person gerichtet, dann ist ihr Image als «gute Mutter mit einem artigen Kind» in Frage gestellt. Sie wird dem Kind, wenn es «böse» ist, Schuldgefühle aufzwingen, ihm vielleicht sogar drohen, daß sie es nicht mehr liebhat. Das Kind, das die Mutter auf keinen Fall verlieren will, wird also sein Verhalten in Zukunft verändern.

Viele Eßsüchtige waren «begabte Kinder» im Sinne von Alice Miller. Sie spürten die Erwartungen, die sie erfüllen mußten, um Anerkennung zu bekommen, und sie entwickelten sich entsprechend. Mißlingt also die Symbiose in diesem Punkt, muß das Kind einen Teil seiner Wahrnehmung ausblenden.

Und genau das tun Eßsüchtige. Sie idealisieren bestimmte Menschen, und sie lassen an anderen wiederum kein gutes Haar. Sie haben ein Schwarz-Weiß-Weltbild, das kaum Grautöne kennt.

René Spitz spricht davon, daß erst dann, wenn dasselbe Objekt als gut und böse, schwarz und weiß mit allen dazwischenliegenden Grautönen wahrgenommen wird, eine «echte» Objektbeziehung möglich ist. Eine «unechte» Objektbeziehung ist eine rein «narzißtische», das heißt, das «Objekt» (Mutter, Partner, Freunde) wird nur daraufhin bewertet, wie gut es bestimmte Bedürfnisse erfüllt.

Erst bei einer echten Beziehung kann das Objekt als solches geliebt und respektiert werden. Erst wenn eine Eßsüchtige nicht mehr im Partner die «gute Mutter» sucht, kann sie ihn um seiner selbst willen lieben.

In einer gelungenen Symbiose ermuntert die Mutter das Kind zur Unabhängigkeit, zum Welterobern; sie läßt ihm Freiraum, spendet aber auch zur rechten Zeit Schutz und Trost. Das Kind muß immer wieder «auftanken», d. h. sich vergewissern, daß alles in Ordnung ist, muß sich von der Fülle der neuen Eindrücke erholen, sie verarbeiten.

«Auftanken» kann ein Kind auf verschiedene Art und Weise: Es will auf den Arm, sucht engen Körperkontakt, will geschaukelt werden, schmusen, Wärme und Geborgenheit spüren. Es versucht offensichtlich, noch einmal in die alte Symbiose zurückzuschlüpfen.

Eßsüchtige versuchen in ihren Eßanfällen aufzutanken, im wahrsten Sinne des Wortes gestillt zu werden.

Aber auftanken ist noch mehr. Anna K. meint dazu:

«Ich entspanne mich ganz, wenn ich auftanke, sehe fern, lese, stricke oder bastle. Auf jeden Fall erledige ich keine lästigen Arbeiten und erbringe auch keine Leistung. Ich lasse es mir gut gehen, faulenze, gehe spazieren, gehe schwimmen, telefoniere mit meinen Freundinnen, mache etwas mit meinem Mann zusammen.» Mehr fällt ihr zunächst nicht ein.

«Bedeutet Körperkontakt auch auftanken?» frage ich.

«Ja», sagt sie, «aber nur, wenn er ohne Anforderungen geschieht. Wenn ich merke, daß mein Mann mit mir schlafen will, ist es schon wieder eher Druck, und dann kann ich nicht mehr auftanken.»

Ich frage Anna, ob der Satz ‹Erst die Arbeit und dann das Vergnügen› das Auftanken beinhaltet, ob Vergnügen für sie Auftanken bedeutet.

«Das habe ich mir noch gar nicht überlegt», sagt sie. «Was ist für mich denn überhaupt ein Vergnügen? Ja, was ich vorhin beim Auftanken gesagt habe, gilt eigentlich auch für das Vergnügen. Irgendeinen ausgelassenen Blödsinn machen, viel lachen, das ist auch Auftanken.»

Nicht nur ein quasi symbiotisches Verhalten wie schlafen, essen, bemuttert werden, ausruhen, schmusen bedeutet auftanken, sondern auch anstrengende Aktivitäten wie Bergwandern, Skifahren und Schwimmen können durchaus «auftanken» bedeuten.

Wesentliches Merkmal des Auftankens ist die Freiwilligkeit, mit der man Dinge tut. Die Tatsache, daß man sie nur für sich allein tut. Auftanken bedeutet, etwas für sich zu tun.

Viele Eßsüchtige haben jedoch Schuldgefühle, wenn sie «egoistisch» sind und etwas nur für sich tun.

Sie wagen es auch oft nicht, ihr Leben so zu verändern, daß es für sie befriedigender wäre. Manchmal wäre dazu eine größere Entscheidung nötig, wie Arbeitsplatzwechsel, Wohnortwechsel, Veränderungen in Partnerschaft oder Familie.

Eßsüchtige scheuen aber vor solchen «egoistischen» Schritten zurück. Es sind Schritte weg von der «Mutter», von ihren Normen und Images. Es sind Schritte in die ‹echte› Selbständigkeit, Schritte heraus aus der Symbiose, und die fallen ihnen schwer.

Selbständig
werden und die Welt erobern

«Mir fällt in letzter Zeit auf, daß ich irgendeine Angst habe vor dem Neuen», sagt Anna am Anfang einer Therapiestunde. Ich fordere sie auf, ihre Beobachtungen etwas detaillierter mitzuteilen.

«Also», fährt sie fort, «wir waren ja vor einigen Wochen mit einem befreundeten Ehepaar im Skiurlaub. Ich bin in früheren Jahren nie mitgegangen, weil immer irgend etwas anderes anstand. Aber ich habe allmählich den Verdacht, daß ich Angst hatte und deshalb Ausreden erfand, um mich zu drücken.» Ich lasse Anna eine konkrete Situation schildern, in der sie Angst vor Neuem hatte.

«Einmal wollten die Männer eine schwierige Piste hinunterfahren, und sie drängten uns, also die andere Frau und mich, doch mitzufahren. Da überkam mich regelrecht Panik. Die andere Frau war noch eher bereit, einfach mal etwas zu riskieren, aber in mir war eine entsetzliche Angst, die bei dem Schwierigkeitsgrad dieser Abfahrt eigentlich nicht gerechtfertigt war.»

Anna soll sich nochmals genau in diese Situation hineinversetzen und versuchen, die Angst zu spüren, so gut es geht.

«Sie sitzt im Bauch», sagt Anna. «Ich habe Angst vor dem Augenblick, wo ich den Entschluß fasse, hinunterzufahren, und mich von oben, wo ich sicher stehe, abstoße. Es ist nicht so sehr die Angst zu stürzen, sondern diese Überwindung», sagt Anna erregt. «Also eher die Angst, den sicheren Stand aufzugeben und sich dem Ungewissen anzuvertrauen?» frage ich. «Ja genau», meint Anna, «hm, eigentlich komisch, das kommt mir wieder mal so bekannt vor, den sicheren Halt verlieren, die Kontrolle verlieren. Aber was ist denn so schlimm daran?» überlegt Anna. Die Frage, ob sie damals den Hang hinuntergefahren sei, verneint Anna. Um noch genauer herauszufinden, wovor Anna Angst hat, soll sie sich vorstellen, sie stünde nochmals oben am Hang und wagte es, ins Tal zu fahren.

Anna schließt die Augen und konzentriert sich.

«Jetzt stoße ich mich ab – o je – es geht so schnell, ich kann ja gar nicht mehr bremsen. Wäre ich doch bloß nicht gefahren. Ich fahre im Schuß ins Tal.» Annas Stimme ist ganz ängstlich.

Wir brechen die Phantasie ab. Es ist deutlich geworden: Sie hat offensichtlich Angst davor, daß sie bei so hoher Geschwindigkeit nicht mehr bremsen kann, daß die Ereignisse sie überrollen und daß sie die Kontrolle verliert. Sie fürchtet, mit der Situation nicht mehr «umgehen» zu können.

Umgehen hat zwei Bedeutungen, je nach Betonung: etwas um-*gehen* (vermeiden) oder mit etwas *um*-gehen (bewältigen). Das Umgehen ist das Gehen, die Flucht, das Ausweichen. Es ist das, was Anna schon im Überfluß praktiziert hat. Jeder Eßanfall, jedes Stillhalten, jede Verausgabung für andere ist ein Um*gehen* von…

Mit etwas Neuem *um*gehen können setzt voraus, daß jemand entweder über genügend Strategien aus bereits bekannten Situationen verfügt, oder aber bereit ist zu lernen, mit der neuen Situation *um*zugehen. Die Betonung liegt auf lernen. Mit etwas Neuem *um*gehen können heißt nicht (nur), mit bereits fertigen Verhaltensmustern die neue Situation im alten Schema bewältigen zu können, sondern es erfordert auch, sich auf neue Erfahrungen einzulassen, bei denen eventuell etwas ganz anderes herauskommt, als ursprünglich angestrebt war.

Anna sieht «mit etwas umgehen können» als ein fertiges Alles oder Nichts an. Entweder sie «packt» die Abfahrt oder nicht.

Sie könnte jedoch auch lernen, den Hang «anzupacken», indem sie vorher an zunehmend schwierigeren Hängen übt oder sich allmählich einen besseren Fahrstil aufbaut. Auf jeden Fall wäre das eine Sache der kleinen Schritte.

Die kleinen Schritte bedeuten konkrete Arbeit, experimentieren, Rückschläge, erneute Versuche, aber auch «sich blamieren». Dadurch gewinnt der oder die Lernende Erfahrung, kann aber natürlich keinem Image entsprechen. Er oder sie fährt eben jeweils so gut, wie es ihm oder ihr möglich ist. Die Situation ist ähnlich wie bei einem Kind, das das Laufen lernt. Es übt sich in immer schwierigeren «Übungsfeldern», zwischen immer weiter auseinanderstehenden Möbeln oder Personen. Wenn es hinfällt, trauert es kurz, aber dann steht es wieder auf. Und je öfter das Kind hingefallen ist, desto besser kann es aufstehen, um so sicherer steht es wieder. Mit zunehmender Erfahrung steht es immer sicherer auf den Beinen. Wie würde ein Erwachsener, der das Laufen noch lernen müßte, diese Situation angehen?

Er könnte sich sagen: «Wenn ich schon laufen lernen soll, dann will ich gleich rennen, wozu soll ich mich mit so einem Kinderkram wie ‹kleine Schritte machen› abgeben. Wenn ich nicht sofort rennen kann, kann ich das Laufenlernen auch bleiben lassen.» Dann rennt er los – vielleicht hat er vorher noch eine Versicherung abgeschlossen, und fällt – unvermeidlich – sofort hin. Anstatt wieder aufzustehen, klagt er nun über den Fußboden, der so hart ist, den Tisch, der genau im Wege stand, und überhaupt über die böse Welt, die von ihm fordert, daß er laufen lernen soll. Er beschließt, das Laufen doch nicht zu lernen, sondern sich lieber tragen zu lassen, denn «zum Laufenlernen taugt er ganz einfach nicht». Dieser Erwachsene hat die Einstellung:

● Er müßte sofort alles können,
● er sollte es nicht nötig haben zu üben,
● er will sich absichern; falls etwas schiefgeht, sollen andere die Verantwortung übernehmen,
● er verachtet kleine Schritte und sich selbst, wenn er solche macht,
● sein Image ist ihm mehr wert als eigene Erfahrungen,
● er macht andere verantwortlich für sein Hinfallen,
● er hält sich für untauglich, gibt sich keine Chance, etwas erst einmal zu lernen,
● er gibt das ganze Gebiet gleich auf, da es zu blamabel für ihn zu werden droht,
● er macht sich lieber von anderen abhängig, indem er sich tragen läßt, und überträgt diesen die Verantwortung für sein Fortkommen.

Das Kind in unserem Beispiel hat dem Erwachsenen einiges voraus:
● Es hat die absolute Gewißheit, daß es laufen lernen kann,
● es weiß, daß es das selbst lernen muß, daß niemand es ihm abnehmen kann,
● es ist bereit, so lange zu üben, bis es laufen kann,
● es möchte laufen können, weil sich seine Welt damit vergrößert.

Es hat also eine innere, tiefe Motivation, es übernimmt die Verantwortung für seine Schritte, es akzeptiert, daß es üben muß, es ist bereit, sich anzustrengen, und es hat das Vertrauen, es zu schaffen. Und genau diese Voraussetzungen sind den Eßsüchtigen abhanden gekommen.

Was den Eßsüchtigen ebenfalls in unterschiedlichem Ausmaß abhanden gekommen ist, ist die Lust am Experimentieren, die Lust an neuen Verhaltensweisen. Ein Kleinkind quietscht vor Vergnügen, wenn es plötzlich ein paar Schritte allein gehen kann oder mit einer gezielten Bewegung ein Geräusch hervorrufen kann. Diese «Funktionslust» ist ein starker Motor für die Entwicklung. Es macht Spaß, die Welt zu erobern. Warum haben Eßsüchtige diesen Spaß verloren oder nie gekannt? Der Schlüssel zur Antwort auf diese Frage muß in der Reaktion der Mutter auf den Welteroberungsdrang ihres Kindes gesucht werden. Leider gibt es keine wissenschaftlichen Untersuchungen über die Kindheit eßsüchtiger Frauen, deshalb handelt es sich im folgenden lediglich um Vermutungen.

Alle Eßsüchtigen, die ich kenne, haben kontrollierende Mütter, d. h. Mütter, die eine klare Vorstellung von richtig und falsch haben und deren Toleranzgrenzen diesbezüglich ziemlich eng sind. Es ist anzunehmen, daß diese Mütter ihren kleinen Töchtern frühzeitig beibrachten, wie die Dinge «richtig» angepackt werden. Da kindliches Experimentieren als «kaputtmachen» oder «schmutzig machen» angesehen wurde, wurde es eher vereitelt als gefördert. Wenn also Anna und all die anderen Eßsüchtigen gelernt haben: ‹Ich bin böse und unerwünscht, wenn ich experimentiere› und gleichzeitig Angst vor dem Liebesverlust der Mutter hatten, dann mußten sie nur noch ängstlich darauf bedacht sein, alles «richtig» zu machen. Die Mütter der Eßsüchtigen haben ihre Kinder wahrscheinlich einfach um Erfahrungen gebracht, indem sie diese vorwegnahmen. Sie zeigten ihrem Kind lieber alles, weil sie nicht wollten, daß es beim selbständigen Herausfinden etwas kaputtmachte. Eine Welteroberung ist aber keine Welteroberung mehr, wenn man nur artig auf ausgetretenen Pfaden gehen darf.

Es ist nicht verwunderlich, wenn ein Kleinkind, dem man das Experimentieren weitgehend verwehrt, immer passiver und unzufriedener wird. Später wird es dann Ersatzbefriedigung beim Essen suchen oder andere Süchte entwickeln, anstatt zu handeln.

Wenn man sich ohne fertige Strategie auf eine neue Situation einläßt

167

und mit ihr umzugehen versucht, dann kann es passieren, daß die neuen Erfahrungen das ursprüngliche Ziel vergessen lassen. Dadurch kann eine feste Vorstellung davon, wie die Dinge zu sein haben, zusammenbrechen.

Ist es nur das, was Eßsüchtige befürchten?

Stellen wir uns noch einmal Anna oben am Steilhang vor. Sie hat nicht nur Angst vor der Sturzfahrt ins Tal und ihrer Unfähigkeit zu bremsen, sondern sie hat auch Angst davor, den sicheren Stand aufzugeben. Dieser «sichere Stand» ist im täglichen Leben der Halt, das Vertraute, die Entspannung, die Erholung. Hat Anna Angst, daß ihr Halt nur an bestimmten festen Orten ist? Warum ist er nicht auf der Piste? Und sie hat Angst, diesen Halt nicht mehr zu finden, wenn sie ihn einmal verloren hat.

Ich frage Anna, ob sie sich stark an ihre Mutter geklammert habe. «Ja, eigentlich schon», sagt sie, «ich wollte ja ihre Liebe nicht verlieren. Wenn sie sauer war und tagelang nicht mit mir gesprochen hat, habe ich alles getan, um sie wieder zu besänftigen. Ich bin dann auch nicht von ihr gewichen, ihr überallhin nachgelaufen.» Anna überlegt und lächelt dann. «Es fällt mir gerade noch etwas ein, aber ich weiß nicht, ob das hierher gehört. Als wir in den Bergen eine Skiwanderung machten, merkte ich, daß ich mich lieber anstrengte, um mit meinem Mann auf gleicher Höhe zu bleiben, als zu den anderen zurückzufallen. Auch sonst bleibe ich manchmal lieber bei meinem Mann zu Hause, als irgend etwas anderes außer Haus zu machen, obwohl es mich an und für sich interessieren würde. Manchmal habe ich das Gefühl, ich will ihn bewachen.» Anna schämt sich, ist aber gleichzeitig froh, dies so offen zugeben zu können. Was sie sagt, klingt, als ob ein Kind der Mutter ununterbrochen am Rockzipfel hängen müßte, um sicher zu sein, daß diese nicht fortgeht. Am «Rockzipfel hängen» heißt für Anna nicht nur «bewachen», sondern auch «loyal sein».

Anna war loyal, wenn sie für ihre Mutter verfügbar war, wenn sie nicht hinauszog und die Welt eroberte. Nachdenklich sagt sie: «Ja also, wenn ich meinen Mann allein lasse, habe ich immer ein schlechtes Gewissen. Dabei ist er gern ab und zu allein. Ich habe irgendwie auch Angst, wenn ich ihn alleine lasse.»

Wir haben im Kapitel «Anna und ihre Mutter» gesehen, daß Anna Schuldgefühle entwickelte, wenn sie ihre Mutter allein ließ. «Allein lassen» war für Anna schon gegeben, wenn sie betont anders war als ihre

Mutter. «Jemanden alleine lassen» muß Anna aus früher Kindheit als etwas Negatives gespeichert haben, etwas «Böses». «Haben Sie das Gefühl, daß, wenn Sie Ihren Mann nicht allein lassen, er Sie ebenfalls nicht allein lassen darf?» frage ich.

Anna ist einen Moment perplex.

«Sie meinen, daß ich mir sein Dableiben durch mein Dableiben moralisch erzwinge?» fragt Anna zurück. «So ungefähr», bestätige ich.

«Hm, also vom Kopf her würde ich spontan nein sagen. Aber vom Gefühl her merke ich, daß da etwas Wahres dran ist. Ja, wenn ich fortginge, dann könnte er ja auch fortgehen.»

«Was wäre denn so schlimm, wenn er fortginge?» frage ich.

«Na ja, wenn er fortgeht, dann könnte er ja dort, wo er hingeht, etwas finden, was ihm mehr Spaß macht, als mit mir zusammenzusein. Das muß jetzt nicht eine andere Frau sein, es kann auch irgendeine Tätigkeit sein, die ihn absorbiert. Und außerdem könnte es sein, daß er nicht zurückkommt. Ich meine jetzt nicht physisch, sondern mehr emotional», führt Anna aus.

«Und deshalb riskieren Sie lieber nichts und bewachen ihn, obwohl Sie dadurch von Ihrem eigenen Leben abgehalten werden?» frage ich provozierend.

«Ja», sagt Anna, «so ist es wohl.» Diese Erkenntnis bereitet ihr Unbehagen. «Ich merke auch, daß ich, wenn er so fröhlich davon erzählt, was er mit anderen Leuten unternommen hat und wie lustig das gewesen ist, allmählich innerlich immer zurückgezogener und deprimierter werde. Dann denke ich immer wieder, die Beziehung wird kaputtgehen, denn ich kann ihm das nicht bieten, was ihm die anderen Leute bieten. Ich habe zuviele Erwartungen an ihn, und ich bin zu verbissen, so daß es nicht locker und fröhlich sein kann bei uns. Und je mehr ich an so etwas denke, um so schweigsamer, trauriger werde ich. Wenn er mich dann fragt, was ich denn habe, kann ich keine Antwort geben. Ich weiß es selbst nicht, und das, was ich weiß, klingt so lächerlich. Ich glaube, ich will, daß es ihm nur bei mir gut geht, aber nicht bei jemand anders. O Himmel, wie egoistisch ich doch bin», sie schlägt sich die Hände vors Gesicht.

Anna will den Anfängen wehren: Indem sie ihren Mann bewacht, glaubt sie verhindern zu können, daß sie ihn verliert, daß sie ihn nicht mehr als den Menschen hat, als den sie ihn momentan kennt.

Wenn er voller neuer Eindrücke zurückkommt, dann ist er anders als zuvor, sein Horizont hat sich erweitert, er hat fremden «Stallgeruch». Die neuen Anregungen, die er mitbringt, könnten ihn und damit auch die Beziehung verändern. Damit müßte Anna umgehen lernen, sich auch verändern, diese neuen Eindrücke integrieren, bekämpfen oder selbst aufgreifen. Aber Anna möchte lieber eine berechenbare Beziehung, ohne Risiko.

Auf unvorhergesehene Abwesenheit ihres Mannes reagiert sie mit Stimmungsabfall. Sie wartet dann, ist unruhig, besorgt, kann nicht einschlafen. Selbst wenn sie es schafft, sich zu beschäftigen, kreisen ihre Gedanken fast ununterbrochen um ihn. Sie sieht ständig auf die Uhr, und je später es wird, desto panischer wird sie. Ihr Stimmungsabfall kann sich bis zur Depression steigern. «Ich fühle mich dann wie gelähmt und kann irgendwann gar nichts mehr tun, außer warten. Mir macht dann auch nichts mehr Spaß. Es ist, als wäre die Batterie aus mir herausgenommen, ich falle manchmal richtiggehend zusammen. Wenn mein Mann dann zurückkommt, reagiere ich unterschiedlich, je nachdem, ob er ‹böswillig› so lange weggeblieben ist oder nicht», führt Anna weiter aus. «Wenn sein Fortbleiben aus böser Absicht geschah, dann bin ich beleidigt, ziehe mich zurück, reagiere zynisch und gleichgültig. Ich lasse ihn dann auch gefühlsmäßig nicht mehr an mich heran. Wenn er aus anderen Gründen nicht bei mir sein konnte, dann brauche ich – wenn er wieder da ist – ganz viel Nähe, um das Entgangene aufzuholen. Bekomme ich diese Nähe nicht, bin ich frustriert, bin unruhig, unzufrieden, wütend und quengelig. Wenn er dann gleich wieder weggeht, gerate ich in Panik und versuche, mich anzuklammern. Wut, Haß, Ablehnung und panisches Anklammern können sich auch abwechseln. Aber, wenn ich mich anklammere und er geht trotzdem, so wie es damals mit Norbert öfters geschah, dann kann ich eiskalt werden. Und dann gehe ich sehr lange nicht mehr auf.»

Ich möchte wissen, ob ihre Frustration durch Entzug des Partners sich von Frustrationen in anderen Situationen unterscheidet. Es stellt sich heraus, daß Anna derartige andere Situationen nur punktuell als frustrierend empfindet. Sie beeinträchtigen weder über längere Zeit ihre Gesamtverfassung noch ihre Weltsicht. Anna kann sich in «normalen» frustrierenden Situationen durchaus noch an anderen Dingen freuen und sich ablenken. Hingegen: «Wenn mir aber der Partner entzogen wird, werde ich teilnahmslos, nichts freut mich mehr. Wenn ich dagegen mit einem Partner glücklich war, dann war mein ganzes Leben in Ordnung, dann war ich stark, fröhlich und ausgeglichen, zumindest eine Zeitlang. Wenn ich verliebt war, habe ich auch immer abgenommen. Da habe ich einfach nicht soviel Essen gebraucht.»

Annas Reaktion auf Partnerentzug erinnert in abgeschwächter Form an das Zustandsbild der sogenannten Anaklitischen Depression, das René Spitz beschrieben hat.

Spitz hatte in den vierziger Jahren in Säuglingsheimen und Findelhäusern in den USA und Teheran die Auswirkungen mangelnder oder fehlender «emotionaler Zufuhr» auf Kinder untersucht. Die Säuglinge wurden zwischen dem sechsten und achten Lebensmonat aus äußeren Gründen von ihren Müttern getrennt. Waren sie fünf Monate oder länger ohne Mutter oder Mutterersatz und wurden sie nur notdürftig versorgt und ohne emotionale Ansprache gelassen, so «verhungerten» sie allmählich psychisch, was zum Zustandsbild des «Hospitalismus» führte. Dieses Krankheitsbild geht mit einem motorischen und intelligenzmäßigen Entwicklungsrückgang einher, einer völligen Abkehr von der Umwelt, Apathie, Infektionsanfälligkeit und oft sogar Tod.

Hospitalismus in ausgeprägter Form kommt zum Glück nur selten vor, und ich habe nie in der Biographie von Eßsüchtigen einen solchen gravierenden Mangelzustand gefunden. Er wird an dieser Stelle nur beschrieben, weil er das Endstadium der Anaklitischen Depression sein kann. Das Wort «anaklitisch» kommt aus dem Griechischen und heißt unter anderem «sich zurücklehnen, sich anlehnen». Gemeint ist hier eine Depression in Anlehnung an die Bedürfnisbefriedigung, also eine «(Liebes-)Entzugsdepression». Sie tritt auf, wenn ein Kind längere Zeit von seiner Mutter getrennt wird; dies kann auch schon bei einem Krankenhausaufenthalt der Fall sein. Die Dauer der Trennung bestimmt die Schwere und auch die Reversibilität oder Irreversibilität der Symptome. Viele Eßsüchtige haben in der frühen Kindheit eine längere oder kürzere Trennung von ihren Müttern durchgemacht, oder aber sie müssen sich auf irgendeine Art und Weise psychisch im Stich gelassen gefühlt haben. Die genaue Ursache läßt sich sicherlich nicht mehr nachträglich rekonstruieren, aber darum geht es auch nicht. Mir geht es darum, herauszufinden, was die heutigen Symptome Eßsüchtiger ausdrücken. Da die erste Ursache für Eßsucht vermutlich in der allerfrühesten Kindheit liegt, suche ich Analogien zu Symptomen, die schon bei Kleinkindern oder Babys vorhanden sind. Bei ihnen ist es noch relativ einfach,

Auftauchen oder Verschwinden und damit die Ursachen von Symptomen zu untersuchen. Kleine Kinder reagieren ziemlich direkt auf Störfaktoren in ihrer Umwelt. Sind diese behoben, dann verschwinden auch meist die Symptome sofort wieder, da sie ihre Funktion erfüllt haben. Beim Erwachsenen ist es nicht mehr so einfach, da die Symptome oft weitere Symptome oder Abwehrmechanismen nach sich gezogen haben und der oder die Leidtragende auch das Gesicht wahren will. Wenn beispielsweise eine Eßsüchtige befürchtet, abgelehnt zu werden, dann zeigt sie dies nicht einfach, sondern «hält still» oder «strengt sich an»; um dies nicht zu zeigen, ißt sie sich voll; und um dies wiederum nicht zu zeigen, erbricht sie, und so weiter.

Sehen wir uns die vollständig ausgeprägten Symptome in einer Beschreibung von René Spitz einmal an. Durch seine Beschreibung eines extremen Beispiels fällt es leichter, die subtilen «Restsymptome» beim Erwachsenen zu entdecken.

René Spitz schreibt: «Wir trafen in dieser Anstalt, hier Säuglingsheim genannt, ein auffallendes Syndrom an. Im allgemeinen hatten diese Säuglinge im Säuglingsheim während der ersten sechs Monate ihres Lebens gute Beziehungen zu ihren Müttern und entwickelten sich gut. In der zweiten Hälfte des ersten Jahres jedoch legten einige von ihnen ein weinerliches Verhalten an den Tag, das in auffallendem Gegensatz zu ihrem früheren fröhlichen und freundlichen Benehmen stand. Nach einer Weile wurde die Weinerlichkeit von einer Kontaktverweigerung abgelöst. Die Kinder lagen dann meist auf dem Bauch in ihren Bettchen, den Kopf weggewendet, und weigerten sich, an dem Leben ihrer Umwelt Anteil zu nehmen. Wenn wir uns näherten, wurden wir meist nicht beachtet, obwohl uns manche Kinder mit suchendem Ausdruck beobachteten. Wenn wir auf der Annäherung bestanden, fingen sie an zu weinen, manchmal auch zu schreien. Es machte keinen Unterschied, ob der Beobachter ein Mann oder eine Frau war.

Das weinerliche, zurückhaltende Verhalten pflegte zwei oder drei Monate anzudauern; manche dieser Kinder verloren in dieser Zeit an Gewicht, anstatt zuzunehmen... Alle Kinder zeigten eine wachsende Anfälligkeit für hinzutretende Erkältungen. Ihre Entwicklungsquotienten zeigten zunächst einen Rückstand in der Persönlichkeitsentwicklung, dann allmählich ein Absinken.

Dieses Verhaltenssyndrom dauerte etwa drei Monate lang an und wurde immer schlimmer. Dann hörte die Weinerlichkeit auf, an ihre

172

Stelle trat eine ‹gefrorene› Starre des Gesichtsausdruckes. Nun pflegten diese Kinder mit weit geöffneten, ausdruckslosen Augen dazuliegen oder dazusitzen, mit erstarrtem, unbeweglichem Gesicht und abwesendem Ausdruck, wie in einer Betäubung; offenbar sahen sie gar nicht, was um sie herum vor sich ging. Es wurde immer schwieriger, mit Kindern, die dieses Stadium erreicht hatten, Kontakt aufzunehmen, schließlich wurde es unmöglich... Dieses Weinen war ganz anders als das, was man gewöhnlich bei Kleinkindern erlebt, das von einer gewissen Beimischung von stimmlicher Unlustäußerung und manchmal von Schreien begleitet ist. Statt dessen weinte sie lautlos, die Tränen liefen ihr übers Gesicht hinunter. Wenn man leise und beruhigend mit ihr sprach, fing sie nur noch stärker an zu weinen...» *

Kam die Mutter in den ersten drei Monaten zurück, waren die Symptome noch reversibel. Aber was heißt das schon? Die Kinder wurden allenfalls noch ein paar Monate lang auf sichtbare Symptome hin beobachtet, die entweder gerade dann auftraten, wenn die Beobachter anwesend waren, oder vom Pflegepersonal geschildert wurden. Und es wurden nur Symptome untersucht, von denen man von vorneherein annahm, daß es Symptome waren. Alles andere entging den Beobachtern. Die subtilen Restsymptome im Erwachsenenalter konnten natürlich nicht untersucht werden. Viel relevanter, als Extremsituationen in Säuglingsheimen zu untersuchen, wäre natürlich die Untersuchung dessen, was in ganz «normalen» Familien an emotionalem Entzug abläuft. Aber es ist fast unmöglich, dies im größeren Rahmen durchzuführen. Man müßte herausfinden, welche Verhaltensweisen, die einem Erwachsenen vielleicht harmlos vorkommen, in einem Kind das Gefühl hinterlassen, «im Stich gelassen» worden zu sein.

Die Weinerlichkeit, die Kontaktverweigerung, die innere Lähmung, die Unlust, die Welt zu erobern, die Apathie, aber auch das Anklammern nach der Wiedervereinigung mit der «Mutter», all das kann man sehr wohl auch bei Erwachsenen beobachten. Eine anaklitische Depression tritt nur bei solchen Kindern auf, die vor der Trennung von der Mutter eine gute Beziehung zur Mutter hatten. Eine schlechte Beziehung kann offensichtlich auch ein Kind schon leichter entbehren.

Hat Anna deshalb auch Angst, die «gute Mutter» zu finden?

* René Spitz: Vom Säugling zum Kleinkind, Stuttgart 1985, S. 280–282

In den sozialen Beziehungen von Eßsüchtigen zeigt sich ein bestimmtes Muster, das besonders extrem in Liebesbeziehungen zum Ausdruck kommt: Es sieht so aus, als zöge die Eßsüchtige durch anfängliche arrogant-kühle Abwehr von Nähe, durch Unnahbarkeit ziemlich weiträumig eine Mauer um sich. Gelingt es aber jemandem, über diese Mauer zu springen, dann schlägt diese distanzierte Abwehr in Anklammern, Passivität, Selbstaufgabe um.

Im Stich gelassen werden

«Am Wochenende hatten wir einen Riesenkrach», erzählt Anna. «Wir hatten die Mutter meines Mannes besucht, und sie hat mich irgendwann ‹taktvoll› darauf hingewiesen, daß ich ja wohl zugenommen hätte. Ich war hell entsetzt. Aber der Hammer kommt noch. Mein Mann sagte dann auch noch spöttisch: ‹Na ja, so wie die ißt.› Ich kochte innerlich. Den ganzen Abend habe ich kein Wort mit ihm gesprochen, ich haßte ihn wie noch nie. Ich war so verletzt. Einmal, weil seine Mutter, die mich sowieso nicht leiden kann, so eine spitze Bemerkung gemacht hatte. Aber das Schlimmste war, daß ich mich von meinem Mann so im Stich gelassen fühlte. Er fiel mir regelrecht in den Rücken.» Anna ist immer noch wütend und entsetzt.

«Wie hätte er sich denn verhalten sollen?» frage ich.

«Er hätte wenigstens zu mir halten können und seiner Mutter nicht auch noch recht geben sollen», führt sie aus.

Annas Gefühl, im Stich gelassen worden zu sein, erscheint mir wichtig. Was versteht sie darunter?

«Verlassen werden, jemand, dem ich vertraut habe, hält nicht mehr zu mir, jemand läßt mich im Stich, wenn er mir nicht hilft, obwohl er es mir versprochen hat. Es läßt mich auch jemand im Stich, wenn ich ihn dringend brauche und fest mit ihm gerechnet habe. Oder, wenn jemand etwas sehr Persönliches von mir weiß und diese Information gegen mich verwendet. Wenn mich jemand fallenläßt.»

«Im Stich gelassen werden hat also für Sie etwas mit Verrat, Verlassenwerden und Vertrauensbruch zu tun», fasse ich zusammen, «also mit Illoyalität.»

«Ja, genau», sagt Anna. «Mein Mann war bei diesem Besuch seiner Mutter gegenüber viel loyaler als mir gegenüber. Mehr noch, er fiel mir bösartig in den Rücken. Illoyalität ist nicht immer bösartig. Aber wenn ich mich im Stich gelassen fühle, muß Bösartigkeit dazukommen.

Und was bedeutet bösartig für Anna?

«Wenn der andere genau weiß, wie sehr er mich verletzt oder wie sehr ich mich auf ihn verlassen habe, und mich dann trotzdem verrät, oder was auch immer. Es ist ihm recht, daß es mich verletzt, das ist Bösartigkeit.»

«Also eine gewisse Absichtlichkeit», wiederhole ich.

«Ja, und eine gewisse Mutwilligkeit», ergänzt Anna.

«Traf die Anspielung Ihres Mannes auf Ihre Figur noch zusätzlich einen wunden Punkt?» fragte ich nach.

«Ja, genau, das ist ja der Punkt, an dem ich selbst nicht zu mir stehe», sieht Anna ein.

Das Gefühl, im Stich gelassen zu werden, droht offensichtlich besonders an jenen Stellen, die man bei sich selbst ablehnt. Gerade dort bräuchte man eine Person, die diese Schadstelle zunächst einmal stellvertretend für einen selbst annähme.

Ob Anna sich von sehr nahen, vertrauten Personen schneller im Stich gelassen fühlt als von eher peripheren Personen?

«Ja, besonders von meinem Mann fühle ich mich im Stich gelassen, ich glaube, weil ich an ihn die meisten Erwartungen habe. Manchmal fühle ich mich auch von meinen Eltern im Stich gelassen... oder, ja, stimmt, auch von den Kindern in der Schule.» Anna wundert sich, daß sie auch in ihre Klasse Erwartungen setzt. Es stellt sich heraus, daß die Klasse ihr bestätigen soll, daß sie eine gute Lehrerin ist. «Und nicht nur das», meint Anna lächelnd, «ich will auch ihre Lieblingslehrerin sein. Wehe, wenn ich besonders nett zu ihnen war und sie schwärmen dann von anderen Lehrern. Dann bin ich ziemlich enttäuscht, werde gereizt und besonders streng.» Anna ist erstaunt, wie unsachlich ihre Strenge in der Klasse manchmal ist.

«Also kann man auch sagen, daß Sie sich im Stich gelassen fühlen, wenn Sie alles getan haben, um die Bestätigung für ein Image zu bekommen, und Sie diese dann doch nicht erhalten?» fasse ich zusammen, und Anna nickt bestätigend.

«Erinnern Sie sich noch daran, daß Sie sagten, es mache Sie besonders wütend, wenn Sie etwas nicht bekommen, worauf Sie ein Recht zu haben glauben?» frage ich. «Ja», sagt sie, «das ist so, als hätte ich für etwas bezahlt, aber ich bekomme die Ware nicht. Eigentlich ist das Betrug im Geschäftsleben», fällt ihr ein. Ist ‹im Stich gelassen werden› betrogen werden? Zu Betrug fällt Anna ein: «Jemanden täuschen, jemanden hintergehen, ein Vertrauen schamlos ausnutzen, fremdgehen, die Treue brechen.»

Wir haben schon an anderer Stelle gesehen, daß die schlimmste Angst, die Anna kennt, die Trennungsangst ist. Die Angst, im Stich gelassen zu werden, ist ein Teil dieser Trennungsangst. Ich möchte noch mehr darüber herausfinden, und Anna ist bereit, die Szene bei der Schwiegermutter noch einmal einzeln durchzugehen. Sie entspannt sich, schließt die Augen und versetzt sich wieder in die Situation zurück.

«Wir stehen in der Küche. Meine Schwiegermutter macht gerade das Essen fertig. Mein Mann und ich stehen so herum und wollen ihr etwas abnehmen. Sie mustert mich so... irgendwie abfällig. Ich habe einen weißen Mohairpulli an, und ich weiß, der macht mich nicht gerade schlanker. Jetzt sagt sie: ‹Sag mal, Anna, hast du eigentlich zugenommen?›...»

Ich unterbreche Anna an dieser Stelle und lasse sie den Satz möglichst wörtlich wiederholen. Mehrmals. So lange, bis in Anna wieder die Gefühle von damals lebendig werden. «Oh, ich fühle mich so ohnmächtig, an meiner empfindlichsten Stelle getroffen. Ich fühle Wut. Oh, diese blöde Kuh, wie ich sie hasse, sie weiß ganz genau, was sie damit anrichtet. Wenn es ums Aufessen bei Tisch geht, flötet sie mich an: ‹Ach Anna, nimm doch noch ein bißchen, du kannst es doch vertragen.› Und wenn ich dann esse, dann kommt so eine Bemerkung. Ich fühle mich so verarscht... Scheiße, Scheiße, Scheiße!» Anna schüttelt die Fäuste. «Ich kann kaum noch ruhig sitzen. So einen Haß schiebe ich. Aber der Haß gegen meinen Mann ist noch viel akuter. Von ihm erwarte ich eigentlich, daß er zu mir hält, und nicht, daß er mich so schändlich verrät. In mir ist totale Kälte, ich werde mich an ihm rächen. Ich werde überhaupt nichts mehr essen, so lange, bis ich total schön und dünn bin, und dann, wenn er total auf mich steht, dann lasse ich ihn eiskalt abblitzen, diesen Schuft. Und mir erzählt er, ihn störe meine Figur überhaupt nicht, sie sei völlig in Ordnung. So ein gemeiner Kerl...» Anna fängt an zu weinen. «Ich habe das zwar nie so recht geglaubt, aber eigentlich nur deswegen nicht, weil ich mich selbst zu dick finde. Irgendwie habe ich doch gehofft, daß es so sei. Wie soll ich denn meine Hemmungen verlieren, wenn ich weiß, ihn stört meine Figur?» Jetzt schluchzt Anna verzweifelt. Dadurch, daß sie glaubte, er möge sie auch so, wie sie ist, und nicht nur, wie sie meinte werden zu müssen, hatte sie allmählich ihre

Figur auch besser akzeptieren können. Diese Hilfskonstruktion, die sein Akzeptieren ihrer Figur für Anna darstellte, hatte sie dringend benötigt. Sie gewann dadurch eine gewisse Sicherheit, so daß sie sich ein Stück weit fallenlassen konnte. Als er diese Stützkonstruktion so mutwillig abbrach, fühlte Anna sich betrogen und im Stich gelassen.

Die Rache, auf die sie sann, drückt aus, daß sie ihn an seiner empfindlichsten Stelle treffen will. Sie will sich als Frau attraktiver machen, sein Begehren anstacheln und sich dann entziehen. Es wäre viel Haß nötig, um die Ausdauer für ein solches Unterfangen aufzubringen.

Wie ist Anna nun seit dem letzten Wochenende mit ihrem Mann umgegangen?

«Ich habe fast nichts mehr mit ihm geredet. Und ich bin ihm die letzten zwei Tage aus dem Weg gegangen, habe dafür gesorgt, daß ich abends immer fort war. Er hat mich ein paarmal gefragt, was denn los sei. Aber ich habe ihm nur gesagt: ‹Das weißt du ganz genau.› Als ich den ganzen Abend bei seiner Mutter nicht mit ihm sprach und dann schreckliches Kopfweh bekam – weswegen er mich auch früher heimfahren mußte –, muß er das doch gemerkt haben. Er soll doch nicht so tun.» Anna ist trotzig und sieht sehr traurig und verletzt aus.

«Ist dieses Verhaltensmuster typisch für Sie, wenn Sie sich im Stich gelassen fühlen, dieses Schneiden des anderen, der Rückzug, die Kälte und der Haß?» frage ich. Anna überlegt.

«Kommt darauf an, wie sehr ich im Stich gelassen wurde und von wem. In leichten Fällen reagiere ich schnippisch oder etwas abweisend, aber in schweren Fällen will ich mit dem anderen nichts mehr zu tun haben. Er ist dann Luft für mich. Und komischerweise kann ich das auch durchhalten. In mir ist dann eine ungeheure Kraft und Härte. Ich glaube, ich könnte jemanden kaltblütig ermorden in einer solchen Situation. Aber es täte mir bestimmt gleich wieder leid.»

Ist sie nachtragend, wenn sie jemand im Stich gelassen hat?

«Ja, und wie. Ich vergesse das nicht mehr. Ich werde dieser Person gegenüber immer mißtrauisch sein. Ich kann nicht gut verzeihen.» Verzeihen hieße, die Schulden des anderen ersatzlos zu streichen. Das will Anna nicht, sie will die Schulden, die der andere mit seinem Verhalten bei ihr gemacht hat, restlos eintreiben. Er soll mindestens genauso leiden wie sie. Das wäre ihr dann eine Genugtuung.

«Wenn ich ihm einfach so sang- und klanglos verzeihe, dann animiere ich ihn dazu, mir bei nächster Gelegenheit wieder in den Rücken zu fallen», murrt Anna.

Ich erinnere sie daran, daß ihre Mutter sie so unverständlich hart bestraft hatte, als sie als Kind lieber spielen wollte, als das Geschirr abzutrocknen. Ob die Mutter sich eventuell auch von Anna im Stich gelassen gefühlt hatte und mit der drastischen Strafe ebenfalls den Anfängen wehren wollte?

Anna denkt kurz nach. «Ja, das ist sicher so. Aber worauf wollen Sie denn hinaus?»

«Überlegen Sie doch einmal, wozu dieses Verhalten der Mutter bei Ihnen geführt hat», sage ich.

«Ich habe diese Härte nie begriffen... ach, ach herrje, meinen Sie, daß mein Mann vielleicht gar nicht begriffen hat, warum ich so hart reagiert habe... das könnte sogar sein... denn er hat noch gesagt: ‹Anna, komm, sag doch, was los ist, so kommen wir doch nicht weiter.›» Anna denkt krampfhaft nach. «Meinen Sie, er hat das vielleicht doch nicht so gemeint, wie ich das aufgefaßt habe?» fragt sie unsicher. «Zumindest könnten Sie ihn fragen und mit ihm darüber reden, sonst kommen Sie wirklich nicht weiter, sondern verrennen sich in Ihren Haß», ermuntere ich sie.

«Na, so wie die ißt», wiederholt Anna noch einmal die Worte ihres Mannes in der fraglichen Situation. «Aber er hat dabei so verschmitzt gelacht, eigentlich nicht bösartig, eher so — aber das kommt mir erst jetzt — als wolle er seine Mutter ein wenig hochnehmen.» Nach einer Pause äußert sie nachdenklich: «Also irgendwie bin ich jetzt ganz verwirrt. Je genauer ich mir das ansehe, um so lächerlicher kommt mir meine Reaktion vor.»

Was hält Anna denn nun von ihrer Art der Rache, ist diese «angemessen» oder nicht? «Da müßte ich sehr lange einen Mordshaß gegen ihn haben, um so viel abzunehmen, daß ich mich an ihm rächen könnte. Ich dürfte ihn nicht so nahe an mich heranlassen, nicht länger mit ihm sprechen.»

«Sich nicht einlassen», fasse ich zusammen, «denn sonst müßten Sie ja vielleicht erkennen, daß Sie einem Hirngespinst aufgesessen sind. — Aber warum haben Sie so ein starkes Interesse daran, sich in einer solchen Situation zu rächen? Rein theoretisch könnten Sie das alles doch als Scherz abtun und mitlachen.» «Ich glaube, es kamen mehrere Dinge zusammen. Einmal die Tatsache, daß wir bei meiner Schwiegermutter waren. Sie liebt ihren einzigen Sohn heiß und innig, und keine andere Frau ist gut genug für ihn. Ich fahre da meist auch schon innerlich geladen hin. Mein Mann sieht das wie immer locker, aber ich nicht. Und wenn diese Frau dann meine Figur heruntermacht, dann heißt das: ‹Du bist nicht gut genug für meinen Sohn›. Ich fühle mich dann total abgewertet.» Anna sucht die Anerkennung der Schwiegermutter, möchte als Schwiegertochter gut genug sein.

Die Schwiegermutter ist schon lange Witwe, und ihr einziger Sohn, Stephan K., hat ihr Halt im Leben gegeben. Annas Empfinden, der Mutter den Sohn «weggenommen» zu haben, ist möglicherweise gar nicht so falsch. Indem die Schwiegermutter Anna «abwertet», signalisiert sie dem Sohn: ‹Eigentlich ist es doch nicht berechtigt, daß du mich wegen so einer Frau vernachlässigst.› Durch das Eingeständnis, daß Anna «gut genug» ist, würde sie zugeben, daß der Sohn sie «zu Recht» vernachlässigt. Zeigt sie aber dem Sohn, daß sie eigentlich gar nicht einsehen kann, warum sich dieser von Anna so mit Beschlag belegen läßt, so kann sie – je nachdem, wieviel Macht sie noch über das Gefühlsleben des Sohnes hat – erreichen, daß dieser sie häufiger besucht oder zumindest ein schlechtes Gewissen bekommt. Im Extremfall kann die Mutter erreichen, daß der Sohn selbst nicht mehr versteht, was er an seiner Frau eigentlich findet. Unter diesen Umständen bedeutete es für die Schwiegermutter so etwas wie eine Kapitulation vor der Schwiegertochter im Ringen um die Zuwendung ihres Sohnes, wenn sie zugäbe, daß Anna «gut genug» sei.

Natürlich sind der Mutter diese Zusammenhänge nicht bewußt. Als Anna sie erkennt, verändern sich ihre Gefühle gegenüber ihrer Schwiegermutter sofort. Sie begreift, daß die «Abwertung» nicht viel mit ihrer realen Person zu tun hat, und kann daraufhin das Ganze nüchterner betrachten.

Auch der Haß auf ihren Mann ist verschwunden. «Ich komme mir so dumm vor, aber auch sehr erleichtert. Wenn ich jetzt nach Hause gehe, werde ich mich sofort mit meinem Mann aussprechen. Ich glaube, ich habe uns beide bereits genug gestraft.» Anna ist wieder fröhlich, der Knoten ist fürs erste gelöst.

Noch immer allerdings ist die Frage offen, warum Anna, wenn sie sich im Stich gelassen wähnt, so hart reagieren muß. Die Härte und Absolutheit ihrer Reaktion sprechen für eine große Angst, die Anna abwehren muß.

In der nächsten Stunde lasse ich Anna ein weiteres Beispiel für «im

Stich gelassen worden sein» suchen. Sie wählt ein extremes Beispiel: die Situation, in der sie von Norbert erfuhr, daß er eine andere Freundin hatte.

Anna entspannt sich, schließt die Augen und versetzt sich an jenen Ort und in jene Zeit, als sie erfuhr, daß Norbert mit einer anderen Frau öffentlich in der Uni Hand in Hand gegangen war. Sie wählt jenen Moment, als sie Norbert zur Rede stellte.

«Er kommt zur Türe herein, im Studentenheim. Er will etwas essen, er tut so, als wäre nichts gewesen. Ich bin sehr nervös, heule leicht. Mir drehen sich Magen und Gedärm um. ‹Norbert, ich muß mit dir reden›, fange ich an. ‹Ja›, sagt er, ‹was ist denn los?› ‹Ich habe gehört, daß es da eine andere Frau bei dir geben soll›, bringe ich gerade noch heraus, dann fange ich an zu heulen. ‹Wieso?› Er stellt sich dumm. ‹Stimmt das oder nicht?› Ich bin so aufgewühlt und zittere. Ich kann nicht mehr klar argumentieren, ich platze fast vor Erregung. ‹Sag es mir›, schreie ich ihn an.

‹Mensch, stell dich jetzt nicht so an. Im übrigen habe ich Hunger.› Er wimmelt mich ab. Ich stelle mich vor ihn und halte ihn fest. ‹Ich will wissen, ob das stimmt oder nicht›, ich schüttele ihn jetzt. ‹Ja, ja, ja, bist du jetzt zufrieden?› sagt er. In meinem Kopf dreht sich alles. Es ist, als ob mir der Boden unter den Füßen weggezogen würde. Es ist alles aus, es hat alles keinen Sinn mehr. Ich lasse mich auf den Boden fallen und wundere mich, daß die Welt nicht stehen bleibt. ‹Geh, hau ab, ich will dich nie mehr sehen›, ich stehe auf und gehe mit Fäusten auf ihn los. Es ist für ihn einfach, mich zu bändigen. Ich weine hemmungslos. ‹Norbert, bitte, verlasse mich nicht. Laß uns doch noch einmal zusammen anfangen, wir haben uns doch so gut verstanden›, stammle ich. ‹Ach Anna, das hat doch keinen Sinn. Du weißt doch, daß wir nicht zusammenpassen. Wir sind doch viel zu verschieden.› Mein Gehirn arbeitet fieberhaft. Ich überlege, wie ich ihn halten könnte. Er sagt: ‹Na ja, es ist besser, wenn ich jetzt gehe. Jetzt weißt du ja alles. Tut mir ja leid um dich, Anna, aber das war doch schon lange fällig. Such dir einen braven, biederen Typ, der sich von dir gängeln läßt. Ich kann das nicht mehr.› Er geht, und ich bin völlig verzweifelt. Er muß die Schuld bei mir suchen, damit er seinen Betrug, sein Fremdgehen entschuldigen konnte. Das sehe ich heute ganz deutlich.» Ich hole Anna wieder in die Gegenwart zurück. Die Szene geht ihr nicht mehr sehr nahe.

Schon früher hatte es sich gezeigt, daß der Sinn in Annas Beziehungen immer wieder die symbiotische Verschmelzung mit dem Partner war. Im Stich gelassen werden ist für Anna das genaue Gegenteil von symbiotischer Verschmelzung; wenn sie sich im Stich gelassen fühlt, hat die Beziehung keinen Sinn mehr.

Das Anstreben einer symbiotischen Verschmelzung aber nährt die Illusion, daß man nicht allein ist, daß da jemand ist, der einen liebt, der zu einem gehört, bei dem man die Nummer eins ist, der loyal ist. Anna tut sehr viel, um nicht auf eigenen Beinen stehen zu müssen. Wenn sie jemand im Stich läßt, wird ihr schmerzlich bewußt, daß sie allein ist und es nicht in ihrer Macht steht, sich das von anderen zu beschaffen, worauf sie ein «Recht» zu haben glaubt. Sie merkt auch, wie wenig sie für sich selbst zu sorgen gelernt hat. Nicht nur, daß der andere nichts mehr für sie tut, nein, auch sie selbst hat nicht gelernt, etwas für sich zu tun. Sie hat sich lediglich darauf verlassen, daß der andere sich kümmern muß.

Wird Anna im Stich gelassen, so reagiert sie mit Trotz, Ignorieren, Reizbarkeit, beleidigtem Rückzug, Schmollen, Zynismus, absichtlicher Verletzung des anderen und Rache.

Wenn jemand Anna im Stich läßt, verweigert er ihr sozusagen die Symbiose, obwohl sie sich so verhalten hat, daß sie ein Recht darauf zu haben glaubt. Da die Hoffnung auf eine symbiotische Beziehung die stärkste Triebkraft bei Anna ist, kann man sich vorstellen, welche Hoffnungen durch ein «im Stich gelassen werden» zunichte gemacht werden. Annas bodenloser Haß und ihre mörderische Wut sind dann «angemessene» Verhaltensweisen. Sie fühlt sich benutzt und dann weggeworfen, glaubt, alles gegeben zu haben und dennoch verlassen worden zu sein. Sie sieht dann auch ganz klar, daß sie die Dinge nicht mehr im Griff hat. Durch Investitionen und Vorarbeiten hat sie sich die Erwartung aufgebaut, der andere müsse für sie verfügbar sein. Wenn er sie im Stich läßt, merkt sie, daß ihre ‹Währung› nichts mehr wert ist.

Anna wird also fast alles tun, um eine solche Situation zu vermeiden.

Der Punkt in Annas Beziehungen, in denen die Idealisierung des Partners in Gleichgültigkeit oder gar Verteufelung umschlug, deckte sich immer mit dem Augenblick, in dem Anna sich im Stich gelassen fühlte und die Beziehung «keinen Sinn» mehr hatte. Vereinfacht ausgedrückt entspricht dabei die Idealisierungsphase der Phase der «Hoffnung auf die gute Mutter» und die Verteufelungsphase der «Enttäuschung durch die schlechte Mutter».

Die Hintergründe dieser Problematik werden in der Entwicklung des Kleinkindes deutlicher:

Im Alter von etwa 15 Monaten ist der Aktionsradius eines Kleinkindes durch das Laufenkönnen und die zunehmende Entwicklung des Denkens beträchtlich angewachsen. Wir haben schon im Symbiosekapitel gesehen, daß das Kind sich mit etwa sechs Monaten allmählich als ein von der Mutter getrenntes Wesen wahrnimmt. Es entfernt sich zeitweilig von der Mutter, muß aber noch öfters «auftanken». Mit etwas über einem Jahr ist ein neuer Entwicklungsschritt fällig. Das Kind erkennt, daß seine Eltern andere Interessen haben können als es selbst, und daß es ihre Liebe verlieren könnte. Die alte Angst, die Mutter zu verlieren, bekommt nun eine neue, differenzierte Variante, die Angst vor Liebesverlust.

Mahler nennt dieses Stadium die «Wiederannäherung». Damit ist gemeint, daß sich das Kind durch die Individuation von der symbiotischen Verbindung «entfernte» und nun, da es sich der Getrenntheit in immer neuer Weise bewußt wird, versucht, diese wiederaufzuheben. Sie schreibt:

«In dieser... Phase... der Wiederannäherung schreitet die Individuation zwar sehr schnell fort, und das Kind übt sie soweit irgend möglich, doch es wird sich auch seiner Getrenntheit immer stärker bewußt und benutzt alle erdenklichen Mechanismen, um sich gegen sein faktisches Getrenntsein von der Mutter zu wehren und es ungeschehen zu machen. Doch die Tatsache bleibt bestehen, daß das Kind noch so beharrlich versuchen kann, Druck auf die Mutter auszuüben, beide aber nicht länger wirksam als Zweieinheit funktionieren können – d. h., das Kind kann seine Illusion von der elterlichen Omnipotenz nicht länger aufrechterhalten, von der es zeitweilig immer noch hofft, daß durch sie der symbiotische Status quo wiederhergestellt werden könnte.» *

Mahler beschreibt, welche Verhaltensweisen Kinder entwickeln, um die Mutter wieder «näher an sich zu ziehen» und um sich ihres Wohlwollens zu versichern. Sie beschäftigten zum Beispiel die Mutter ununterbrochen, «beschatteten» sie, sie stellten sich in das Zentrum der Aufmerksamkeit.

Dieses Verhalten brachte die Kinder wiederum in einen Konflikt:

* Margaret Mahler: Die psychische Geburt des Menschen, Frankfurt/M. 1980, S. 104

«Konflikte entstanden, die mit dem Wunsch zusammenzuhängen schienen, einerseits getrennt, groß und allmächtig zu sein, während andererseits die Mutter Wünsche magisch erfüllte, ohne daß die Kinder zur Kenntnis nehmen mußten, daß die Hilfe von außen kam. In der überwiegenden Zahl der Fälle wechselte die vorherrschende Stimmung zur Unzufriedenheit, Unersättlichkeit und der Neigung zu raschen Stimmungsschwankungen und Wutausbrüchen. Diese Periode war also dadurch gekennzeichnet, daß man die Mutter in schneller Folge abwechselnd wegstieß und sich an sie klammerte.» *

Ein Weg, sich aus diesem Dilemma zu lösen, ist die Verinnerlichung der Mutter. Das Kind übernimmt Verhaltensweisen der Mutter. Es kann zum Beispiel eine Puppe trösten und bemuttern, wenn es selbst getröstet werden möchte. Wenn es selbst die Mutter ist, kann ihm diese nicht mehr genommen werden.

Und was machen Eßsüchtige? Sie suchen sich «helfende Berufe». In diesen Berufen müssen sie andere Menschen bemuttern und immer stark sein. Stark und unabhängig sein vermittelt Beruhigung, um so mehr, als die Abhängigen, die Patienten, die Klienten, die Schüler einem nicht davonlaufen können. Aber das eigene Defizit an Bemuttertwerden wird immer größer. Das brave Kind, das so schnell «pseudoselbständig» wurde, wird nun das Opfer seiner guten Tat: Es muß immer stark sein. Und doch, die Sehnsucht bleibt.

Mahler sagt:

«Doch je weniger emotional verfügbar die Mutter zur Zeit der Wiederannäherung ist, desto beharrlicher, ja verzweifelt, versucht das Kind, um sie zu werben. In manchen Fällen zieht dieser Prozeß so viel von der dem Kind zur Verfügung stehenden Entwicklungsenergie ab, daß als Folge davon nicht genug Energie, nicht genug Libido und nicht genug konstruktive (neutralisierte) Aggression für die Entfaltung der vielen höheren Ich-Funktionen übrigbleibt.» * *

Auf Eßsüchtige übertragen heißt das, daß sie ihre Energie aufzehren, indem sie um die «gute Mutter» werben, anstatt daß sie diese gute Mutter in sich selbst verwirklichen. Ihre eigene Persönlichkeitsentwicklung bleibt dabei auf der Strecke. Sie vergeuden ihr Leben in der

* ebenda, S. 124
* * Margaret Mahler: Die psychische Geburt des Menschen, Frankfurt/M. 1980, S. 105

Hoffnung, von außen wieder das Paradies der Symbiose zu bekommen. Nur für diese Illusion werden die Images aufgebaut und vor allem mühsam aufrechterhalten. Und dieser Illusion dienen auch die Eßanfälle. Das Essen ist die zuverlässigste Mutter, immer verfügbar, leicht zu beschaffen. Eine Mutter, die einen nie im Stich läßt.

Anna, das Opfer

«Es ist mir aufgefallen, daß ich doch ziemlich oft von den Leuten in meiner Umgebung enttäuscht bin. Ich habe mir mal überlegt, ob ich eigentlich oft im Stich gelassen werde, und dabei fiel mir auf, daß ich mich sehr oft im Stich gelassen fühle. Ich habe daraufhin auch mal ausführlich mit meinem Mann darüber gesprochen, und er sagte auch, daß ich ziemlich schnell verletzt sei. Für ihn sei es manchmal sehr schwierig mit mir, da ein falsches Wort von ihm schon die Harmonie des Abends in Frage stelle. Und dann habe ich mir überlegt, warum das so ist, aber es fiel mir nichts ein», sagt Anna einige Sitzungen nachdem wir das Problem ‹im Stich gelassen werden› bearbeitet hatten.

«Ich habe mich letzte Woche mal beobachtet und mir einfach aufgeschrieben, wann ich mich im Stich gelassen fühlte. Es waren alles Kleinigkeiten, aber ich war jeweils richtig beleidigt. Zuerst habe ich gar nicht zulassen wollen, daß ich beleidigt war, ich spürte nur mal wieder einen unbezähmbaren Hunger und eine große Reizbarkeit und reagierte zynisch.» Anna zieht einen Zettel aus der Tasche und liest vor:

- «Der Mann am Bankschalter übersieht mich.
- Stephan ruft nicht an und kommt sehr spät nach Hause.
- Monika kommt zu Besuch und mag mein Essen nicht.
- Meine Mutter wimmelt mich am Telefon ab.
- Werde auf der Straße mehrmals angerempelt.
- Kollegin vergißt, mir einige Unterlagen mitzubringen.
- Frau vom Blumenstand verkauft mir halbverwelkte Blumen.
- Kollege «belabert» mich, kann mich nicht wehren.
- Der Klempner kommt eine Stunde zu spät.
- Meine Schüler sind so laut, daß ich brüllen muß.

Und das alles in einer Woche. Ich habe mich jedesmal so geärgert.»

Anna sieht mich erwartungsvoll an.

«Armes Opfer», sage ich, «warum lassen Sie sich so behandeln?»

Anna fühlt sich sehr provoziert. Nun hatte sie gehofft, wenigstens von ihrer Therapeutin etwas Trost zu bekommen, aber auch diese «läßt sie im Stich». Ich frage Anna, ob sie es so empfindet, und widerwillig gibt sie es zu.

Wir beschließen, jeden einzelnen Punkt auf Annas Liste durchzugehen.

1. Der Mann am Bankschalter übersieht mich.
Es stellt sich heraus, daß der Mann am Bankschalter einfach einen anderen Kunden bedient hat, der erst nach Anna in die Bank gekommen war. Der Kunde war viel größer als Anna, und Anna hatte Schwierigkeiten, Blickkontakt mit dem Kassierer aufzunehmen. Als nämlich der Kassierer suchend in die Runde blickte, wer wohl der nächste sei, schaute Anna einen Sekundenbruchteil zu Boden. «Ich wollte ihn nicht so unverschämt fixieren. Ich dachte, es sei klar, daß ich die nächste in der Reihe sei. Statt dessen fängt gleich dieser unverschämte Mann an zu reden und tut, als wäre er dran», sagt Anna, immer noch beleidigt.

Ich frage sie, warum sie den Kassierer nicht darauf aufmerksam gemacht habe, daß sie an der Reihe sei. «Ach, das Übersehenwerden passiert mir doch nicht zum erstenmal. Wenn ich etwas gesagt hätte, hätten die anderen Kunden höchstens behauptet, daß ich gar nicht zuerst dagewesen sei und daß ich mich doch nicht so anstellen solle. Dann wird man gleich als egoistisch dargestellt», murrt Anna böse.

Annas unausgesprochene Annahmen waren also:
- Man darf nicht so fordernd schauen.
- Man sollte lieber schweigen, wenn man sowieso nicht recht bekommt.
- Man sollte nicht als egoistisch gelten.

Ich frage Anna, in welchem Ton sie denn damals reklamiert habe. Sie soll es noch einmal vormachen. Ihr Ton ist der eines gekränkten Kindes, etwas weinerlich, zu leise und sehr unsicher, ob sie denn überhaupt eine Berechtigung hat, etwas zu fordern. Anna glaubt selbst nicht, daß sie fordern darf, auch nicht ihre Rechte, wie sollen da andere Leute an ihre Rechte glauben. Da Anna sich selbst so schlecht behandelt, behandeln auch andere sie schlecht.

Wir üben im Rollenspiel, Blickkontakt aufzunehmen und im Brustton der Überzeugung, laut, aber freundlich zu sagen, daß sie an der Reihe ist. Anna soll, wenn etwas ähnliches wieder passiert, es einfach zu Übungszwecken wagen, sich trotz aller scheinbaren Sinnlosigkeit zur Wehr zu setzen.

Anna ist ein Opfer ihrer Annahmen und Erwartungen. Sie zieht sich im Zweifelsfall lieber zurück und schmollt, anstatt die Realität anzupacken. Sie läßt sich nicht ein auf die jeweilige Situation, sondern reagiert klischeehaft.

2. Stephan ruft nicht an und kommt sehr spät nach Hause.

Ich frage Anna, was sie in der Zeit gemacht hat. «Na ja, ich habe eben gewartet. Ich habe neben dem Telefon gesessen und sehr oft auf die Uhr gesehen. Und ich habe mir Sorgen gemacht. Es hätte ja etwas passiert sein können», sagt Anna etwas unwirsch. «Und außerdem habe ich ziemlich viel gegessen zur Beruhigung und zwei Fingernägel angeknabbert», gesteht sie etwas verschämt.

Rein theoretisch betrachtet, muß Anna nicht so reagieren. Sie könnte sich den Abend auch schön gestalten. Ich frage sie, wie sie den Abend hätte verbringen können, wenn sie nicht gewartet hätte. «Ich hätte lesen oder fernsehen können, ein Bad nehmen, meine Diktate korrigieren, telefonieren oder stricken», sagt sie.

Anna ging von folgenden Annahmen aus:

- Stephan muß zu festen Uhrzeiten nach Hause kommen.
- Wenn er länger wegbleibt, muß er mich anrufen.
- Ich muß wissen, wo er ist.
- Wenn er nicht anruft, dann könnte ja etwas passiert sein.
- Wenn etwas passiert ist, muß ich gleich panisch reagieren.
- Wenn es ihm schlecht geht, dann darf es mir auch nicht gut gehen.
- Wenn ich mir Sorgen mache und völlig mit den Nerven fertig bin, wird er das nächste Mal anrufen.

Annas besorgtes Warten war also nichts weiter als ein verkappter Manipulations- und Kontrollversuch.

Anna sieht nur widerwillig ein, daß es eigentlich gar nicht nötig war, sich Sorgen zu machen. Daß sie sich erst dann Sorgen zu machen brauchte, wenn wirklich etwas passiert wäre. Was für ein Interesse hat Anna daran, sich derartig den Abend zu verderben? Es zeigt sich, daß sie in ihrem Mann Schuldgefühle wecken will. Wenn er unerwartet wegbleibt, ist er für Anna nicht mehr kontrollierbar. Was wäre, wenn Anna es sich gut gehen ließe, während ihr Mann weggegangen ist?

«Also, dann könnte er denken, ich vermisse ihn überhaupt nicht. Dann dächte er bestimmt, ich liebe ihn nicht, und ginge vielleicht noch öfters weg», sagt Anna. Sie will ihm also auch zeigen, daß sie ihn vermißt. Wenn er einfach wegbleibt, heißt das für Anna auch, daß er sie nicht vermißt, sonst würde er ja nach Hause kommen. Dieser Gedanke läßt sie so panisch reagieren. Anna erinnert mit ihrem Verhalten an das Kleinkind, das mit der Beschattung der Mutter so viel Energie aufbraucht, daß für seine Entwicklung zu wenig übrigbleibt. Sie sieht ein, daß sie lernen muß, es sich gut gehen zu lassen unabhängig von den Umständen. Das wird ihr zunächst nicht vollkommen, sondern nur annäherungsweise gelingen. Wenn sie das nächste Mal wartet, soll sie auf jeden Fall versuchen, aus dieser Situation das Beste zu machen.

3. Monika kommt zu Besuch und mag mein Essen nicht

Anna hatte extra für Monika ein feines Essen gekocht, aber Monika mag eben gerade keinen überbackenen Fenchel. Anna fühlt sich als Person abgewertet, «obwohl ich vom Kopf her weiß, daß es Blödsinn ist», wie sie es sagt. Aber Anna konkurriert mit Monika in Punkto Kochen und fühlt sich ihr unterlegen. Diesmal hatte sie etwas besonders Gutes kochen wollen, um mit Monika gleichzuziehen. Dadurch, daß dieser Plan mißlang, sieht Anna ihren Ruf als gute Köchin in Gefahr. Sie möchte dieses Image der guten Köchin jedoch gerade von Monika bestätigt bekommen, denn diese gilt als sehr gute Köchin.

Ich frage Anna, wie sie sich gefühlt habe. «Ich saß da wie ein begossener Pudel. Monika stocherte so im Essen herum und sagte dann: ‹Also Anna, sei mir nicht böse, aber ich kann das nicht essen. Fenchel habe ich noch nie gemocht, davon wird mir schlecht.› Ich sagte ihr dann, daß ich nichts anderes da habe. Und dann aß sie einfach ein Käsebrot. Ich war sehr verletzt, denn ich wußte, daß mein Essen nicht schlecht war.»

Was löst der Satz: ‹Du bist eine schlechte Köchin› bei Anna aus?

«Du bist nicht gut genug», antwortete sie sehr spontan. Aha, wieder alte Wunden! Wird Monika Anna weniger mögen, weil ihr das Essen nicht geschmeckt hat? Anna verneint. «Wir haben andere Dinge, die uns verbinden, bestimmt nicht das Essen», lacht sie. Aber der Stachel, versagt zu haben, sitzt trotzdem tief. Für Anna bedeutet die Tatsache, daß Monika ihr Essen nicht schmeckt, daß ihr Essen nicht gut und sie dann eine schlechte Köchin ist. Sie ist also wieder einmal «nicht gut genug» und fühlt sich daraufhin minderwertig und deprimiert.

Anna begreift nun, daß sie ein Opfer ihrer festgelegten Gedankenketten ist. Sie könnte die Begebenheit auch ganz anders sehen, könnte es als einen großen Vertrauensbeweis von Monika werten, daß diese so ehrlich war und das Essen zurückwies. Sie hätte es genausogut mit innerer Wut auf Anna hinunterwürgen können. Anna ist verblüfft. Von dieser Seite hat sie es noch nicht betrachtet. Sie sieht nun auch ein, daß sie sich überfordert, wenn ihr Essen immer allen Leuten schmecken soll. Die Geschmäcker sind schließlich verschieden!

4. Meine Mutter wimmelt mich am Telefon ab.
«Ich wollte ihr erzählen, daß wir uns eine neue Küche kaufen wollen, und sie um Rat fragen. Aber sie sagte, da käme gerade etwas Tolles im Fernsehen, und ich solle sie doch am besten morgen anrufen, so zwischen drei und vier. Und dann legte sie ganz schnell auf», berichtet Anna empört. «Hat Ihre Mutter immer für Sie da zu sein?» frage ich. «Nein, natü... äh, ja, das sieht ja so aus...» stottert Anna verblüfft.

Anna möchte, daß ihre Mutter zwar nicht alles, aber doch so etwas «Unwichtiges» wie das Fernsehen liegen- und stehenläßt, wenn sie mit ihren Problemen oder Anliegen kommt. Sie kann noch nicht akzeptieren, daß die Mutter eigene Bedürfnisse hat, daß sie eine Person mit anderen Interessen ist. Vor allem ärgert sie sich darüber, daß ihr eigenes Vergnügen der Mutter jetzt so wichtig sein kann, wo diese doch Anna früher ganz anders erzogen hat. Anna fühlt sich im Stich gelassen, weil die Mutter ihre eigenen Erziehungsgrundsätze nicht mehr befolgt. Aber Anna, die Tochter, fühlt sich noch an diese Grundsätze gebunden: ‹Erst die Arbeit und erst dann das Vergnügen.› «Ich fühlte mich richtig verarscht», sagt sie, «meine Mutter, die sich höchstens mal in der Krankheit ‹Vergnügen› gegönnt hat, läßt mich wegen des doofen Fernsehens so im Stich!»

Könnte Anna nicht auch ihre eigenen Bedürfnisse mehr in den Vordergrund rücken, wenn sogar ihre eigene Mutter das tut?

Anna nickt. Sie ist erleichtert. Wenn die Mutter nicht für Anna sorgt, dann könnte sie ja «wenn auch nur aus Trotz» mal für sich selbst sorgen. Anna kann entweder die Mutter noch einmal anrufen, oder aber das Thema mit jemandem anders besprechen. Aber sie muß nicht stillhalten, warten und sich ärgern.

5. Ich werde auf der Straße mehrmals angerempelt.

Anna erzählt, diese Anrempeleien seien alle am selben Tag passiert. Die Leute seien zum Teil sehr unfreundlich gewesen und hätten sie noch angepöbelt, ob sie denn nicht aufpassen könne. Ich frage sie nach ihrer eigenen Laune an diesem Tag. «Ach, ich war ziemlich deprimiert», sagt Anna, und es stellt sich heraus, daß sie einfach ziellos, in Gedanken versunken durch die überfüllte Einkaufstraße gegangen war. «Ich überlegte, daß ich ja meinen Stundenplan in drei Tagen fertig haben mußte. Aber irgendwie kam ich nicht dazu, ihn fertigzustellen. Immer war irgend etwas anderes los», sagt Anna. «Also», fasse ich zusammen, «Sie lassen sich von allen möglichen Leuten oder Dingen von Ihrer dringenden Arbeit abhalten, ärgern sich dann darüber und gehen mit diesem Gefühl auf die Straße. Da müssen Sie doch aggressiv gewesen sein! Möglicherweise haben Sie die Leute tatsächlich selbst angerempelt, wie diese behaupten. Was spricht dagegen?»

Ich provoziere sie ein wenig, um sie aus der Reserve zu locken.

«Na ja, bei zwei, drei Fällen kann es schon so gewesen sein, aber zwei andere Male gehen sicherlich nicht auf mein Konto», sagt sie etwas gereizt. Und die anderen beiden Male? Hat Anna sich mal wieder «unsichtbar» gemacht und den Leuten signalisiert: ‹Überseht mich, ich zähle nicht›, oder hat sie aus dem Wunsch nach Selbstbestrafung diese Anrempler provoziert?

Das nächste Mal soll Anna aufrecht und mit entschlossenem Schritt durch die Straßen gehen und beobachten, ob sie dann ebenfalls angerempelt wird. Angerempelt werden heißt auch herumgestoßen werden, achtlos behandelt werden. Achtlos wird man aber nur behandelt, wenn man sich selbst verächtlich behandelt. Über die eigene Ausstrahlung teilt man das seiner Umwelt mit, und diese reagiert entsprechend.

6. Die Kollegin vergißt, mir einige Unterlagen mitzubringen

Anna hatte sich darauf verlassen, daß die Kollegin ihr alte Unterrichtsvorbereitungen mitbringen würde. Wegen der Vergeßlichkeit der Kollegin mußte Anna ihren Unterricht improvisieren, was sie ohne den Halt eines festen Konzepts nur sehr schlecht kann. Sie fühlte sich im Stich gelassen. «Ich mußte dann zwei Stunden unvorbereitet halten. Ich habe vielleicht geschwitzt. Immer habe ich gedacht: ‹Hoffentlich merken die Kinder nichts.› Ich war heilfroh, als die Stunde vorüber war», sagt Anna, und man hört ihr noch an, wie beleidigt sie gewesen sein muß.

«Anna, warum müssen Sie das wieder so negativ sehen? Warum haben Sie aus diesem Ereignis nicht einfach gelernt, daß man auch einmal eine Stunde improvisieren kann und dies oft der lebendigste und anregendste Unterricht ist? Statt dessen nehmen Sie nur wahr, daß Sie durch die Schuld einer anderen in eine solch mißliche Lage geraten und gerade noch mit knapper Not davongekommen sind. Und außerdem ‹mußten› Sie noch während des ganzen Unterrichts daran denken, wie peinlich es doch für Sie werden könnte, wenn jemand entdeckt, daß Sie nicht vorbereitet sind.» Anna lacht. «Ja, eigentlich haben Sie schon recht. Aber warum nehme ich das alles nur so ernst und sehe nur die negativen Seiten dabei?» fragt Anna.

«Sie nehmen nur wahr, wie die Situation Ihrer Meinung nach zu sein hat, und fürchten jede Abweichung von diesem Modell. Sie versuchen nicht, aus einer Situation das Beste zu machen und es sich trotz widriger Umstände gut gehen zu lassen», erläutere ich.

«Was machten Sie denn damals nach dem Unterricht?» will ich wissen. «Ich weiß nicht, was Sie meinen», sagt Anna vorsichtig.

«Haben Sie jemandem von dem Vorfall erzählt?» «Ja, meinem Mann.» «Wie haben Sie ihm denn davon erzählt? Sehr dramatisch, deprimiert, empört oder wie?» «Sehr empört und auch dramatisch!» «Aha, und wie hat er reagiert?» «Er war auch empört.» «Und wie haben Sie sich dabei gefühlt, als er so empört war?» «Ich war noch mehr empört, aber nach ein paar Stunden dachte ich heimlich auch, daß ich mich da ganz schön reingesteigert hatte», meint Anna abschließend.

Wenn Anna mit ihrer Erzählung bei ihrem Mann dieselben Gefühle auslöst, die das Ereignis bei ihr ausgelöst hat, dann glaubt sie, ihre Gefühle seien berechtigt. Damit hat ihr Mann dann anerkannt, daß Anna «Unrecht» angetan worden ist, und sie hat ein Recht auf Wiedergutmachung. Die verschafft ihr Mann ihr, indem er sie bedauert, bemitleidet und bemuttert. Das ist alles sehr angenehm für Anna, aber auch fatal. Anna lernt nicht, in einer solchen Situation ihre Gefühle, Einstellung und Gedanken zu überprüfen und eventuell zu ändern, sondern sie bohrt sich nur noch weiter in ihre Opferrolle, weil sie ja zu Hause ein «Ausgleich» erwartet. Anna gibt auch zu, daß die Unterhaltung zwischen ihr und ihrem Mann manchmal nur ein gegenseitiges Erzählen von Negativereignissen ist. Dann meint jeder, er muß den anderen an Jammern und Nörgeln übertrumpfen, um noch mehr «Wiedergutmachung» herauszuholen, nach dem Motto: ‹Je schlechter es mir geht, desto mehr kann ich fordern.› Wie soll Anna da lernen, für sich selbst zu sorgen?

7. Die Blumenfrau verkauft mir halbverwelkte Blumen.

«Eigentlich habe ich es schon befürchtet, als ich die Blumen sah, die zum Teil nicht mehr so schön waren, aber ich habe gedacht, die Frau würde mir die restlichen schönen heraussuchen. Und weil ich darauf vertraute, habe ich absichtlich nicht so genau hingesehen. Ich dachte, wenn ich sie so kontrolliere, dann denkt sie, ich vertraue ihr nicht», erklärt Anna. Sie hatte stillschweigend angenommen, die Frau erfülle ihre Erwartungen und sorge für ihr Wohlergehen, indem sie die restlichen schönen Exemplare heraussucht. Dieses «Vertrauen» hat sie dazu bewogen, nicht selbst zu kontrollieren, sondern auch noch schamhaft wegzusehen, als die Frau die Blumen einpackte. Warum sollten aber andere Leute, und ausgerechnet Geschäftsleute, die Gewinn erzielen wollen, für Anna «sorgen», wenn sie dies nicht selbst tut?

Statt anschließend zu reklamieren, hat Anna sich dann bei ihrem Mann beklagt. Dieses Verhalten erinnert an das Verhalten eines Kindes, das mit einer bestimmten Situation nicht zurechtkommt und zur Mutter läuft, damit diese die Situation bereinigt. Wieder einmal hatte Anna die Verantwortung für ihr eigenes Wohlergehen abgeschoben. Sie schämt sich, als sie ihr Verhalten durchschaut. «Es kommt mir jetzt wie ein Armutszeugnis vor, wenn ich ständig jammere, mich ärgere und beklage», gesteht sie. Der Vergleich mit einem kleinen Kind, das ständig zu seiner Mutter läuft und ihr signalisiert: ‹Die Welt ist schlecht, nun tue doch endlich etwas dagegen› drängt sich auf. Anna ist sehr betroffen.

8. Ein Kollege «belabert» mich, ich kann mich nicht wehren.

Anna erzählt: «Wir saßen im Lehrerzimmer, und ich wollte mit dem Klassenlehrer jener Klasse, mit der ich im Unterricht manchmal Schwierigkeiten habe, etwas bereden. Eigentlich wollte ich nur hören, ob bestimmte Schüler in seinem Unterricht auch so aufsässig seien. Und dann fängt dieser Mensch an, mich zu belabern. Redet von seinen Unterrichtsvorbereitungen und irgendwelchen Tricks, mit denen er seine Schüler bändigt. Natürlich bewältigt er das alles mit links. Er gab mir dann viele ‹gute Ratschläge›, und ich fühlte mich immer mieser. Ich sagte überhaupt nichts, kam mir auch ziemlich doof vor.»

Im anschließenden Gespräch wird deutlich, was Anna von ihrem Kollegen in Wirklichkeit erwartete: Sie wollte von ihm hören, daß besagte Schüler auch in seinem Unterricht so frech seien, und dann gemeinsam mit ihm über diese Schüler schimpfen. Diese Solidarität hätte ihr ein Gefühl von Nähe vermittelt, und sie hätte bei sich nichts zu verändern brauchen. Die «Schuldigen» wären ja klar erkannt gewesen. Als Anna sah, daß sie das, was sie erhoffte, nicht bekam, war sie nicht in der Lage, sich gegen den Kollegen und seine Ratschläge zur Wehr zu setzen. Sie hielt still, obwohl sie sich immer schlechter fühlte. Auch in dieser Situation konnte Anna nicht für sich sorgen, sondern trat die Verantwortung für ihr Wohlergehen an den Kollegen ab. Diesem lag aber nicht an Annas Wohlergehen, sondern er erhöhte sein eigenes auf Annas Kosten. Wieder einmal war Anna das Opfer.

Anna wird im nachhinein wütend, wenn sie daran denkt, wie sie sich von ihm behandeln ließ. Sie beschließt, das nächste Mal diesem oder einem anderen Kollegen, der ihr wieder gegen ihren Willen Ratschläge gibt, zu sagen, daß sie keine Ratschläge will, sondern einen Austausch. «Ich habe mich da in die Rolle eines kleinen dummen Mädchens drängen lassen», erkennt sie. Aber sie sieht auch, daß sie mit ihrem Jammern und Nörgeln selbst die Rolle des unverantwortlichen Kindes übernimmt, das die Botschaft aussendet: ‹Mir geht es schlecht, tut ihr doch etwas dagegen.›

9. Der Klempner kommt eine Stunde zu spät.

«Ich habe den Klempner nachmittags angerufen, weil ein Abflußrohr leckte. Der Meister sagte, er schicke einen Lehrling vorbei, so in einer Stunde. Ich wartete und wartete, es kam niemand. Erst eine gute Stunde später kam er dann. Ich habe mich schon sehr geärgert darüber», erzählt Anna. Was hat Anna geärgert? Daß sie eine Stunde warten mußte? Die Tatsache, daß jemand die Macht hatte, sie warten zu lassen? Oder die Tatsache, daß ihr etwas vorenthalten wurde, worauf sie ein Recht hatte? «Das Angebundensein und Nichts-tun-Können», erklärt Anna. Sie hätte sich aber die Wartezeit auch angenehm gestalten können. Und sie hätte sehr wohl etwas tun können, auch wenn sie angebunden war.

«Wie haben Sie denn dann den Klempner empfangen, als er endlich kam?» frage ich. «Wütend, aber ich habe die Freundliche gespielt. Ich wollte ihn ja nicht vergraulen.»

Anna hatte also erst alles getan, um richtig wütend zu werden, hatte sich «angebunden» und sich die ganze Wartezeit über geärgert und dann auch noch ihre Wut hinter einer freundlichen Maske verborgen. Im Grunde also hat sie die ganze Entwicklung sich selbst zuzuschreiben. Hätte sie sich von vornherein auf eine längere Wartezeit eingestellt und sich sinnvoll beschäftigt, dann wäre ihre Wut erst gar nicht so groß geworden.

Bei «berechtigter Wut» möchte man einen Ausgleich, eine Wiedergutmachung. Diese zu fordern, wagte Anna nicht. Ihre Wut und ihre Forderung zu zeigen allerdings wagte sie auch nicht, denn sie wollte ja als freundlich und großzügig erscheinen.

«Fordernd, anspruchsvoll und kleinlich, das wollten Sie nicht sein – so werden Sie aber zwangsläufig, wenn Sie nicht für sich selber sorgen können», provoziere ich. Anna denkt lange nach: «Ich will es eigentlich nicht zugeben, aber ich bin so. Ja, ich bin oft anspruchsvoll und kleinlich. Aber komischerweise bin ich eher erleichtert, jetzt, wo ich mir das eingestehe. Ich sehe schon, irgendwie bin ich nicht so edel und gut, wie ich immer sein will. Eigentlich belüge ich mich ganz schön selbst, wenn ich annehme, ich sei freundlich und hilfsbereit, sanft, zurückhaltend, nachgiebig, selbständig und stark. Ich sehe, daß ich das nur nach außen hin bin, aber bei den Leuten, die mir am nächsten stehen, sahne ich ganz schön ab.»

Es ist wichtig, daß Anna sich nun nicht einredet, dies «nie mehr» tun zu dürfen. Sie muß vielmehr akzeptieren, daß sie es tut. Sie muß sich beobachten, wann und wie sie «absahnt». Irgendwann, wenn sie besser für sich selbst sorgen kann, wird sie die «Wiedergutmachung» der anderen nicht mehr brauchen. Dann hat sie es nicht mehr nötig, sich zu ärgern, zu nörgeln oder zu jammern. Sie wird statt dessen etwas tun.

10. Meine Schüler sind so laut, daß ich brüllen muß.
«Eigentlich ist meine Klasse immer einigermaßen friedlich, und ich weiß, daß sie mich mögen. Aber letzte Woche, da waren sie so laut. Sie ignorierten mich schon, als ich zur Türe hereinkam. Da waren ein paar Fangspiele im Gange, an denen die ganze Klasse beteiligt war. Ich stellte mich ans Pult und wartete. Aber sie hörten nicht auf. Sie alberten weiter. Irgendwann brüllte ich ganz laut, sie sollten aufhören. Ein paar Schüler schauten schon ganz verdutzt, machten aber weiter. Ich bekam einen richtigen Kloß im Hals. Am liebsten hätte ich losgeheult, aber

diese Blöße wollte ich mir nicht geben. Ich setzte mich dann hin und klopfte mit der Rückseite des Bleistiftes auf die Tischplatte, das wirkte dann allmählich. Die Schüler setzten sich einer nach dem anderen auf ihre Plätze. Ich fing mich relativ schnell, was mich wunderte. Und dann gab ich ihnen eine saftige Strafarbeit. Die Schüler murrten und protestierten, weil sie das von mir nicht gewohnt sind.» Anna lächelt.

«Haben Sie sich von Ihrer Klasse im Stich gelassen gefühlt?» frage ich. «Ja, sehr. Ich war sehr verletzt, daß meine Klasse sich so verhielt. Die sind sonst nicht so.» «Haben Sie deren Verhalten als gegen sich gerichtet empfunden?» will ich wissen. «Nein, ja, vielleicht schon. Ich fühlte mich ja gekränkt, also muß ich es ja als gegen mich gerichtet wahrgenommen haben.»

Anna sieht sofort ein, daß die Fangspiele der Klasse im «Flegelalter» nichts mit ihrer Person zu tun haben. Was also hat sie verletzt? Welche Erwartungen hat sie an die Klasse?

«Der Respekt für meine Person sollte größer sein als die Lust am Fangspiel», sagt Anna ironisch. Sie durchschaut allmählich ihre Mechanismen. «Und weil das Fangspiel mehr Spaß macht, wird Ihre Person abgewertet», ergänze ich. Anna lacht. «Mein Gott, bin ich doch blöd», entfährt es ihr. «Irgendwie beziehe ich alles auf mich und sehe alles gegen mich gerichtet und gleich als Abwertung meiner ganzen Person. Und dann habe ich mich auch noch gleich ‹gerächt› mit einer Strafarbeit.» «Wir wissen doch, daß Sie auf ‹im Stich gelassen werden› empfindlich reagieren», sage ich, «da ist keine Strafarbeit groß genug.» Anna lacht. «Meine Güte», sagt sie, «ich habe noch so viel zu lernen.»

Befreiung aus dem Teufelskreis

Vielleicht warten Sie als Leser oder Leserin darauf, daß Anna endlich «geheilt» und damit «alles gut» ist. Dann muß ich Sie enttäuschen. Annas Heilungsprozeß ist ein lebenslanger Entwicklungs- und Reifungsprozeß.

Bei der Befreiung von der Eßsucht gibt es kein «alles oder nichts». Wie wir gesehen haben, ist der zentrale Punkt, um den sich alles dreht, das Selbstwertgefühl oder die Selbstliebe. Weil ein Kind ganz früh nicht voll akzeptiert wurde, lernte es, daß es, so wie es war, nicht in Ordnung war. Also versuchte es herauszubekommen, wie es denn zu sein hätte, um Anerkennung oder gar Liebe zu bekommen. Es entwickelt Antennen dafür, wie seine Eltern es haben wollten, und beobachtete, welche Leute deren Bewunderung genossen. Natürlich waren es die Erfolgreichen, Intelligenten, Ordentlichen, Schönen und Perfekten. Aber diese Eigenschaften reichten nicht aus, damit das Kind «geliebt» wurde. Es mußte sich außerdem noch nahtlos in die jeweiligen «narzißtischen Löcher» seiner Eltern einzupassen lernen. Dazu gehörte zum Beispiel auch, daß es sich eigentlich widersprechende Eigenschaften verwirklichen mußte. Zum Beispiel erwarten manche Eltern, daß das Kind zu Hause absolut gehorsam ist, fordern aber gleichzeitig Selbstbewußtsein und Mut. Manche wünschen sich, daß ihre Kinder es «weit» bringen, sie sollen aber ja nicht den Eltern überlegen sein.

Irgendwie muß ein Kind auf diese teilweise widersprüchlichen Erwartungen reagieren, denn es ist auf Gedeih und Verderb auf die Familie angewiesen. Und es findet einen Weg, so zu werden, wie die Eltern es haben wollen. Allerdings ist der Preis hoch. Es muß seine eigenen Impulse, seine Spontaneität, seinen wahren Persönlichkeitskern immer mehr zurückdrängen und ihn an der Entfaltung hindern. Aber dieser ursprüngliche Persönlichkeitskern will wachsen und sich Ausdruck verschaffen. Ein solcher verzerrter Ausdruck ist zum Beispiel ein Eßanfall.

Insofern ist ein Eßanfall ein sehr wertvolles Signal für Ihre Selbsterkenntnis. Dort, wo der Eßanfall auftritt, haben Sie Ihren wahren Impulsen «den Mund gestopft».

Sie müssen sich natürlich bewußt machen, daß Sie Ihren «wahren Kern» nie richtig zeigen durften, und daß Sie infolgedessen gelernt haben, diesen sehr gut zu verstecken, nicht nur vor der Außenwelt, sondern auch vor sich selbst. Ein kleines Kind kann noch nicht denken: ‹Ach, die beiden Alten sind doch neurotisch in ihren Erwartungen. Ich tue jetzt einfach so, als erfüllte ich ihre Erwartungen, dann kann ich wenigstens hinter den Kulissen machen, was ich will.› Ein kleines Kind hat diese Möglichkeit nicht, sondern nimmt alles ernst. Die Erwartungen der Eltern kann es nicht als deren Fehlhaltung sehen, sondern sieht seine Abweichung von diesen Erwartungen als seinen eigenen Makel an.

Da Sie als Eßsüchtige schon ganz früh Erwartungen erfüllen mußten, sind die Schichten, unter denen Sie Ihre wahre Persönlichkeit verborgen haben, besonders dick. Sie müssen also viel Geduld mit sich haben.

Fangen Sie Ihre Selbstbeobachtungen bei den Eßanfällen an. Diese sind Ihr ganz spezielles Signal, das Sie darauf hinweist, daß Sie Ihren ureigenen Impulsen mal wieder «den Mund stopfen». Solange Sie das tun, ist ein Eßanfall absolut notwendig. Verzeihen Sie sich Ihre Eßanfälle, als ein noch nötiges Ventil. Gehen Sie die Beobachtungspunkte in diesem Buch immer wieder durch, sie können Ihnen gute Dienste leisten. Sie müssen etwas tun, mit neuem Verhalten experimentieren. Da jede Eßsüchtige ihren eigenen, ganz individuellen Weg finden muß, um sich aus der Sucht herauszuwinden, möchte ich keine weiteren allgemeinen Ratschläge geben.

Lassen wir lieber Anna berichten, wie ihr Leben nach zwei Jahren intensiver Entwicklung und therapeutischer Unterstützung aussieht:

«Die größte Veränderung in den letzten zwei Jahren ist eigentlich nicht, daß ich keine Eßanfälle mehr hätte. Diese treten zwar ganz selten und in abgeschwächter Form noch auf. Auch Erbrechen kommt noch ab und zu vor, aber das ist nicht mehr so wichtig. Ich verdamme mich nicht mehr deswegen. Die größte Veränderung ist, daß ich eine ganz neue Lebensfreude entdeckt habe. Aber ich glaube, ich erzähle mal der Reihe nach», lacht Anna. Sie hat sich sehr verändert in den letzten zwei Jahren. Sie hat zwei Kilogramm an Gewicht verloren, ganz von allein. Als sie sich anstrengte abzunehmen, war es ihr nicht gelungen. Heute kann sie ihr Gewicht akzeptieren, obwohl es nicht ihr «Ideal» ist. Sie kann sich trotzdem schön anziehen. Anna ist spontaner und lebhafter geworden.

«Also, was mir zuerst auffiel, ganz im Anfang der Therapie, war eigentlich eher unangenehm. Ich erkannte immer mehr Verhaltensweisen an mir selbst, die ich höchst bedenklich fand. Ich sah, daß ich Dinge nur aus Höflichkeit sagte, daß ich absolut keine Zivilcourage hatte, daß ich ständig lächelte, mich «belabern» ließ. Ich bot mich so richtig an, um als seelischer Mülleimer benutzt zu werden. Ich hatte das Ausmaß dieser falschen Verhaltensweisen in meinem Leben total unterschätzt. Meine Wut auf mich selbst stieg an, und ich reagierte anfangs so, wie ich es gewohnt war: mit Essen. So nahm ich dann auch schnell zu. Deshalb entwickelte ich auch Aggressionen gegen Sie und die Therapie. ‹Sie sollte eigentlich die Eßanfälle stoppen können›, dachte ich. Statt dessen ging es mir nur schlechter. So lange, bis ich erkannte, daß ich selbst es mir so schlecht ergehen ließ. Irgendwann wagte ich es dann, in einer ärgerlichen Situation vor Wut einfach zu platzen. Mein Verhalten war dann eine Zeitlang total überzogen. Ich glaubte bei allem, was mir gegen den Strich ging, sofort eine bestimmte Reaktion zeigen zu müssen. Ich war zwanghaft selbstsicher. Natürlich bekam ich viele Schwierigkeiten mit meiner Umwelt und schwankte dann zwischen betont aggressiv und ängstlich. In dieser Zeit war ich sehr aktiv, besuchte abends mehrere Volkshochschulkurse. Ich war sehr stolz darauf, daß ich meine Panik, meinen Mann nur ja nicht alleine zu lassen, überwinden konnte. Ich lernte auch ein paar unternehmungslustige Frauen kennen, mit denen ich nicht über Probleme redete, sondern über andere Themen. Die Beziehung zu diesen Frauen ist natürlich nicht so eng wie zu meinen Freundinnen, aber sie haben auch ihren Platz in meinem Leben. Die Qualität dieser Beziehungen ist ganz anders als die zu meinen engen Freundinnen. Ich habe erkannt, daß es eben Freunde zum Problemewälzen geben kann, und andere für lustige Kneipenbesuche. Ich erwarte nicht mehr, daß alle Leute für alles gut sind. Früher wäre mir eine solche Sichtweise treulos vorgekommen.» Anna macht eine Pause.

«Ich muß mal überlegen, wie es weiterging. Da liefen so viele Dinge parallel, bei manchen hatte ich Fortschritte zu verzeichnen, aber in anderen gab es auch böse Rückfälle. Als ich einmal längere Zeit keine Freßanfälle mehr gehabt hatte, dachte ich schon, ich sei ‹über den

Berg›. Dann fing ich an zu rauchen, einfach so, aus Blödsinn. Aber ich konnte es zum Glück wieder aufgeben. Dann aß ich eben wieder mehr. Kaufanfälle hatte ich auch ab und zu anstatt der Eßanfälle. Haben, haben und reinstopfen.»

Anna dachte damals, sie sei schon von den Eßanfällen losgekommen – nach sechs Wochen Therapie. Aber natürlich mußte sie bitter enttäuscht werden, denn sie brauchte ihre Eßanfälle noch dringend. Aber zumindest hatte sie es schon einmal geschafft, eine ganze Woche «clean» zu bleiben.

«In dieser Zeit entwickelte ich einen starken Haß auf meine Mutter. Sie, die für mich immer so unangreifbar war und der ich es immer recht machen wollte, war schuld an meiner Misere. Sie konnte mir nichts mehr recht machen. Wir haben ja damals besprochen, daß ich wohl noch verspätete Pubertätskämpfe auszufechten hatte.

Erst etwa ein Jahr später merkte ich, daß meine Mutter ja an der Vergangenheit nichts mehr ändern konnte. Ich hatte das aber indirekt von ihr verlangt. Allmählich konnte ich sie als das sehen, was sie ist, nämlich als schwache Frau, die sich selbst ständig als Opfer der anderen sieht und es nicht wagt, ihr Leben in die Hand zu nehmen.»

Anna überlegt. Sie scheint nicht weiter zu wissen. «Und dann haben Sie gemerkt, daß Sie mit Ihren Schuldzuweisungen genau dasselbe machen», helfe ich ihr auf die Sprünge.

«Ja, richtig. Das war auch eine große Wende, als ich gesehen habe, daß nur ich allein den Karren aus dem Dreck ziehen konnte, egal, wer ihn hineingefahren hatte. Da ließ ich allmählich ab von meiner Mutter und konzentrierte mich mehr auf mich selbst. Trotzdem würde ich im nachhinein sagen, daß die Kämpfe mit meiner Mutter für meine Ablösung von ihr notwendig waren.»

Wir hatten damals herausgearbeitet, daß Anna, solange sie noch «lieb Kind» spielte bei ihrer Mutter, immer noch auf deren Anerkennung und Liebe hoffte. Als sie zu kämpfen wagte, mußte sie immerhin aushalten können, als die «Böse» keinen Anspruch auf Anerkennung mehr zu haben. Das war ein Fortschritt in Annas Entwicklung.

Je weniger Hoffnung sie auf die Mutter setzte, desto mehr tat sie selbst für ihr Wohlergehen.

«Ja», lacht Anna, «Sie können sich sicherlich noch daran erinnern, was für ein Zirkus es war, als ich meine Mutter hinauswarf, nachdem sie mir in meiner eigenen Küche zu frech geworden war. Daraufhin kochte sie ja auch lange Zeit nicht mehr bei uns. Ich hätte es auch nicht mehr ertragen. Und ich wagte es auch, meinem Mann das Kantinenessen zuzumuten und nicht mehr ständig zu kochen. Anfangs hatte ich oft Bedenken, ob ich nicht zu egoistisch sei, aber als die Dinge dann anders liefen als zuvor, war es gut so.

Es machte mir ja dann auch immer weniger aus, bei anderen Leuten als egoistisch zu gelten. Es fiel mir auf, daß diese Urteile gar nicht so viel über mich aussagten, sondern daß die Leute damit ihre Frustration darüber ausdrückten, daß ich nicht mehr so pflegeleicht war. Und als ich sah, daß mich diese Leute einfach oft für ihre Zwecke benutzen wollten, da packte mich die Wut, und ich konnte zu meinem ‹Egoismus› stehen. Früher hätte ich statt dessen nur gegessen. Mit einigen Bekannten habe ich ja dann auch den Kontakt ganz auslaufen lassen. Als diese merkten, daß ich mich veränderte, nörgelten sie nur an mir herum und versuchten, wieder die alte Anna aus mir zu machen. Das tat mir gar nicht gut. Ich merkte, wie ich nach jedem Treffen mit ihnen deprimiert war und Schuldgefühle bekam.»

«Sie haben es dann ja auch geschafft, nur noch mit Leuten umzugehen, die die ‹wahre Anna› stützten und die Sie ermutigten in Ihrer Entwicklung», sage ich.

«So ganz hundertprozentig stimmt das aber auch nicht», wendet Anna ein. «Ab und zu muß ich halt Umgang mit Leuten haben, die mich lieber wieder so wie vor der Therapie hätten.

Meine Schwiegermutter und meine Eltern zum Beispiel. Für die bin ich so unberechenbar geworden. Mein Vater meinte neulich, ich sei total verrückt geworden, in meinem Alter noch das Klavierspielen zu lernen. Früher hätte ich ein schlechtes Gewissen bekommen. Heute kann ich darüber lachen und freue mich, daß es endlich etwas gibt, das mir soviel Spaß macht.

Überhaupt sind ja viele Interessen durchgekommen, so ganz von alleine.»

So ganz von allein, wie Anna glaubt, entwickelten sich diese Interessen allerdings nicht. Anna hatte zuerst das Autogene Training erlernt und war dann zur Meditation übergegangen. Durch die Übungen wurde sie zunehmend innerlich ruhiger und lernte, auf neue Impulse zu hören. Sie nahm zusätzlich allmählich diese Impulse auch ernst und tat sie nicht mehr als Spinnerei ab.

Da sie es immer besser aushalten konnte, nicht mehr dem Image der

Vernünftigen zu entsprechen, getraute sie sich nach und nach auch, die «verrückten» Ideen nach außen auszuleben. Zu ihrer großen Verwunderung sahen die meisten Leute in ihrer Umgebung die «Spinnereien» als sehr positiv an.

Das erleichterte es Anna, zu sich selbst und ihren Ideen zu stehen. Bald bemerkten einige Kollegen, daß Anna «längst nicht mehr so verbissen und rechthaberisch» sei wie früher. Damals war diese Bemerkung für Anna ein Schock gewesen. Sie glaubte soviel getan zu haben, um als «konsequent, charakterfest und kompetent» zu gelten, und ihr Lohn war nicht ein entsprechendes Ansehen bei den Kollegen, sondern sie galt als verbissen und rechthaberisch. Anna war damals wütend: Für ihre Bemühungen hätte ihr ein positives Image «zugestanden», statt dessen erntete sie ein für sie absolutes «Negativimage». Daraufhin wagte sie es, sich zunehmend mit dem Motto ‹Ist der Ruf erst ruiniert, lebt sich's gänzlich ungeniert› zu identifizieren. Nach dem üblichen Prinzip «alles oder nichts» machte sie ihre Sache gründlich und benahm sich – nach eigenen Worten – wie der Elefant im Porzellanladen. Anna hatte früher nur «Weiß» gekannt, nun hatte sie «Schwarz» entdeckt. Dies war ein notwendiger Schritt. Erst als sie «Weiß» und «Schwarz» genügend ausgelebt hatte, konnte sie sich den differenzierten Grautönen zuwenden.

Besonders deutlich zeigte sich das beim Essen: Anna hatte sich zu Beginn der Therapie nur kalorienarme, gesunde Lebensmittel erlaubt. Kalorienbomben gab es nur bei Eßanfällen, wo sie sie durch Erbrechen wieder loswerden konnte. Als sie anfing, sich die Kalorienbomben auch «offiziell» zu erlauben, kippte sie ins andere Extrem. «Wenn ich schon Kalorien zu mir nehme, dann will ich auch die Sachen essen, die ich gerne esse» wurde ihre Devise. Sie lebte einige Monate fast ausschließlich von Süßigkeiten. Ab und zu wurde sie wieder «vernünftig» und kochte etwas Gesundes, aber der Trend war eindeutig süß.

Sie ließ die Süßigkeiten zu und bemerkte sofort etwas sehr Positives: Sie mußte nicht mehr alle Süßigkeiten essen, derer sie habhaft werden konnte, weil es morgen keine mehr gab, sondern sie konnte genußvoll eine halbe Tafel Schokolade essen und den Rest aufheben – anfangs ein paar Stunden, später Tage. Das war absolut neu für Anna. Sie konnte auch allmählich Süßigkeiten im Hause haben, ohne ständig zwanghaft an diese denken zu müssen. Da sie früher aufhören konnte zu essen, aß sie insgesamt viel weniger und hatte dadurch nicht mehr so häufig den

Drang, das Essen durch Erbrechen «rückgängig» zu machen. Allerdings nahm sie drei Kilo zu, was ihr zeitweise sehr zu schaffen machte. Sie sah es als Bestrafung an und erbrach vorübergehend wieder häufiger. Aber irgendwie war der Drang, zu überessen und zu erbrechen, erheblich abgeflaut. Anna war auch viel zu beschäftigt, um noch so viel ans Essen zu denken. Mit der Zeit wurden die Süßigkeiten weniger attraktiv. Das «du darfst» hatte Anna gutgetan. Sie merkte plötzlich, daß sie Lust auf andere Nahrungsmittel bekam – auf Gemüse, Fleisch, Fisch, Nudeln. Zwischendurch kam der Drang nach Käsekuchen wieder durch. Anna konnte gar nicht glauben, daß sie wirklich auf Gemüse oder Joghurt Appetit hatte. Sie hatte angenommen, daß sie bis ans Ende ihrer Tage nur noch von morgens bis abends Schokolade und Kuchen essen würde, wenn erst einmal die strenge Kontrolle der Nahrungsmittel wegfiele. Sie kaufte sich dann sogar ab und zu Schokolade, weil sie sich diese erlaubte und diese Erlaubnis auch «ausnutzen» wollte. Aber sie konnte immer mehr zulassen, daß sie oft gar keine Schokolade wollte. Es gelang ihr, die Magie des Allheilmittels Schokolade zu brechen.

Aber nicht nur die Nahrungsmittel, die Anna sich erlaubte, veränderten sich in mehreren Stadien, sondern auch die Art, wie Anna aß. Sie fing an, langsamer, bewußter, genußvoller zu essen. Auch aß sie zunehmend weniger, weil sie das Essen immer weniger als Ersatz für anderes mißbrauchte. Als sie besser «nein» sagen konnte und ihre Interessen vehementer vertrat, mußte sie nicht mehr so viel Spannung «hinunterstopfen». Dadurch verringerte sich dann bald ihr Körpergewicht.

Anna fing an, sich schöner anzuziehen. Sie experimentierte mit ihrem Typ wie ein pubertierendes Mädchen. Mal kam sie extravagant, mal brav und ungeschminkt. Sie schien die ganze Bandbreite der Skala erproben zu wollen.

«Damals, das war so ungefähr vor einem Jahr, bekam ich Schwierigkeiten mit meinem Mann. Er kam mit meiner – wie er sagte – patzigen, kompromißlosen und selbstgefälligen Art nicht zurecht. Ihm war die stillhaltende Anna in einigen Bereichen lieber gewesen. Aber Sie wissen ja sicher noch, wie wir besprochen hatten, daß ich gerade meine Trotzphase durchmachte, in der ich meinen eigenen Willen und meinen eigenen Stil entdeckte. Außerdem fing ich ja auch an, Forderungen an ihn zu stellen, was ich vorher nicht gewagt hätte. Ich war zum Beispiel nicht mehr heimlich sauer, wenn er wegging, sondern zeigte es offen. Anfangs ließ er sich davon abhalten, seine eigenen Wege zu gehen. Dann aber fühlte er sich zunehmend eingeengt. Irgendwann begriff ich, was ich getan hatte. Ich war vom Stillhalten ins andere Extrem gefallen, ins Fordern und Abwehren. Aber für mich selbst zu sorgen, hatte ich immer noch nicht gelernt. Dann ließ ich ihn allmählich wieder gehen und versuchte die Zeit, wo er fort war, positiv zu sehen und für mich zu nutzen. Das gelang auch zunehmend immer besser.»

Annas Wahlspruch war früher gewesen: «Was ich mache, das mache ich richtig.» Prinzipiell wäre dagegen nichts einzuwenden gewesen, wenn Anna nicht nach dem Muster «alles oder nichts» gehandelt hätte. Ihr Leben verlief in «Phasen», in denen sie sich gründlich in eine Sache hineinstürzte.

Sie hatte Strickphasen, Schwimmphasen, Joggingphasen, Besuchsphasen, Kinophasen, Lesephasen und Kochphasen. Vielleicht waren alle diese Phasen ein Versuch, das unkontrollierbare Leben unter Kontrolle zu bringen. Es schien, als ob es irgendwie «gefährlich» für Anna gewesen wäre, wenn sie z. B. in den Strickphasen zuviel gelesen hätte. Überhaupt schien ihr der Übergang zwischen verschiedenen Zuständen und Aktivitäten Schwierigkeiten zu bereiten. Früher hatte sie oft in solchen Situationen gegessen. Besonders dann, wenn sie nach Hause kam oder weggehen wollte, wenn sie strickte und eigentlich Aufsätze korrigieren sollte, kurz bevor Besuch kam, abends wenn das Freizeitprogramm hätte beginnen können. War es eine Angst davor, sich auf Neues einzulassen? Irgendwie gab der alte Zustand Sicherheit. Es könnte mit Annas Unfähigkeit zusammenhängen, sich Zeit zu nehmen für die Übergangssituationen, in denen sie sich allmählich auf eine neue Situation einläßt.

«Irgendwie habe ich Angst, etwas oder mich selbst zu verlieren», versucht Anna dieses Phänomen zu erklären. «Wenn ich mich auf Neues einlasse, habe ich irgendwie auch Angst, das Alte zu verlieren.» Möglicherweise ist dieses Festhalten am alten Zustand auch ein Verhalten, das dem Beschatten der Mutter durch das Kleinkind ähnlich ist. Das Kleinkind beschattet die Mutter, um ganz sicherzugehen, daß die Mutter nicht einfach verschwindet, wenn es kurz einmal unaufmerksam ist. Hat Anna irgendwann in ihrer Geschichte schlechte Erfahrungen gemacht mit der eigenmächtigen «Veränderung eines Zustandes»? Ein solches Tun drückt ja Selbständigkeit aus. Also lieber im «alten Zustand» ausharren und die Gefühle hinunterstopfen, als eigenmächtig etwas verändern?

Mit zunehmender Nachreifung begann Anna abwechslungsreicher zu essen. Das starre «alles oder nichts» begann einem «sowohl als auch» und einem «mäßig, aber regelmäßig» zu weichen. Hartnäckig hielt sich aber das Essen bei «Reizüberflutung». «Ich fange auch heute noch an zu essen, wenn zuviel auf mich einstürmt und wenn ich mich unter Druck setze, das alles auf einmal zu bewältigen. Irgendwie beruhigt mich dann das Essen oder es lenkt mich ab. Allerdings erlebe ich nicht mehr die gleichen Situationen als Reizüberflutung wie früher. Als ich noch so perfektionistisch war, fühlte ich mich schneller überfordert als jetzt. Ich gehe die Dinge viel gelassener an, kann auch mal fünf gerade sein lassen. Aber Extremsituationen hauen mich immer noch um.»

Anscheinend schirmt das Essen sowohl gegen Reize aus dem Körperinnern als auch gegen Reize von außen ab.

«Vor etwa einem halben Jahr fing dann wieder eine neue Entwicklungsstufe an», fährt Anna fort. «Inzwischen ist das Essen ziemlich unwichtig geworden. Zwar esse ich gerne noch gut, koche auch ab und zu ganz gerne, aber die Besessenheit ist weitgehend weg. Erbrechen ist auch kaum noch nötig. Es ist eine kleine Ewigkeit her, seit ich das letzte Mal erbrochen habe.

Ich stellte irgendwann fest, daß ich mit Leuten allmählich immer offener umgehen konnte. Ich merkte plötzlich, was «sich einlassen» eigentlich bedeutet. Früher war es mir eher unangenehm, mit fremden Leuten zu reden. Heute kann ich mich im Gespräch entspannen und es einfach laufen lassen. Früher versuchte ich eher, mich selbst darzustellen mit meinen ganzen Images. Die Person des Gegenübers interessierte mich dabei wenig. Ich hätte auch nie jemanden spontan mit nach Hause gebracht, sondern hätte erst einen Termin abgemacht und dann vorher geputzt. Das Leben ist um so vieles leichter, wenn man nicht mehr den Images entsprechen muß.

Früher gab es auch Tätigkeiten oder Dinge, die für mich so persönlich und intim waren, daß ich sie vor meinem Mann verbarg. Ich führte ein offizielles Leben draußen, ein halb privates mit meinem Mann und ein ganz privates mit mir alleine. Zum Beispiel gehörte die gesamte Körperpflege zum privaten Teil meines Lebens, in den mir keiner hineinschauen durfte. Ich mochte es nicht, wenn mir mein Mann zusah, wie ich mich wusch oder schminkte. Noch schlimmer war es, wenn er mich mit Gesichtsmaske «erwischte» oder einen blutgetränkten Tampon von mir entdeckte. Da schämte ich mich immer sehr. Ich wollte die glatte Fassade zeigen. Inzwischen habe ich fast kein «Geheimleben» mehr. Die Beziehung zu meinem Mann ist viel offener geworden, und ich fühle mich ihm näher als früher. Irgendwie habe ich mich mehr «eingelassen». Und ihm gefällt das auch.

Überhaupt bin ich sehr viel milder im Urteil über andere Menschen geworden. Sie sind einfach Menschen mit all ihren Schwächen. Früher war ich immer so streng. Die Leute mußten so oder so sein, sonst lehnte ich sie ab. Heute weiß ich, daß man nicht einfach so oder so ist, sondern daß man immer wieder anders ist. Ich sehe auch mehr darauf, ob jemand Menschlichkeit und Wärme ausstrahlt, und nicht mehr so sehr auf seinen beruflichen oder sonstigen Status. Das kann ich aber erst, seitdem ich akzeptiert habe, daß auch ich meinen Images nicht mehr so unbedingt entsprechen will. Ich kann mit mir selbst milder umgehen und folglich auch mit anderen. Irgendwie bin ich weicher und mitfühlender geworden.»

Als Anna weicher wurde, war sie anfangs stark verunsichert. Sie, die «Coole», fing plötzlich an, im Kino und bei traurigen Szenen im Fernsehen zu weinen. Schließlich erweiterte sich der Kreis derjenigen, vor denen Anna Tränen zulassen konnte, sie konnte auch vor ihren Freundinnen weinen. Ihre Tränen saßen zunehmend dichter unter der Oberfläche.

«Gleichzeitig konnte ich die Leute nicht mehr so absolut bewundern oder verachten. Zugegeben, ich verachte und bewundere noch einzelne Taten oder Leistungen, aber nicht mehr die ganze Person an sich. Das Bewundern und Verachten hat mich früher viel Energie gekostet. Ich habe die Leute in Schubladen gesteckt und mich eigentlich nicht darum geschert, wie sie denn nun «wirklich» waren. Manchmal mache ich das noch heute, aber ich merke es dann ziemlich bald. Jemanden bewundern oder verachten heißt auch, ihn nur nach seinen Images zu bewerten. Das ist ganz schön oberflächlich.» Ich frage Anna, was ihr in der Therapie am meisten geholfen habe. Sie denkt lange nach.

«Natürlich hat schon geholfen, daß ich überhaupt so offen sein und über sehr persönliche Dinge sprechen konnte. Am meisten half mir, glaube ich, daß ich die Prinzipien «loslassen» und «sich einlassen» einigermaßen begriffen habe. Nicht mehr so an Erwartungen festhalten und sich ärgern, wenn die Wirklichkeit anders ist, das ist Loslassen. Und sich dann auf die Wirklichkeit einlassen, sie annehmen, wie sie ist, und das Beste daraus machen, das ist Sicheinlassen.

Aber bis ich das begriffen habe, in allen Facetten, das war ein sehr langer Prozeß, dessen Ende noch immer nicht abzusehen ist.»

Anna hatte gemerkt, daß ihr «Kästchendenken», ihre Images und ihr schematisiertes Leben sie in die Eßanfälle trieb. Sie mußte ständig bangen, daß doch nur ja auch alles so kam, wie sie es erhoffte. Sie konnte die Dinge nicht gelassen auf sich zukommen lassen, aber gleichzeitig konnte sie die Dinge auch nicht aktiv anpacken. Sie wollte die Dinge verstandesmäßig steuern oder aber durch Manipulation anderer, die für sie etwas tun sollten. Die dabei auftretende Anspannung erstickte sie mit Eßanfällen.

Sie sah, wie leblos ihr Leben war. Als sie sich mehr auf den jeweiligen Augenblick einlassen konnte, veränderte sich allmählich ihre Wahrnehmung.

«Einmal fiel mir das ganz deutlich auf. Im Urlaub mußten wir wegen eines Defektes unerwartet aus dem Flugzeug aussteigen. Da standen wir nun alle auf dem Flugfeld und keiner wußte, wann wir eine andere Maschine bekommen würden.

Alle schimpften und regten sich furchtbar auf, auch ich. Plötzlich sah ich zwei Kinder, die seelenruhig anfingen zu spielen. Sie waren schnell so in ihr vergnügtes Spiel vertieft, daß sie die Situation völlig vergaßen.

Da klickte es bei mir. Was brachte es mir, wenn ich mich in dieser Situation so aufregte? Beruhigte es mich, weil ich meinen Frust ablassen konnte? Nein, offensichtlich nicht. Im Gegenteil, ich steigerte mich um so mehr hinein. Und alle anderen Leute ebenfalls. Sie versprühten ihr Gift, manche bekamen fast einen Nervenzusammenbruch – und sie hätten die «Situation» dafür verantwortlich gemacht. Ich beobachtete immer genauer und wurde innerlich immer ruhiger. Das Schimpfen konnte weder eine Maschine herbeizaubern, noch konnte es unsere Anschlußzüge in Deutschland garantieren.

Wir konnten nichts tun, absolut nichts. Es gelang mir, dies zu akzeptieren. Ich sah plötzlich die anderen Flugzeuge, die Menschen, die diesen entstiegen. Ich beobachtete das Personal bei seiner Arbeit. Dann versuchte ich, mir zu jedem eine kleine Geschichte über seine Person und seine Lebensumstände auszudenken. Das machte immer mehr Spaß und ich wurde immer heiterer. Als plötzlich einer der Passagiere mich fragte, ob ich denn nicht meine, daß man sich über diese ‹Schweinerei› ganz einfach aufregen ‹müsse›, da sagte ich lächelnd: ‹Nein, das meine ich nicht.› Mir wurde klar, daß viele Menschen eine bestimmte Auffassung davon haben, wie sie sich in bestimmten Situationen zu fühlen haben. Und dann regen sie sich lieber auf, um ‹normal› zu sein, anstatt das Beste aus der Situation zu machen. Sie ärgern sich noch über die Leute, die es sich trotzdem gutgehen lassen. Das war mir eine Lehre.»

Anna gelang es zunehmend, unabhängig von äußeren und inneren Gegebenheiten heiter, gelassen und ausgeglichen zu sein. Sie lernte es, die «gute Mutter», die sie so sehr in der Außenwelt gesucht hatte, nach und nach in sich selbst zu verwirklichen. Anna wurde selbst zu ihrer eigenen «guten Mutter», und sorgte für ihr Wohlergehen. Dazu gehörte auch, daß Anna nicht mehr mit sich haderte, sondern sich verzieh, daß sie so geworden ist, wie sie ist. Ich hatte ihr oft gesagt, sie solle die angeblichen Fehler, die sie in ihrem Leben gemacht habe, als notwendige Lernschritte betrachten, die sie ein Stück weitergebracht hätten. Sie waren notwendig, um zu wachsen und zu reifen. Daß sie natürlich auch ihren Preis hatten, ist klar. Aber Anna mußte diesen sowieso bezahlen, ob sie etwas daraus lernte oder nicht.

Ein wichtiger Schritt ist auch das Eingeständnis, schwach sein zu dürfen. Anna hat gelernt, daß sie Hilfe brauchen darf. Mittlerweile schafft sie es bei ihren Freundinnen auch, offen zu sein und diese gelegentlich zu «beanspruchen». Seither ist die Beziehung zu ihren Freundinnen herzlicher und enger.

Zum Schluß frage ich Anna, was sie denn jetzt gerne noch verändern würde. Anna ist unterwegs, und ihre Entwicklung ist erst mit ihrem Tode abgeschlossen.

«Also, ich werde natürlich an allen erwähnten Punkten weiterarbeiten, das ist klar. Aber womit ich noch unzufrieden bin, das sind meine Arbeitsstörungen und mein Verhältnis zur Sexualität. Meine Arbeitsstörungen bestehen ja, wie Sie wissen, darin, daß ich noch zuviel aufschiebe, mich drücke vor dem Anfangen und darauf warte, daß mir jemand die ganze Sache abnimmt. Irgendwie übernehme ich nicht immer die Verantwortung für mein Tun. Aber es ist schon etwas besser als früher. Vielleicht warte ich wie Dornröschen auf den Prinzen, der mich erlöst?»

Wir lachen beide, als Anna fortfährt: «Ein Dornröschen, das nicht wartet, wird auch nicht erlöst. Stellen Sie sich vor, es käme aus seiner

Kammer heraus und würde schon mal die Hecke stutzen, damit der Prinz nicht so viel Mühe hat. Das geht doch nicht», Anna zwinkert mir zu.

Anna möchte insgeheim immer noch «erlöst» werden. Wovon möchte Anna erlöst werden? Wäre der «Prinz» die «ewige Symbiosefigur»? Es gibt noch soviel herauszufinden. Anna fährt fort: «Und was meine sexuelle Beziehung betrifft, da bin ich einfach noch zu gehemmt. Ich muß da mehr aus mir herausgehen und einfach experimentieren und mehr von mir zu zeigen wagen. Ich glaube, das Image der ‹anständigen Frau› sitzt am tiefsten.»

Anna befürchtet Schamgefühle, vielleicht auch Schuldgefühle, wenn sie dieses Image zu früh verlöre – früher als sie es verkraften könnte. Anna braucht noch den Schutz, den ihr dieses Image bietet.

Anna muß sich Zeit lassen.

Aber sie weiß mittlerweile, wie sie an das Leben herangehen will, und die Zeit zur Abnabelung von der Therapie ist gekommen.

Anna wird sich dem Leben stellen, ihre Erwartungen reduzieren, sich auf Menschen und Situationen einlassen, Entscheidungen fällen, ‹Fehler› machen, hinfallen, wieder aufstehen, Verantwortung übernehmen. Das Wichtigste aber ist, daß sie das Vertrauen nicht verliert, das Vertrauen, daß sie die Kraft hat, ihr Leben selbst in die Hand zu nehmen.

Literatur

Becker, Kuni: Die perfekte Frau und ihr Geheimnis, Reinbek 1994

Dyer, Wayne: Pulling your own strings, London 1979

Grunberger, Béla: Vom Narzißmus zum Objekt, Frankfurt/M. 1982

Liedloff, Jean: Auf der Suche nach dem verlorenen Glück, München 1987

Miller, Alice: Das Drama des begabten Kindes und die Suche nach dem wahren Selbst, Frankfurt/M. 1994

Norwood, Robin: Wenn Frauen zu sehr lieben, Reinbek 1991

Dies.: Briefe von Frauen, die zu sehr lieben. Reinbek 1992

Orbach, Susie: Anti Diätbuch I. Über die Psychologie der Dickleibigkeit, die Ursachen von Eßsucht, München 1994

Dies.: Anti Diätbuch II. Eine praktische Anleitung zur Überwindung von Eßsucht, München 1984

Schmidbauer, Wolfgang: Hilflose Helfer, Reinbek 1992

Spitz, René: Vom Säugling zum Kleinkind, Stuttgart 1985

Adressen

(Stand: Januar 1996)

Selbsthilfegruppen und Beratungsstellen

Die im folgenden genannten Selbsthilfegruppen und Beratungsstellen bieten Kontakte, Informationen und Beratung für Personen mit Eßstörungen und Angehörige. Sie vermitteln Ihnen Adressen von bestehenden Selbsthilfegruppen oder unterstützen Sie bei der Neugründung.

Falls sich keine dieser Stellen in Ihrer Nähe befindet, können Sie sich an die nächstgelegene Frauenberatungsstelle, psychosoziale Beratungsstelle oder Suchtberatungsstelle wenden oder die ANAD (Adresse siehe unten) anschreiben.

Dort nennt man Ihnen Anschriften von Beratungsstellen, Selbsthilfegruppen und Psychotherapeuten in Ihrer Umgebung, die Erfahrungen mit der Behandlung von gestörtem Eßverhalten haben. Außerdem werden Adressen von Selbsthilfeverbänden vermittelt, die Ihnen bei der Gründung einer Selbsthilfegruppe helfen.

Beratungszentrum bei
Eßstörungen
Dick & Dünn e. V.
Innsbrucker Str. 25
10825 Berlin
Tel.: 0 30/8 544 9 94

Beratungszentrum bei
Eßstörungen
Dick & Dünn e. V. Pankow
Florastr. 33/5
13187 Berlin
Tel.: 0 30/4 00 33 33

211

Die Waage e. V.
Schopstr. 1
20255 Hamburg
Tel.: 040/4914941

KABERA
Beratungsstelle bei
Eßstörungen e. V.
Kurt-Schumacher-Str. 2
34117 Kassel
Tel.: 0561/780505

Frankfurter Zentrum für
Eßstörungen e. V.
Hansaallee 18
60322 Frankfurt/M.
Tel.: 069/550176

Cinderella e. V.
Aktionskreis Eß- und
Magersucht
Westendstr. 35
80339 München
Tel.: 089/5021212

Dick & Dünn e. V./KISS
Beratung bei Eßstörungen
Ruth Dahm
Carl-Mosters-Platz 4
40477 Düsseldorf
Tel.: 0211/397200

ANAD
Anorexia – Bulimia e. V.
Rottmannstr. 5
80333 München
Tel.: 089/5236633

Kliniken

Klinikum für Rehabilitation
Klinik Flachsheide
– Station für Eßgestörte –
Forsthausweg 1 c
32105 Bad Salzuflen
Tel.: 05222/3980

Klinik am Korso
Fachzentrum für gestörtes
Eßverhalten
Ostkorso 4
32545 Bad Oeynhausen
Tel.: 05731/1810

Paracelsus-Wittekindsklinik
Klinik für psychosomatische
Medizin
– Eßstörungsstation –
Am Mahnmal 5
49152 Bad Essen
Tel.: 0 54 72 / 40 60

Psychosomatische Fachklinik
Bad Dürkheim
Kurbrunnenstr. 12
67098 Bad Dürkheim
Tel.: 0 63 22 / 93 40

Baar Klinik
Fachklinik für
Verhaltensmedizin und
Psychosomatik
Alte Wolterdinger Str. 68
78166 Donaueschingen
Tel.: 07 71 / 85 11

Psychosomatische Fachklinik
Windach
Fachklinik für
Verhaltenstherapie
– Eßstörungsstation –
Schützenstr. 16
86949 Windach
Tel.: 0 81 93 / 7 20

Berus-Klinik
Zentrum für
Psychosomatik und
Verhaltensmedizin
Orannastr. 55
66802 Überherrn
Tel.: 0 68 36 / 3 90

Psychotherapeutische Klinik
– Eßstörungsabteilung –
Christian-Belser-Str. 79
70597 Stuttgart (Sonnenberg)
Tel.: 07 11 / 6 78 10

Medizinisch-Psychosomati-
sche Klinik Roseneck
Am Roseneck 6
83209 Prien
Tel.: 0 80 51 / 60 10

Medizinisch-Psychosomati-
sche Klinik
Bombergallee 10
31812 Bad Pyrmont
Tel.: 0 52 81 / 61 90

Eßstörungen, die auffälligerweise hauptsächlich bei Frau-
en auftreten, haben in verschiedenen Ausprägungen –
Magersucht (Anorexie Ner-
vosa), Eß- Brechsucht (Bulimie Nervosa) und Eßsucht –
in unserer Gesellschaft beängstigende Ausmaße angenom-
men. Bücher zum Thema:

Kuni Becker
**Die perfekte Frau und ihr
Geheimnis** *Eß- und Brechsucht:
Hilfe für Betroffene und
Angehörige*
(rororo sachbuch 9576)

Renate Göckel
**Eßsucht oder die Scheu vor dem
Leben** *Eine exemplarische
Therapie*
(rororo sachbuch 8444)

Geneen Roth
Essen als Ersatz *Wie man den
Teufelskreis durchbricht*
(rororo sachbuch 8493)
Das Buch ist ein praktischer,
einfühlsamer, auch humorvol-
ler Ratgeber für alle, die Essen
in mehr oder weniger ausge-
prägtem Maße als Ersatz benutzen – als Ersatz für andere,
vermeintlich nicht zu befrie-
digende Bedürfnisse .

Marilyn Lawrence
«Ich stimme nicht» *Identitäts-
krise und Magersucht*
(rororo sachbuch 7965)
Mit dem Bericht einer prakti-
zierenden Magersucht–Therapeutin und vielen Adressen-
und Literaturangaben.

Satt aber hungrig *Frauen
und Eßstörungen*
(rororo sachbuch 8511)
Texte zum Thema Eßstö-
rungen von Therapeutinnen,
Feministinnen, Wissenschaft-
lerinnen und Betroffenen,
ausgewählt von Marilyn
Lawrence, berichten aus unterschiedlichen Perspektiven
und mit unterschiedlichen
Schwerpunkten über weib-
liche Erfahrungen zum
Thema Eßstörungen.

Brett Valette
Suppenkasper und Nimmersatt
*Eßstörungen bei Kindern und
Jugendlichen*
(rororo sachbuch 8755)
Eine erste, bislang in der
Bundesrepublik einzigartige
Orientierungshilfe für Eltern,
die Eßstörungen bei ihren
Kindern entgegenwirken oder
vorbeugen wo

Sämtliche Bücher und
Taschenbücher zum Thema
finden Sie in der *Rowohlt
Revue*. Jedes Vierteljahr neu.
Kostenlos in Ihrer Buchhand-
lung.

Unser Körper – Unser Leben

Ein Handbuch von Frauen für Frauen. Überarbeitete und erweiterte Neuausgabe (2 Bände: rororo sachbuch 8408 und 8409)

Ein Standardwerk der weiblichen Gesundheit, das in dem Bücherschrank keiner Frau fehlen sollte. Entsprechend der neuen amerikanischen Ausgabe von "Our bodies, Ourselves" wurde auch die deutsche Ausgabe vollständig aktualisiert.

Aus dem Inhalt: Körperbild · Ernährung · Frauen in Bewegung · Gesundheit und Umwelt · Liebesbeziehungen · Frauenliebe · Sexualität · Neue Fortpflanzungstechniken · Schwangerschaft · Geburt und Geburtsvorbereitung · Die Zeit nach der Geburt · Frauen werden älter · Frauenspezifische Krankheiten und Beschwerden · Frauen im Gesundheitswesen

Ruth Bell (Hg.)
Wie wir werden - was wir fühlen

Ein Handbuch für Jugendliche über Körper, Sexualität, Beziehungen. Überarbeitete und erweiterte Neuausgabe (rororo sachbuch 8823)

Fakten, Berichte, Bekenntnisse und Informationen zu allen Themen, die das Leben zwischen 12 und 20 so aufregend, irritierend, schwierig und schön machen.

Aus dem Inhalt: Mein Körper verändert sich · Meine Beziehung zu meinen Eltern und Freunden verändern sich · Ich fühle mich gut, ich fühle mich schlecht · Alkohol und andere Drogen · Ich gehe zum Arzt · Abtreibung · Sexuell übertragbare Krankheiten

Unser Körper – Unser Leben
Über das Älterwerden *Ein Handbuch für Frauen*
(rororo sachbuch 8841)

Wie *Unser Körper – Unser Leben* ist dieses Buch ein Gemeinschaftsprojekt und beruht auf den Erfahrungen vieler Frauen. Es richtet sich an alle, die ihr Leben und ihr Älterwerden selbst in die Hand nehmen wollen. Denn: Niemand wacht auf und ist plötzlich siebzig, und unser Wohlbefinden hängt weniger von den Jahren ab, die wir schon gelebt haben, als davon, wie wir mit uns selbst umgegangen sind.

Sämtliche Bücher und Taschenbücher zum Thema finden Sie in der *Rowohlt Revue*. Jedes Vierteljahr neu. Kostenlos in Ihrer Buchhandlung.

ÖKO-TEST
Ratgeber Ernährung
(rororo sachbuch 9171)
Tips und Informationen gegen
Gesundheitsrisiken bei der
täglichen Ernährung.

Bettina Muermann
Lexikon Ernährung
(rororo handbuch 6328)
Das Lexikon enthält rund
1000 Begriffe aus den Be-
reichen Gesundheit und Ernährung. Ein in dieser Form
einmaliges Nachschlagewerk,
das präzise und verständlich
Auskunft gibt für alle, die sich
schnell informieren möchten,
ohne gleich wissenschaftliche
Literatur zu wälzen.

Michael Hamm / Sylvia
Strobel / Luigi Falavigna
Das Fitneß-Kochbuch *Leckere*
Rezepte für jeden Sport
(rororo sport 8694)
Wie man mit leckeren Rezep-
ten seine Leistung steigert.
Michael Hamm
Fitnessernährung *Ratgeber*
für die Sportpraxis
(rororo sport 8648)
Was und wann soll man
trinken und welchen Sinn
haben spezielle Fitness-
getränke? Wie kombiniert
man Ernährung und Bewe-
gung zur Gewichtsreduktion
Welches sind die typischen
Ernährungsfehler bei Freizeit-
wie Leistungssportlern? –
Diese und weitere Fragen
beantwortet Michael Hamm,
Professor für Ernährungs-
wissenschaft.

Volker E. Pilgrim
Zehn Gründe, kein Fleisch mehr zu
essen
(rororo sachbuch 8273)

Sämtliche Bücher und
Taschenbücher zum Thema
finden Sie in der *Rowohlt*
Revue. Jedes Vierteljahr neu.
Kostenlos in Ihrer Buchhand-
lung.

Körper und Gesundheit

Frederic F. Flach
Depression als Lebenschance
*Seelische Krisen und wie
man sie nutzt*
(rororo sachbuch 7168)

Jennifer James
Trübe Tage *Wege aus dem
weiblichen Stimmungstief*
(rororo sachbuch 8840)
Dieses leicht zugängliche,
praktische Buch wendet sich
an alle Frauen, die sporadisch
in leichte Depressionen ver-
fallen und immer wieder von
Melancholie und Mutlosigkeit
eingeholt werden und be-
schreibt mit Humor und
Selbstironie wie "frau"dagegen angehen kann.

Gunter Schmidt
Das große Der Die Das *Über das
Sexuelle*
(rororo sachbuch 8459)

Ursula Lambrou
Familienkrankheit Alkoholismus
Im Sog der Abhängigkeit
(rororo sachbuch 8771)
Alkoholismus ist eine
Familienkrankheit: Erst langsam wird die volle Bedeutung
dieses Satzes auch hierzulande
einer breiteren Öffentlichkeit
bewußt. Die Autorin, Päda-
gogin mit psychologischer
Ausbildung in den USA, hat
das erste deutsche Buch zu
diesem wichtigen Thema ge-
schrieben.

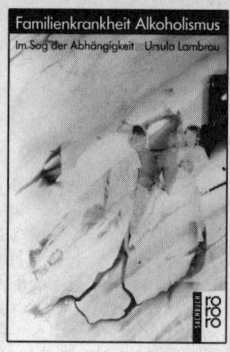

rororo sachbuch

Sämtliche Bücher und
Taschenbücher zum Thema
finden Sie in der *Rowohlt
Revue*. Jedes Vierteljahr neu.
Kostenlos in Ihrer Buchhand-
lung.

«Die Liebe hat nun einmal
dieses Übel, daß Krieg und
Frieden immer wechseln.»
Horaz, Satiren

Lonnie Barbach
Mehr Lust *Gemeinsame
Freude an der Liebe*
(rororo sachbuch 8721)

Cheryl Benard / Edit Schlaffer
Männer *Eine Gebrauchs-
anweisung für Frauen*
(rororo sachbuch 8820)

Marty Klein
Über Sex reden *Heimliche
Wünsche, verschwiegene
Ängste*
(rororo sachbuch 8824)

Tina Tessina
In guten wie in schlechten Tagen
*Anregungen für homosexu-
elle Paare*
(rororo sachbuch 8782)
Dieses einfühlsame Buch trägt
den besonderen Möglichkeiten und Problemen homo-
sexueller wie lesbischer Beziehungen Rechnung und gibt
praktische Anregungen vom
ersten Flirt bis zur Goldenen
Hochzeit.

Diane Vaughan
Wenn Liebe keine Zukunft hat
*Stationen und Strategien der
Trennung*
(rororo sachbuch 8818)

Judith Sills
Liebe nach dem ersten Blick
Handbuch für Romantiker
(rororo sachbuch 9134)
«Dies ist kein Buch über
hoffnungslos unglückliche
Beziehungen, sondern eines
über potentiell glückliche.»

Béatrice Hecht-El Minshawi
Zwei Welten, eine Liebe *Leben
mit Partnern aus anderen
Kulturen*
(rororo sachbuch 9141)

Sämtliche Bücher und
Taschenbücher zum Thema
finden Sie in der *Rowohlt
Revue.* Jedes Vierteljahr neu.
Kostenlos in Ihrer Buchhand-
lung

Ute Auhagen-Stephanos
Wenn die Seele nein sagt *Vom Mythos der Unfruchtbarkeit*
(rororo sachbuch 9378)

James L. Creighton
Schlag nicht die Türe zu *Konflikte aushalten lernen*
(rororo sachbuch 9194)

Steven Farmer
Endlich lieben können *Gefühlstherapie für erwachsene Kinder aus Krisenfamilien*
(rororo sachbuch 9168)
Kinder aus Krisenfamilien können ihre Gefühle nur schwer zeigen, haben das Bedürfnis, ihre Partner zu kontrollieren, und scheuen sich vor Intimität wie vor Konflikten. Der Autor beschreibt die besonderen Probleme und zeigt Lösungswege auf.

Elisabeth Flitner /
Renate Valtin (Hg.)
Dritte im Bunde: die Geliebte
(rororo sachbuch 9376)

Marina Gambaroff
Sag mir, wie sehr liebst Du mich *Frauen über Männer*
(rororo sachbuch 8817)
»Wenn in einer Beziehung das Bedürfnis, "ich liebe dich" zu sagen oder "liebst du mich?" zu fragen, immer größer wird, dann hat es schon irgendwelche Risse gegeben.«

Ruth Kuntz-Brunner / Inge Nordhoff
Heute bitte nicht *Keine Lust*

auf Sex - ein alltägliches Gefühl
(rororo sachbuch 9189)

Karin Mönkemeyer /
Inge Nordhoff
Ein platonisches Verhältnis *Freundschaften zwischen Männern und Frauen*
(rororo sachbuch 8749)

Dorothee Schmitz-Köster
Liebe auf Distanz *Getrennt zusammen leben*
(rororo sachbuch 8816)

1.-